Jean-Pierre Rauline

Les CHAKRAS

symbolisme et méditation

Dépot légal:

Bibliothèque Nationale du Québec
Bibliothèque Nationale du Canada
Bibliothèque Nationale de Paris
Library of Congress, Washington D. C.

ISBN 2-921222-23-X

CHARLES-RAFAËL PAYEUR

Les CHAKRAS

symbolisme et méditation

TOME 1

EDITIONS DE L'AIGLE

C.P. 1383, Sherbrooke (Québec) Canada J1H 5L9

Du même auteur

Aux Editions de l'Aigle

Aspects occultes du baptême, 1989.

Apprivoiser la mort, 1990.

Pierres et Initiation, 1990.

La Magie des cierges et de l'encens, 1990.

La Puissance de l'amour, 1991 (4e édition 1992).

Le 5e Avatar et sa mission, 1992 (2e édition 1993).

Réconciliation avec la nature, 1992.

Les Mystères de Noël, 1992 (2e édition 1993).

Les Rêves et leurs mystères, 1993.

Le Message secret des nombres, 1993.

Zodiaque et développement spirituel, 1993.

L'Astrologie planétaire, 1994.

Eveil de la conscience par la musique tome I, 1994

Uranus, Neptune et Pluton, 1994.

Analysez votre nom, 1993.

Les Guides de lumière tome I, 1992 (2e édition 1993).

Les Guides de lumière tome II, 1992 (2e édition 1993).

Les Guides de lumière tome III, 1994.

Les Guides de lumière tome IV, 1995.

Les Guides de lumière tome V, 1995

Casa Editrice L'Eta dell'Acquario
(Bresci Editore, Via Torchio, 16 - Grignasco (No), Italia)

Il potere dell'amore, 1993

I sogni e i loro misteri, 1994

A Armand Toussaint, notre Frère Ainé sur la voie hermétique:

in memoriam †

Nous tenons à remercier messieurs
Robert Saint-Pierre et Steeve Simon
pour leur précieuse collaboration
ainsi que mademoiselle Hélène Gense
pour les dessins des *mandalas*

AVERTISSEMENT

Ce livre contient la transcription d'une session de cours organisée pour la première fois à Eastman (Canada) en 1994 et reprise plus récemment à Lyon en 1995. Nous avons reproduit la section portant exclusivement sur les trois premiers chakras (les chakras racine, sacré et solaire) correspondant à l'éveil, à la valorisation et au rayonnement du moi personnel. Un prochain ouvrage reproduira l'étude portant sur les trois chakras suivants (les chakras cardiaque, laryngé et frontal) associés à l'expérience de l'amour.

Aussi, il importe que le lecteur conserve à l'esprit, tout au long de sa lecture, que cet ouvrage n'est pas un traité exhaustif, mais la présentation d'un ensemble d'éléments susceptibles de lui permettre d'amorcer une réflexion sur le sujet. En outre, un ensemble d'exercices pratiques permet d'entreprendre un véritable travail d'éveil et d'harmonisation en rapport avec ces trois premiers chakras. La méthode proposée dans ce livre est d'ailleurs à la base de la formation proposée par Charles-Rafaël Payeur à ceux qui souhaitent s'engager dans une démarche initiatique.

Puisse donc ce livre être un outil de croissance personnelle et une référence sur le sentier de l'initiation.

L'Editeur,
octobre 1995.

INTRODUCTION

Avant de présenter notre analyse portant sur les trois premiers chakras, il importe d'abord de bien préciser la manière avec laquelle nous allons aborder cette étude. En effet, nous analyserons dans un premier temps les principaux aspects symboliques associés aux chakras. Cette analyse se fera principalement en cinq étapes, comportant une étude du nombre, de la lame du tarot, de la couleur, du *mandala* hindou et de l'animal héraldique correspondant à chacun des chakras.

Dans un second temps, nous étudierons ensuite les enjeux initiatiques et psychologiques des chakras concernés en mettant principalement en exergue leurs spécificités et les attitudes à développer pour mieux les harmoniser. Cette deuxième section comportera également une brève analyse des glandes endocrines et leurs correspondances avec le fonctionnement des chakras.

Enfin, nous exposerons, dans un troisième temps, la manière d'éveiller et d'harmoniser ces chakras. En ce sens, nous étudierons d'abord le grade initiatique correspondant dans la tradition ecclésiastique chrétienne pour ensuite présenter quelques outils particulièrement adaptés à la démarche hermétique.

Afin d'avoir une meilleure compréhension de ce que représentent les trois premiers chakras associés à la constitution du moi personnel, nous présentons en outre une brève synthèse correspondant à chacune des dimensions qui seront par la suite présentées de manière plus exhaustive. Cette synthèse permettra donc d'aborder l'étude qui suit avec une meilleure vue d'ensemble.

PREMIERE SECTION

SYMBOLISMES DES TROIS CHAKRAS INFERIEURS

PREMIERE SECTION
SYMBOLISMES DES TROIS CHAKRAS INFERIEURS

LES NOMBRES
ASSOCIES AUX TROIS CHAKRAS INFERIEURS

Représentés sous la forme d'un lotus, les chakras sont étroitement associés aux mystères des nombres puisque chacun de ces lotus comporte un nombre de pétales précis et caractéristique. Aussi, nous mettrons d'abord en exergue la symbolique particulière de ces nombres. Ces correspondances, nous le verrons, nous révèlent déjà des aspects importants de la nature profonde des chakras. Toutefois, il importe de préciser que les anciens ne considéraient pas les nombres comme de simples outils quantitatifs. De manière bien différente, ils les percevaient comme l'expression d'une qualité intrinsèque et ils servaient à désigner un état d'être. En ce sens, ils étaient « la traduction des vérités et des lois, dont le texte est en Dieu, en l'homme et dans la nature. ».[1]

C'est d'ailleurs ce que précise Aristote: « ceux qu'on appelle les pythagoriciens se consacrèrent les premiers aux mathématiques et les firent progresser. Pénétrés de cette discipline, ils pensèrent que les principes des mathématiques étaient les principes de tous les êtres. Comme de ces principes, les nombres sont par leur nature les premiers, et que dans les nombres, les pythagoriciens pensaient apercevoir une multitude d'analogies avec les choses qui existent et deviennent, plutôt que dans le feu, la terre et l'eau (telle détermination des nombres étant la justice, telle autre, l'âme et l'intelligence, telle

1- De Saint-Martin, Louis-Claude, *Les Nombres*, Documents martinistes, 1983.

autre le temps critique, et de même, en quelque sorte, pour chacune des autres déterminations); comme ils voyaient, en outre, que des nombres exprimaient les propriétés et les proportions musicales; comme enfin, toutes les autres choses leur paraissaient dans leur nature entière, être formées à la ressemblance des nombres et que les nombres semblaient être la réalité primordiale de l'univers, ils considéraient que les principes des nombres étaient les éléments de tous les éléments et de tous les êtres, et que le Ciel tout entier est harmonie et nombre. ».[2]

Certes, il est difficile en cette fin du vingtième siècle d'admettre qu'un nombre puisse représenter autre chose qu'un outil de calcul. En effet, perçus sous une dimension purement quantitative, les nombres sont généralement considérés comme le résultat d'une addition répétée de l'unité. Ainsi, les mathématiques modernes, essentiellement d'inspiration quantitative, ne manipulent plus que des symboles de quantification. En ce sens, nous évoluons dans un monde dont la vision, fortement influencée par le rationalisme moderne, diffère radicalement de celle que les traditions antiques ont véhiculée. Pour aborder notre analyse symbolique des chakras, nous devrons donc adopter une vision qualitative plus proche de celle des traditions antiques auxquelles nous nous référerons.

En ce sens, voici d'abord un tableau résumé précisant le nombre de pétales attribués traditionnellement à chacun des trois premiers chakras:

2- Aristote, *Métaphysique*, livre A, 985b-986a (traduction Tricot).

Chakras inférieurs	Nombres
Chakra racine	4
Chakra sacré	6
Chakra solaire	10

Sachant que ces chakras correspondent au développement du moi personnel, il est intéressant de constater que la tradition leur attribue un nombre situé entre 1 et 10. Or les dix premiers nombres sont associés dans la tradition kabbalistique aux différentes modalités de l'incarnation, le nombre 1 étant le symbole de l'état principiel (originel) et le nombre 10, celui de la conscience pleinement incarnée. En ce qui concerne les trois nombres qui nous intéressent, voici donc un tableau résumé des archétypes correspondants:

Nombres	Aspects positifs	Aspects négatifs
4	Incarnation	Cristallisation
6	Différenciation	Opposition
10	Expression de soi	Fausse expression de soi

Plus précisément encore, voici un résumé des principaux attributs correspondant à ces nombres:

Le nombre 4:

Les aspects positifs: Le nombre 4 évoque le processus d'incarnation. En ce sens, il symbolise les concepts de fixité et de stabilité mais aussi, sur un plan psychologique, les qualités d'endurance, de confiance, de persévérance et de joie. Enfin, il représente également le respect des lois universelles qui régissent le plan matériel.

Les aspects négatifs: Le nombre 4 maléficé évoque le processus de cristallisation de la matière. En ce sens, il symbolise les concepts de passivité et d'immobilisme mais aussi, sur un plan psychologique, une tendance à la rigidité (dogmatisme) et au matérialisme. Enfin, ce nombre représente également le rejet des lois universelles et les profondes angoisses existentielles ressenties par celui qui n'a pas su harmoniser son rapport à la matière.

Le nombre 6:

Les aspects positifs: Le nombre 6 représente le pouvoir de création issu de l'interaction féconde entre deux éléments opposés mais complémentaires. Sur un plan psychologique, il évoque également le processus de différenciation et l'établissement d'une dualité constituante permettant au moi personnel de s'édifier dans son rapport à l'autre.

Les aspects négatifs: Le nombre 6 maléficié représente le pouvoir de destruction issu d'un rapport foncièrement stérile entre deux éléments opposés et irréductiblement antagonistes. Sur un plan psychologique, il évoque également l'auto-destruction du moi dans un rapport d'opposition à l'autre.

Le nombre 10:

Les aspects positifs: Le nombre 10 évoque l'expression plénière de l'être rayonnant dans la matière ses qualités et ses spécificités propres (plénitude de l'incarnation). Il incarne en outre une idée de puissance et il est, sur un plan psychologique, très étroitement associé à l'acceptation et à l'assumation de son rôle social.

Les aspects négatifs: Le nombre 10 maléficié évoque l'affirmation d'un *ego* reniant ses propres valeurs et rayonnant les valeurs purement illusoires que lui propose le monde extérieur. Il incarne en outre une idée de fausse puissance et il est, sur un plan psychologique, très étroitement associé au refus d'assumer son rôle et son destin.

LES LAMES DU TAROT ASSOCIEES AUX TROIS CHAKRAS INFERIEURS

Poursuivant notre approche symbolique des trois premiers chakras, nous considérerons également la lame du tarot associée à chacun d'entre eux. Or cette lame est déterminée par le nombre correspondant au chakra considéré. Ainsi, associé au nombre 4, le chakra racine est mis en relation avec la quatrième lame du tarot, l'Empereur. De même, associé au nombre 6, le chakra sacré est mis en rapport avec la sixième lame, l'Amoureux. Enfin, associé au nombre 10, le chakra solaire est mis en relation avec la dixième lame, la Roue de Fortune. Voici un tableau résumé de ces correspondances:

Chakras inférieurs	**Lames du tarot**
Chakra racine	L'Empereur
Chakra sacré	L'Amoureux
Chakra solaire	La Roue de Fortune

A travers l'étude symbolique des arcanes, nous découvririons une fois encore les enjeux particuliers des chakras concernés. A ce titre, il importe de rappeler que le jeu du tarot comporte soixante-dix-huit cartes dont cinquante-six arcanes mineurs et vingt-deux arcanes majeurs. Or chaque lame (ou arcane) contient un enseignement ésotérique extrêmement riche. Ainsi, Eliphas Lévi écrit à propos du tarot: « C'est un ouvrage monumental et singulier, simple et fort comme l'architecture des pyramides, durable par conséquent comme elles; livre qui résume toutes les sciences et dont les combinaisons infinies peuvent résoudre tous les problèmes; livre qui parle en faisant penser; inspirateur et régulateur de toutes les conceptions possibles; le chef d'oeuvre peut-être de l'esprit humain, et à coup sûr l'une des plus belles choses que nous ait laissée l'Antiquité; clavicule universelle, dont le nom n'a été compris et expliqué que par le savant illuminé Guillaume Postel; texte unique dont les premiers caractères seulement ont ravi en extase l'esprit religieux de Saint-Martin et eussent rendu la raison au sublime et infortuné Swedenborg. ».[3]

En nous appuyant sur l'analyse de ces lames, nous obtiendrons alors un éclairage nouveau sur les enjeux particuliers des chakras. En ce sens, voici un tableau synthèse de ces principaux enjeux mis en exergue par le symbolisme des lames:

3- Lévi, Eliphas, *Dogme et rituel de Haute magie.*

Lames	Aspects positifs	Aspects négatifs
L'Empereur	Structuration et stabilisation	Cristallisation et immobilisme
L'Amoureux	Prise de décision et responsabilisation	Indécision et immaturité
La Roue de Fortune	Assumation du destin et maîtrise de l'existence	Refus du destin et fatalisme

Plus précisément encore, voici un résumé du symbolisme associé à ces trois lames:

La lame de l'Empereur:

Les aspects positifs: L'Empereur représente l'ordre et l'équilibre reposant sur une matière pleinement investie de l'esprit. Il est également étroitement associé à la capacité de s'investir sur le plan matériel. En ce sens, il incarne la puissance, la vigilance et la capacité de ne pas se laisser influencer par des sollicitations extérieures.

Les aspects négatifs: L'Empereur inversé représente la matière en état de dissociation avec son essence spirituelle. Il est également étroitement associé à la passivité, à l'immobilisme et à l'inertie face aux événements de la vie. Enfin, il incarne l'instinct de possession (d'appropriation), l'obstination et un certain état de torpeur et d'inconscience face aux réalités extérieures.

La lame de l'Amoureux:

Les aspects positifs: L'Amoureux évoque une notion de choix fondamental et constituant. Il est également un symbole du rapport narcissique où l'autre est perçu comme un reflet étonnant de soi-même. Enfin, il représente l'apprentissage de la responsabilisation.

Les aspects négatifs: L'Amoureux inversé évoque l'indécision et l'immaturité découlant de cette attitude. Il est également représentatif d'une tendance à chosifier l'autre en le percevant comme un simple objet. Enfin, il représente l'irresponsabilité sous ses différentes formes.

La lame de la Roue de Fortune:

Les aspects positifs: La Roue de Fortune évoque la mouvance de la vie avec ses successions de joies et de peines, de hauts et de bas, de réussites et d'échecs. Elle représente également la loi de causalité (loi du karma) selon laquelle tous les actes entraînent inévitablement des conséquences. En ce sens, elle incarne symboliquement la capacité d'assumer pleinement son destin.

Les aspects négatifs: La Roue de Fortune inversée évoque la répétition monotone et sans fin des épreuves et des expériences de la vie. Elle représente également l'éternel et inexorable retour des choses rendant vain tout effort visant à s'y soustraire. Enfin, elle symbolise une tendance à vouloir s'opposer au mouvement de l'existence en cherchant à imposer à la vie son propre rythme (rejet du destin).

LES COULEURS ASSOCIEES AUX TROIS CHAKRAS INFERIEURS

Précisons d'abord que les couleurs associées aux chakras n'ont pas une origine hindoue comme la relation existant entre les chakras et les nombres. Il ne faut pas croire que cette association repose davantage sur une observation clairvoyante. En effet, les chakras apparaissent comme des centres tourbillonnant sur eux-mêmes et rayonnant des énergies lumineuses variables selon le degré d'éveil et d'épanouissement qu'ils ont atteint. S'il est vrai que chacun des chakras présente une couleur dominante, on ne saurait toutefois les associer catégoriquement aux correspondances données. Aussi, cette association demeure d'un ordre purement symbolique. Voici un tableau établissant ces correspondances:

Chakra inférieurs	**Couleurs**
Chakra racine	Rouge
Chakra sacré	Orangé
Chakra solaire	Jaune

De la même manière que nous l'avons fait pour les nombres, nous chercherons en étudiant ces couleurs à mieux définir les enjeux particuliers des chakras concernés. A ce titre, cette association entre les couleurs et certaines dimensions métaphysiques ou psychologiques n'est pas nouvelle. En effet, dans toutes les traditions anciennes, les couleurs étaient associées à des états de conscience correspondants. Ainsi, Frédéric Portal écrit: « A Rome on encourait la peine de mort en revêtant ou vendant une étoffe de pourpre. Aujourd'hui, en Chine, celui qui porte ou achète des habits avec les dessins prohibés du dragon ou du phénix, subit trois cents coups de bâton et trois années de bannissement. La symbolique explique cette sévérité des lois et des moeurs; à chaque couleur, à chaque dessin appartenait une idée religieuse ou politique: la changer ou l'altérer était un crime d'apostasie. »

« Les archéologues ont remarqué que les peintures indiennes, égyptiennes, et celles d'origine grecque, nommées étrusques, sont composées de teintes plates d'un coloris brillant, mais sans demi-teintes; cela devait être. L'art ne parlait pas seulement aux regards des profanes, il était encore l'interprète et le dépositaire des mystères sacrés. Le dessin et le coloris avaient une signification nécessaire, ils devaient être tranchés: la perspective, le clair-obscur et les demi-teintes auraient entraîné la confusion. Ils furent inconnus ou leur manifestation sévèrement réprimée. ».[4] Ainsi, en nous appuyant sur le langage traditionnel des couleurs, nous pourrons une fois encore cerner avec plus d'acuité les caractéristiques particulières de chacun des chakras.

A ce titre, soulignons déjà que la tradition associe aux trois chakras inférieurs les trois couleurs exothermiques du spectre solaire (rouge, orangé et jaune). Or ces couleurs sont très étroitement liées, comme nous le verrons, au développement du moi personnel. Cette association n'est donc pas fortuite et met particulièrement en exergue le fait que le moi personnel, inscrit dans un mode d'extériorisation, représente essentiellement une dimension active et dynamique de la nature humaine. Ainsi, les couleurs exothermiques, également centrifuges, illustrent admirablement cette notion de rayonnement et d'extériorisation. En ce qui concerne les trois couleurs qui nous intéressent, voici donc un tableau résumé de leurs principales significations:

4- Hermann, Félix, *Les gemmes et les perles dans le monde*, Paris, 1949.

Couleurs	Aspects positifs	Aspects négatifs
Rouge	Incarnation et dynamisme	Extériorisation excessive et agressivité
Orangé	Sensualité et vitalité	Luxure et faiblesse
Jaune	Rayonnement, maîtrise de soi et authenticité	Faux éclat, égocentrisme et trahison

Plus précisément encore, voici un résumé des principaux attributs de ces trois couleurs:

La couleur rouge:

Les aspects positifs: Le rouge est la couleur de l'incarnation. En ce sens, il est étroitement associé aux notions de vivification et d'activité dynamique. Il incarne également la capacité d'agir et d'entreprendre sur le plan terrestre. Enfin, il est directement lié à la dimension masculine de l'être et on l'associe volontiers à la combativité.

Les aspects négatifs: Le rouge maléficié est la couleur de la cristallisation issue d'une scission entre les réalités matérielles et celles de l'esprit. Il est également étroitement associé à la notion de mort puisqu'il évoque une extériorisation excessive. Enfin, il est directement lié aux pulsions masculines perverties et on l'associe volontiers à la vindicativité et à l'agressivité.

La couleur orangée:

Les aspects positifs: L'orangé est la couleur des forces génésiques. En ce sens, il incarne la vitalité et la fécondité, mais aussi la sexualité et toutes les pulsions qui lui sont inhérentes. En outre, il permet de stimuler l'expression de toutes les dimensions structurant la personnalité (et conséquemment de les valoriser).

Les aspects négatifs: L'orangé maléficé est la couleur des forces instinctuelles débridées et non maîtrisées. En ce sens, il est étroitement associé aux pertes de vitalité liées aux excès sexuels de toutes sortes. En outre, il évoque également une nature faible et influençable n'ayant pas su mettre en valeur ses spécificités.

La couleur jaune:

Les aspects positifs: Le jaune est la couleur du rayonnement et de l'expression plénière. En ce sens, il fut étroitement associé à la parole qui, reflétant fidèlement les valeurs de l'esprit, rayonne et devient créatrice. En outre, il est également la couleur du pouvoir (maturité et maîtrise de soi) et de la sagesse.

Les aspects négatifs: Le jaune maléficié est une couleur de faux rayonnement. En ce sens, il fut étroitement associé à la parole mensongère qui, ne reflétant pas fidèlement la vérité, devient une parole de trahison. En outre, il est également la couleur de la fausse puissance (celle de l'*ego*) et de l'orgueil (égocentrisme).

LES *MANDALAS* HINDOUS ASSOCIES AUX TROIS CHAKRAS INFERIEURS

Après avoir étudié les nombres, les lames du tarot et les couleurs associés aux trois premiers chakras, nous aborderons l'analyse des *mandalas* hindous correspondants. En effet, il existe en Orient une forme particulière de *Yoga* tantrique appelée *Kundalinî Yoga* dont le but est d'ouvrir les sept chakras par des exercices principalement basés sur la respiration et la méditation. Chaque chakra correspond alors à un nom hindou précis. Voici donc le tableau résumé de ces correspondances:

Chakras inférieurs	***Mandalas***
Chakra racine	*Mûlâdhara chakra*
Chakra sacré	*Svâdhisthana chakra*
Chakra solaire	*Manipûra chakra*

Au niveau de la méditation, le *Kundalinî Yoga* emploie pour chaque chakra une image de puissance, un *mandala*, dont la signification symbolique est profondément révélatrice. Dans cette section, nous vous proposerons donc d'étudier pour chacun des trois premiers chakras les principaux éléments symboliques apparaissant sur le *mandala* correspondant. En ce sens, chaque *mandala* comporte un nombre de pétales déterminé, une forme géométrique particulière appelée *yantra* et un animal héraldique. En outre, on y retrouve un dieu représentatif des enjeux du chakra ainsi que sa *shakti* personnifiant la puissance ou le pouvoir de ce dieu.

A ce titre, voici un tableau résumé présentant ces principales caractéristiques traditionnelles:

Mandalas	Nombres	*Yantras*	Animaux	Dieux	*Shakti*
Mûlâdhara chakra	4	Carré	Eléphant	Brahma	Dakini
Svâdhisthana chakra	6	Croissant	Crocodile	Vishnu	Rakini
Manipûra chakra	10	Triangle	Bélier	Rudra	Lakini

Parmi tous ces éléments, la symbolique des dieux est particulièrement significative. A ce titre, soulignons déjà que la tradition orientale associe aux trois premiers chakras les trois divinités majeures de la théologie hindoue: Brahmâ, Vishnu et Shiva (sous la forme Braddha Rudra).

Voici donc un tableau résumé mettant en exergue ces principaux éléments du symbolisme des dieux:

Chakras	Divinités	Symbolisme
Mûlâdhara chakra	Brahma	Seigneur de la création, il est l'origine de toute forme et de toute existence concevable.
Svâdhisthana chakra	Vishnu	Dieu de la préservation, il incarne la tendance cohésive à l'origine de la vie.
Manipûra chakra	Shiva	Dieu de la transformation, il incarne le principe de dispersion et de dissolution des formes.

Des précisions concernant chacun des éléments constituant ces *mandalas* vous seront donc proposées dans les études qui suivent.

LES ANIMAUX HERALDIQUES ASSOCIES AUX TROIS CHAKRAS INFERIEURS

Enfin, concluant notre approche symbolique des trois premiers chakras, nous étudierons plus précisément l'animal héraldique associé à chacun d'entre eux. Dans cette étude, nous reprendrons essentiellement l'animal figurant à la base du *mandala* correspondant. Voici donc à nouveau un tableau résumé de ces associations:

Chakras inférieurs	Animaux
Chakra racine	Eléphant
Chakra sacré	Crocodile
Chakra solaire	Bélier

L'étude du symbolisme associé à ces animaux nous permettra une fois encore de mettre en exergue certains aspects nouveaux associés aux chakras. Pour ce faire, les animaux seront perçus, conformément à la tradition hermétique, comme une projection extérieure de dispositions et de facultés psychologiques. A ce titre, bon nombre d'expressions populaires font état d'une telle association entre un animal et un trait de caractère. En effet, on retrouve des expressions comme « fier comme un coq », « rusé comme un renard », « bavard comme une pie », « têtu comme un âne » ou « muet comme une carpe ».

Citons encore un auteur arabe du neuvième siècle, Al Mada'Ini, qui rapporte que les peuples turcs « demandaient d'un habile guide d'armée les qualités de dix animaux: la bravoure du coq, la chasteté de la poule, le courage du lion, l'agressivité du sanglier, la ruse du renard, la persévérance du chien, la vigilance de la grue, la prudence du corbeau, l'ardeur au combat du loup, l'embonpoint du yagru, animal qui, malgré toute peine et tout effort, demeure gras ».[5]

Or, de manière plus précise, la tradition associe trois animaux quadrupèdes aux trois premiers chakras. Par la symbolique du nombre 4, cette association nous révèle déjà l'enjeu principal de cette première triade consistant à investir pleinement la dimension matérielle en s'y incarnant totalement. Voici un tableau résumé des principales caractéristiques associées à ces animaux:

Animaux	**Aspects positifs**	**Aspects négatifs**
Eléphant	Solidité, stabilité et épicurisme	Lourdeur, maladresse et matérialisme
Crocodile	Fécondité, vitalité et sensualité	Instincts primaires, agressivité et sensiblerie
Bélier	Commandement, individualisme et combativité	Despotisme, égocentrisme et vindicativité

Plus précisément encore, voici un résumé des principaux attributs de ces trois animaux:

L'éléphant:

Les aspects positifs: L'éléphant évoque, par sa lourdeur, l'expérience de l'incarnation ainsi que les notions de solidité et de stabilité. Il représente encore la constance et la persévérance

5- Roux, Jean-Paul, *Faune et Flore sacrées dans les sociétés altaïques*, Paris, 1966.

ainsi que la capacité à percevoir les ressources que recèle la matière et à en jouir de manière optimale. Enfin, il symbolise la force physique.

Les aspects négatifs: L'éléphant évoque, sous sa forme maléficiée, l'état de celui qui se sent limité dans le monde terrestre ainsi que les notions de staticité, d'inertie et d'immobilisme. Il représente encore le principe de fixité et une tendance à vouloir dominer la matière pour ainsi la surexploiter (cupidité et matérialisme). Enfin, il symbolise le pouvoir destructeur.

Le crocodile:

Les aspects positifs: Le crocodile évoque le principe de fécondité en raison de son rapport étroit avec l'eau. Il est également un symbole de la vitalité et de la force sexuelle. Enfin, il représente le besoin de valorisation essentiel au développement du moi.

Les aspects négatifs: Le crocodile évoque, sous sa forme maléficiée, les émotions troubles et primaires en raison de son rapport étroit avec les eaux boueuses et limoneuses. Il est également un symbole des pulsions instinctuelles destructrices, aveugles et cruelles. Enfin, il représente l'influençabilité et l'impressionnabilité face aux influences extérieures.

Le bélier:

Les aspects positifs: Le bélier évoque la puissance et l'autorité (position de meneur). Il représente également la combativité permettant d'exprimer et de rayonner ses spécificités propres malgré les obstacles extérieurs. Enfin, il symbolise l'état de maturité de celui qui se met au service de l'esprit.

Les aspects négatifs: Le bélier évoque, sous sa forme maléficiée, la fausse puissance et l'autoritarisme exacerbé. Il représente également la violence et la colère exprimées face aux obstacles extérieurs. Enfin, il symbolise l'individualisme malsain (l'égocentrisme exacerbé) de celui qui ne pense qu'à ses propres intérêts.

LES MANDALAS HINDOUS

Muladhara Chakra

DEUXIEME SECTION

LES FONCTIONS DES CHAKRAS ET LES GLANDES ENDOCRINES

DEUXIEME SECTION
LES FONCTIONS DES CHAKRAS
ET LES GLANDES ENDOCRINES

LES ENJEUX INITIATIQUES ET PSYCHOLOGIQUES ASSOCIES AUX TROIS CHAKRAS INFERIEURS

A la lumière des aspects symboliques mis en exergue dans la section précédente, nous exposerons ensuite les principaux enjeux initiatiques et psychologiques associés aux trois chakras inférieurs. Cette synthèse comportera trois étapes précises. Dans un premier temps, nous étudierons en effet les deux enjeux initiatiques et psychologiques fondamentaux associés à chacun des chakras. En voici un tableau résumé:

Chakras	Enjeux initiatiques et psychologiques
Racine	Découverte de la dimension corporelle et Investissement dans la matière
Sacré	Choix constituant et Rapport constituant
Solaire	Maîtrise du plan corporel et Témoignage des valeurs profondes de l'être

Dans un second temps, nous analyserons les principaux comportements psychologiques associés aux fonctionnements harmonieux et disharmonieux des chakras. En voici un tableau résumé:

Chakras	**Aspects positifs**	**Aspects négatifs**
Racine	Confiance en la vie, jouissance et dynamisme	Méfiance face à la vie, souffrance existentielle et léthargie
Sacré	Sensualité, affectivité et vitalité	Instincts débridés, sensiblerie et passivité (influençabilité)
Solaire	Maturité (maîtrise de soi), sens des responsabilités et autorité	Egocentisme, rejet des responsabilités et despotisme

Enfin, dans un troisième temps, nous verrons pour chacun des chakras les principales attitudes à développer en vue de les harmoniser. A ce titre, voyons déjà succinctement ce à quoi elles correspondent:

Chakras	**Attitudes à développer**
Racine	Positivation des sens
Sacré	Ecoute de son ressenti par rapport à l'autre
Solaire	Maîtrise de l'existence par l'application de la loi de cause à effet

Cette section nous permettra donc d'avoir une idée plus précise des fonctions associées à chacun des trois premiers chakras. En ce sens, voici un résumé très sommaire de ces fonctions:

Le chakra racine:

Les aspects positifs: Le chakra racine est directement associé à la découverte du plan extérieur et au processus d'enracinement dans le monde. Il permet donc à l'individu de découvrir son moi personnel en prenant pleinement conscience que son corps représente un foyer d'expression de l'esprit.

Les aspects négatifs: Sous sa forme maléficiée, le chakra racine est directement associé au refus de s'ouvrir au monde extérieur (rejet de l'existence) et de s'y intégrer pleinement. Il amène donc l'individu à ignorer les potentialités que recèle sa dimension corporelle, celle-ci étant perçue comme un lieu où l'esprit s'exile et où il est retenu prisonnier.

Le chakra sacré:

Les aspects positifs: Le chakra sacré est directement associé au processus de valorisation et de développement du moi personnel grâce au rapport à l'autre. Il permet donc à l'individu d'affermir, de valoriser et de développer toutes les dimensions de sa personnalité.

Les aspects négatifs: Sous sa forme maléficiée, le chakra sacré est directement associé au processus de rejet de l'autre et conséquemment d'enfermement sur soi. Il amène donc l'individu à se priver des éléments nécessaires pour affermir sa personnalité, se condamnant ainsi à l'immaturité la plus complète.

Le chakra solaire:

Les aspects positifs: Le chakra solaire est directement associé au processus d'expression et de rayonnement de l'identité. Il permet donc à l'individu d'exprimer en toute authenticité les multiples dimensions de sa personnalité.

Les aspects négatifs: Sous sa forme maléficiée, le chakra solaire est directement associé aux diverses attitudes égocentriques et despotiques. En outre, il amène ultimement l'individu à rayonner les valeurs factices de son *ego.*

LES GLANDES ENDOCRINES ASSOCIEES AUX TROIS CHAKRAS INFERIEURS

Nous verrons également que chacun des chakras s'incarne en quelque sorte sous la forme d'une glande endocrine. Or nous savons que ces glandes sont de la plus haute importance puisqu'elles influent sur l'état de santé physique et psychologique des individus. A ce titre, citant P. Rentchnick, les docteurs Rossant et Rossant-Lumbroso rapportent:

« Au cours de la Première Guerre mondiale, le problème de la santé des grands chefs militaires a joué un rôle important dont il n'a pas été tenu compte dans les ouvrages historiques mais qu'on découvre seulement aujourd'hui non sans surprise [...]. Sur le front allemand, le général von Moltke souffrait d'une affection rénale tandis que le général von Bülow souffrait d'une nervosité et d'une irritabilité provoquées par un goitre toxique... [...] L'attitude psychologique du général Ludendorff fut caractérisée pendant la bataille par des accès d'émotivité, de nervosité, de perte de contrôle de ses nerfs.

Perdant la tête, Ludendorff recommanda précipitamment de signer l'armistice et fut remis aux bons soins des psychiatres après qu'il eut démissionné le 26 octobre 1918. ».[6]

Ainsi, l'activité du système endocrinien influe sur tous les plans de la personnalité. En ce sens, c'est elle qui, agissant sur les dimensions physiques et psychologiques, permet à l'individu de s'exprimer pleinement sur le plan terrestre. Or il est intéressant de souligner que la tradition a toujours associé les glandes endocrines aux chakras. Plus précisément encore, chaque glande endocrine est rattachée à un chakra en particulier dont elle constitue en quelque sorte la contrepartie physique. Ainsi, nous pouvons dresser le tableau de correspondances suivant:

Chakras inférieurs	**Glandes endocrines**
Chakra racine	Surrénales
Chakra sacré	Gonades
Chakra solaire	Pancréas

A travers l'étude de ces glandes endocrines, nous constaterons combien les chakras ont des incidences tant physiologiques que psychologiques. Nous verrons en outre de quelle manière une pathologie endocrinienne nous révèle l'état dans lequel se trouve le chakra correspondant. Or l'action des glandes est assurée par les hormones qu'elles sécrètent. Voici donc un tableau de ces substances actives:

6- Rossant Lyonel et Rossant-Lumbroso Jacqueline, *Votre Santé*, Robert Laffont, Paris, 1993.

Glandes endocrines	Hormones
Surrénales	les hormones glucocorticoïdes, les hormones minéralocorticoïdes, les androgènes et oestrogènes surrénaliens, l'adrénaline et la noradrénaline
Gonades	les hormone androgènes, les hormones oestrogènes, la progestérone
Pancréas	l'insuline et le glucagon.

Plus précisément encore, voici un résumé des principales fonctions de ces trois glandes:

Les glandes surrénales:

Les aspects positifs: Les glandes surrénales interviennent dans le maintien de la température corporelle et au niveau de différentes fonctions métaboliques. Elles jouent également un rôle important dans la lutte contre le stress (rôle de l'adrénaline).

Les aspects négatifs: Une pathologie au niveau des glandes surrénales (un hypofonctionnement par exemple) peut entraîner une faiblesse chronique et une grande fatigabilité accompagnées de douleurs musculaires et d'une perte de poids.

Les glandes sexuelles:

Les aspects positifs: Les glandes sexuelles remplissent principalement une fonction de différenciation sexuelle en stimulant le développement et le maintien des caractères sexuels secondaires. Elles interviennent aussi au niveau de la croissance osseuse.

Les aspects négatifs: Une pathologie des glandes sexuelles peut entraîner une accentuation des caractères sexuels secondaires (dans le cas d'un hyperfonctionnement) ou au contraire une atténuation de ces caractères (dans le cas d'un hypofonctionnement). Elle peut également entraîner d'importants troubles au niveau de sa croissance osseuse (une grande fragilité au niveau des os par exemple).

Le pancréas:

Les aspects positifs: Le pancréas intervient sur la régulation du taux de glucose dans le sang en abaissant la glycémie (rôle de l'insuline) ou, au contraire, en l'augmentant (rôle du glucagon).

Les aspects négatifs: Une pathologie du pancréas peut entraîner un certain nombre de symptômes dont une faiblesse musculaire, une soif et une faim intenses ainsi qu'un accroissement de poids (dans le cas d'un diabète *mellitus* par exemple).

TROISIEME SECTION

EVEIL ET HARMONISATION DES TROIS CHAKRAS INFERIEURS

TROISIEME SECTION
EVEIL ET HARMONISATION
DES TROIS CHAKRAS INFERIEURS

I- DANS L'INITIATION ECCLESIASTIQUE

Au niveau de la tradition catholique, chaque ordre sacerdotal correspond à un travail d'ouverture, d'éveil et d'harmonisation d'un chakra en particulier. En d'autres termes, l'évêque intervient au moment des ordinations sur des chakras précis correspondant à l'ordre conféré. Ce travail s'opère principalement au moment de la porrection des outils. Suite à son ordination, l'aspirant doit donc travailler activement sur le chakra ainsi éveillé en accomplissant les différentes tâches que sa nouvelle fonction lui attribue.

A ce titre, les quatre ordres mineurs correspondent aux trois premiers chakras. Or cette association n'est pas fortuite puisque les ordres mineurs ont toujours eu pour fonction de favoriser le développement et l'harmonisation de la personnalité pour qu'elle puisse ensuite servir de canal efficace aux forces de la Grâce. Voici donc un tableau établissant les correspondances entre les ordres majeurs et les trois premiers chakras:

Chakras inférieurs	Ordres mineurs
Chakra racine	Portier
Chakra sacré	Lecteur
Chakra solaire	Exorciste / Acolyte

Nous avons dit que l'éveil des chakras est effectué lors de la porrection des outils et qu'une fonction est alors attribuée au nouvel ordinand. Voici un tableau résumé de ces correspondances:

Chakras inférieurs	Ordres mineurs	Outils	Fonctions
Racine	Ostiariat	Clefs	Sonner les cloches, ouvrir et fermer l'église et veiller sur le mobilier
Sacré	Lectorat	Livre des Leçons	Lire les Leçons et bénir le pain et les fruits nouveaux
Solaire inférieur	Exorcistat	Livre des Exorcismes	Chasser les démons
Solaire supérieur	Acolytat	Cierge	Entretenir les luminaires et allumer les cierges

II- DANS LA DEMARCHE HERMETIQUE

Au niveau de l'hermétisme chrétien, l'éveil et l'harmonisation d'un chakra se fait par l'intermédiaire de trois types principaux de supports: une huile essentielle, des oeuvres musicales et une marche initiatique.

LES HUILES ESSENTIELLES ASSOCIEES AUX TROIS CHAKRAS INFERIEURS

Pour chacun des trois chakras inférieurs, nous avons choisi une huile essentielle susceptible de l'harmoniser. Au sujet de ces huiles, « les expériences sur l'imagerie mentale des docteurs Fertigny et Virel ont démontré que les parfums et les odeurs ont un pouvoir sur le psychisme. Ils facilitent l'apparition d'images et de scènes significatives. Ces images à leur tour suscitent et orientent des émotions et des désirs. ».[7] Mixées à la musique, elles favorisent donc certaines prises de conscience importantes. Voici un tableau de correspondances entre les chakras et ces huiles essentielles:

Chakras inférieurs	**Huiles essentielles**
Chakra racine	Clou de girofle
Chakra sacré	Ylang-Ylang
Chakra solaire	Romarin

Ces huiles ont donc un rôle direct sur l'éveil des chakras correspondants. Voici un tableau synthèse de cette action:

Huiles essentielles	**Actions psychiques**
Clou de girofle	Favorise le processus de prise de conscience de la dimension corporelle et stimule l'esprit pratique
Ylang-Ylang	Eveille la conscience aux expériences sensuelles et stimule la vitalité
Romarin	Favorise l'expression et le rayonnement du moi personnel et chasse les énergies négatives

Plus précisément encore, voici un résumé succinct des principales actions psychiques de ces trois huiles:

7- Chevalier, Jean, Gheerbrant, Alain, *Dictionnaire des Symboles*, Robert Laffont, Paris, 1982.

L'huile essentielle de Clou de girofle:

L'huile de Clou de girofle (*Eugenia caryophyllata*) facilite l'incarnation et les prises de conscience nécessaires pour établir un rapport harmonieux avec la dimension physique. A ce titre, elle est employée pour stimuler l'esprit pratique et le sens de la concrétisation. Enfin, elle est réputée pour favoriser les naissances.

L'huile essentielle de Ylang-Ylang:

L'huile de Ylang-Ylang (*Canonga adorata*) est reconnue pour ses propriétés favorisant l'éveil d'une certaine sensibilité aux expériences sensuelles. En outre, elle possède des vertus aphrodisiaques. Enfin, elle est réputée pour ses puissantes vertus toniques.

Huile essentielle de Romarin:

L'huile de Romarin (*Rosmarinus officinalis*) favorise le développement des forces intérieures nécessaires à l'expression du moi. En outre, elle possède la capacité de chasser les énergies négatives (combattant les artifices et les illusions de la personnalité). Enfin, elle stimule le sens de la détermination.

LES OEUVRES MUSICALES ASSOCIEES AUX TROIS CHAKRAS INFERIEURS

De même, nous avons choisi pour chacun des trois premiers chakras deux oeuvres musicales particulièrement propices pour effectuer un travail sur ces centres d'énergie. En ce sens, nous savons que le son fut toujours considéré comme investi d'une puissance particulière. C'est d'ailleurs ce que Jamblique rapporte dans sa *Vie de Pythagore*: « Il jugeait que la musique contribue largement à la santé quand on l'utilise d'une manière appropriée. Souvent, il y avait recours, mais jamais à la légère; et la guérison qui s'obtient par la musique, il la nommait purification. De cette manière il inventa des remèdes qui devaient réprimer ou expulser les maladies du corps comme celles de l'âme. ».

« Pour ses disciples, il disposa et adopta ce qu'on nomme des appareils ou des dispositifs, concevant divinement le mélange de certaines mélodies diatoniques, chromatiques ou enharmoniques; par leur intermédiaire, il devenait aisé de transférer, de conduire dans une direction opposée, les passions de l'âme lorsqu'elles s'étaient formées récemment ou de manière irrationnelle ou cachée, à savoir la tristesse, la colère, la pitié, les appétits, l'orgueil, l'indolence ou la véhémence. Car il corrigeait chacune d'elles selon les règles de la vertu, en les tempérant par des mélodies appropriées toutes semblables à des remèdes salutaires. Et c'est ainsi, par l'usage des seuls sons musicaux, sans accompagnement de paroles, qu'ils effectuaient la guérison des passions de l'âme ainsi que de certaines maladies. Ce qui, selon eux, se faisait en réalité par un enchantement. ».

En outre, on reconnaît au son un pouvoir créateur. Ainsi, les traditions orientales et particulièrement les *Vedas* affirment que chaque réalité de ce monde a été générée par un son. Le nom de Brahma signifie d'ailleurs « parole créatrice » ou « verbe créateur ». Dans le même ordre d'idée, le premier verset de l'évangile selon saint Jean corrobore cette assertion: « Au commencement était le Verbe et le Verbe était avec Dieu et le Verbe était Dieu. Tout fut par lui et sans lui rien ne fut. ».[8] Dans cette perspective la musique devient un outil exceptionnel de travail sur les chakras. Ainsi nous suggérons de procéder à l'écoute active de certaines oeuvres appropriées pour favoriser le développement et l'expression des chakras correspondants.

Pour ce faire, nous vous proposons une méthode de méditation dite alternée. Pour être efficace, cette méditation doit se dérouler de la manière suivante. Après vous être suffisamment détendu, vous commencez par méditer sur l'oeuvre musicale que vous écoutez en essayant de bien ressentir les différentes sensations qu'elle évoque en vous. Cette méditation doit être faite de manière soutenue sans pour autant être source de tension intérieure. Puis, lorsque vous sentirez que votre concentration commence à faiblir, vous cesserez alors de focaliser votre attention sur l'oeuvre pour simplement méditer sur les enjeux du chakra correspondant et sur la manière dont vous pouvez les vivre au quotidien. Puis, vous reviendrez à la méditation sur l'oeuvre musicale jusqu'au moment où, encore une fois, vous ressentirez la nécessité d'alterner avec une réflexion sur les enjeux du chakra.

En ce sens, une première oeuvre permet de vous sensibiliser aux grands enjeux du chakra. En voici un tableau résumé:

---

8 - Jean I, 1-3.

Chakras inférieurs	Oeuvres musicales
Chakra racine	*Le Sacre du Printemps* d'Igor Stravinsky
Chakra sacré	*La Mer* de Claude Debussy
Chakra solaire	*La Chevauchée des Walkyries* de Richard Wagner

Plus précisément encore, voici un résumé des principales caractéristiques de ces trois oeuvres:

Le Sacre du Printemps d'Igor Stravinsky:

Cette oeuvre est profondément marquée par l'étonnante faculté du compositeur à suggérer dans sa musique le mouvement du corps, celui-ci étant en quelque sorte incité à se placer sous la mouvance de l'esprit. En ce sens, *Le Sacre du Printemps* favorise le processus même de l'incarnation.

La Mer de Claude Debussy:

Cette oeuvre propose essentiellement une approche de l'élément eau à travers différentes mises en situation. Plus encore, à travers cette oeuvre, Debussy nous suggère ici une image hédoniste de la création où le rapport au monde est essentiellement placé sous la queste du plaisir.

La Chevauchée des Walkyries de Richard Wagner:

Cette oeuvre permet de ressentir au plus profond de soi la puissance génésique de l'esprit qui, chevauchant le véhicule du désir, rayonne et s'exprime librement dans le monde. La force et la fureur de l'oeuvre nous y invitent d'ailleurs merveilleusement.

En outre, nous vous proposons également une oeuvre symphonique correspondant à chacun des trois chakras inférieurs. Celle-ci permet une étude plus systématique du chakra puisque les mouvements de l'oeuvre correspondent à différents niveaux d'expression des chakras. Ainsi, pour découvrir et s'ouvrir aux enjeux d'un chakra, le premier mouvement est particulièrement approprié. Pour intérioriser et intégrer ces enjeux, le second convient davantage. Quant au troisième, il facilite un rayonnement des acquis correspondants. Enfin, le quatrième prépare la conscience à de nouvelles expériences sur la base de ces acquis.

Voici donc un tableau vous présentant les oeuvres symphoniques associées aux trois chakras inférieurs:

Chakras inférieurs	**Oeuvres symphoniques**
Chakra racine	*Première symphonie* de Johannes Brahms
Chakra sacré	*Quatrième symphonie* d'Antonin Dvoràk
Chakra solaire	*Quatrième symphonie* de Johannes Brahms

Plus précisément encore, voici un résumé des principales caractéristiques de ces trois oeuvres:

Première symphonie **de Johannes Brahms:**

Les profondes tensions et les grands moments de joie qui se dégagent de cette oeuvre invitent à une prise de conscience des réalités les plus ontologiques de l'existence. Composée en ut mineur, elle est en outre directement associée à la tonalité du chakra, affermissant ainsi son effet sur les dimensions lui correspondant.

Quatrième symphonie **d'Antonin Dvoràk:**

La sensualité qui se dégage de cette oeuvre invite à une prise de conscience des dimensions profondes qui animent et constituent la personnalité. Composée en ré mineur, elle est en outre directement associée à la tonalité du chakra, affermissant ainsi son effet sur les dimensions lui correspondant.

Quatrième symphonie **de Johannes Brahms:**

L'ampleur de ses mélodies et la puissance soutenue de son orchestration font de cette oeuvre une invitation à l'extériorisation et à l'affirmation plénière des dimensions profondes de l'être. Composée en mi mineur, elle est en outre directement associée à la tonalité du chakra, affermissant ainsi son effet sur les dimensions lui correspondant.

B) LA MARCHE INITIATIQUE CORRESPONDANT AUX TROIS CHAKRAS INFERIEURS

L'enseignement de l'hermétisme chrétien propose de parfaire le travail sur les chakras inférieurs au moyen d'une marche initiatique. Or pour bien comprendre l'importance de cette marche, il importe d'abord de préciser que le passage de la position horizontale à la position verticale fut pour l'homme un moment de libération décisif. En effet, ce changement de posture impliqua alors une libération face aux lois physiques de la pesanteur et cette étape marqua le début d'une transformation de sa dimension matérielle. En ce sens, la position adoptée au cours de la marche est une posture d'action par opposition aux postures trop souvent passives utilisées pour la méditation.

Dans cette perspective, il importe de prendre conscience qu'il n'y a pas de démarche initiatique authentique et véritable sans l'intégration de la dimension corporelle. Aussi, l'aspirant ne doit jamais fuir la réalité terrestre, mais au contraire chercher à y participer pleinement en vue de la transcender et de l'unir à sa contrepartie spirituelle. A ce titre, le fait de marcher revêt ici un caractère éminemment sacré et transforme profondément la conscience si un travail de méditation intérieur accompagne la gestuelle. Aussi, la tradition de l'hermétisme chrétien propose pour chaque chakra une gestuelle précise accompagnée d'une intention favorisant une communion plus étroite entre le corps et l'esprit. Voici donc un tableau résumé de ces gestuelles:

Chakras	**Enjeux**	**Gestuelles**
Racine	Incarnation (découverte de sa dimension extérieure)	Faire un pas devant l'autre
Sacré	Croissance (valorisation de sa dimension extérieure)	Faire un mouvement d'ondulation avec les mains
Solaire	Rayonnement (expression de sa dimension extérieure)	Fixer son regard sur l'horizon

Voici également un tableau résumé des correspondances entre ces gestuelles et les intentions:

Chakras	**Gestuelles**	**Intentions**
Racine	Faire un pas devant l'autre	Découvrir ses valeurs véritables et s'engager à les vivre
Sacré	Faire un mouvement d'ondulation avec les mains	Valoriser pleinement une dimension de soi-même
Solaire	Fixer son regard sur l'horizon	Rayonner et exprimer avec fierté son identité profonde

Pour faciliter la compréhension de ces différentes étapes, voici également un résumé succinct de leurs principales caractéristiques:

Le premier moment de la marche:
(associé au chakra racine)

Cette première étape consiste à faire un pas devant l'autre. Elevant le pied, l'aspirant formule alors l'intention de marcher vers lui-même de manière à découvrir ce qu'il est. En descendant le pied, il formule ensuite l'intention de s'engager et de participer pleinement à la vie matérielle en assumant ce qu'il est.

Le second moment de la marche:
(associé au chakra sacré)

Cette seconde étape consiste, alors que les deux pieds sont au sol, à faire avec les mains un léger mouvement d'ondulation souple, harmonieux et empreint de douceur; les bras étant parfaitement détendus et maintenus parallèles au corps (sans le toucher cependant). Ce faisant, l'aspirant formule l'intention de valoriser une dimension de lui-même qu'il souhaite développer.

Le troisième moment de la marche:
(associé au chakra solaire)

Cette troisième étape consiste à concentrer son attention sur le regard. Se tenant bien droit, la tête haute (pour favoriser une affirmation de soi-même), l'aspirant porte alors son regard vers l'horizon de manière à ne plus rien voir autour de lui. Ce faisant, il formule l'intention d'affirmer avec autorité et fierté ce qu'il est profondément.

Bien que chacun des chakras soit associé à une gestuelle précise, les trois premiers chakras correspondent à une seule et même marche, tous ces mouvements s'insérant dans un exercice global. Nous l'avons nommé « marche de la constitution du moi ». Cette marche s'exécute face à l'ouest (ou dos à l'autre lorsqu'elle est effectuée en couple). Il est également intéressant d'utiliser un support musical pour rythmer la cadence. En ce sens, la *Sarabande* de Haendel est un support particulièrement approprié.

Précisons en outre qu'il importe de marcher très lentement. En effet, seule une marche lente peut vraiment favoriser un travail de méditation. Les mouvements seront donc faits le plus lentement possible. Il est également intéressant de marcher pieds nus afin d'établir un meilleur contact avec le sol, le dos étant positionné le plus droit possible afin de bien dégager la cage thoracique.

LA MARCHE DE LA CONSTITUTION DU MOI
(posture générale)

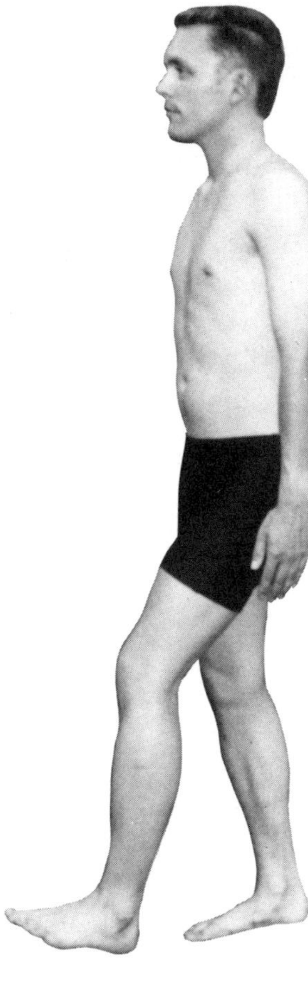

L'aspirant est en position de marche, les bras de chaque côté du corps et le regard fixé sur l'horizon.

Mandala du chakra racine

CHAPITRE PREMIER

LE CHAKRA RACINE

CHAPITRE PREMIER
LE CHAKRA RACINE

Situé à la base de la colonne vertébrale, entre l'anus et les organes génitaux, le chakra racine s'ouvre vers le bas. Il est le premier centre formant, avec les deux suivants (sacré et solaire), la triade inférieure responsable de la constitution du moi personnel. En ce sens, il est directement associé à la découverte du plan extérieur et au processus d'enracinement dans le monde. C'est d'ailleurs ce qu'évoque son nom hindou *Mûlâdhara chakra*, *mûlâ* signifiant « racine » et *adhara* « support ».

Ainsi donc, le chakra racine permet à la conscience de se focaliser sur la dimension corporelle de l'être. Toutefois, s'il n'est pas convenablement harmonisé, il peut être à l'origine de certaines angoisses existentielles profondes. Une approche plus systématique de ses différentes facettes nous permettra au cours des prochaines pages de mieux en saisir les multiples dimensions.

Tous les chakras ayant des périodes d'activité plus intenses dans le cycle de l'existence, le chakra racine est particulièrement actif entre 0 et 7 ans et entre 49 et 56 ans. Les enjeux qu'il représente seront donc vraisemblablement plus aigus à ces moments particuliers de la vie.

PREMIERE SECTION

SYMBOLISMES DU CHAKRA RACINE

PREMIERE SECTION
SYMBOLISMES DU CHAKRA RACINE

LE NOMBRE 4

Représenté sous la forme d'un lotus à quatre pétales, le chakra racine est étroitement associé aux mystères de ce nombre. Pour bien comprendre la signification symbolique de ce chakra, nous devons donc chercher à mieux saisir la signification profonde du nombre 4. Or, dans la perspective de l'hermétisme chrétien, ce nombre évoque principalement une notion d'incarnation. En effet, les anciens ont toujours mis en rapport le processus d'incarnation et le symbolisme entourant ce nombre. Ainsi, déjà aux temps présocratiques, Empédocle considérait la matière comme étant essentiellement constituée de quatre éléments (la terre, l'eau, l'air et le feu).[1]

En effet, les quatre éléments correspondaient alors aux quatre aspects ontologiques de la matière en incarnant en quelque sorte ses « qualités fondamentales ». Il ne s'agissait donc pas d'une appréciation quantitative des choses.[2] Ainsi, on considérait que toute réalité concrète était nécessairement composée d'une combinaison de terre, d'eau, d'air et de feu

---

1- Evidemment, la notion présocratique d'élément était fort différente du concept moderne tel qu'il apparaît, par exemple, dans la vision de Mendelieff. Notons d'ailleurs que cette notion ancienne n'est d'aucune manière une forme primitive du concept privilégié de nos jours.

2- En ce sens, les sciences modernes, y compris les mathématiques, ont maintenant une approche essentiellement quantitative du monde et cette vision est radicalement différente de la perspective ancienne qui s'intéressait davantage à ses qualités intrinsèques. C'est d'ailleurs une distinction fondamentale qu'il faut garder à l'esprit lorsque nous abordons l'étude de textes anciens.

ainsi que l'affirme cet ancien adage grec: « Apprends d'abord les quatre racines de toutes choses: Zeus qui brille [Feu], Héra vivifiante [Terre], Aidôneus [Air] et Nestis [Eau]. ». En outre, nous venons de préciser que ces quatre éléments représentaient les quatre qualités fondamentales de la matière. Il s'agissait en ce sens du sec, de l'humide, du froid et du chaud. A ce titre, on croyait que le feu naissait de l'exaltation et de la concentration du chaud par le sec. L'élément air apparaissait, quant à lui, grâce à l'action du chaud sur l'humide qui, soumis à cette influence, se dilate et se volatilise. Dans la même perspective, l'élément eau provenait de la condensation de l'humide par le froid. Enfin, l'élément terre résultait de l'action du sec sur le froid qui, sous cette influence, se concentre, se neutralise et devient inerte.

Ces quatre éléments étaient également tout naturellement associés à des qualités psychologiques. Ainsi, l'élément terre représentait fondamentalement la persévérance dans le travail à accomplir. Il correspondait à la première étape de toute initiation consistant à s'engager durablement dans l'action. L'élément eau correspondait, quant à lui, à la flexibilité et à l'adaptabilité. Ces deux qualités étaient alors considérées comme essentielles pour permettre l'évolution et le mouvement incessant de la vie, prévenant ainsi toute cristallisation de la matière. De même, l'élément air incarnait la promptitude sur le plan intellectuel et le processus d'échange permettant à l'homme de mettre les choses en relations les unes avec les autres établissant ainsi un rapport entre elles. Enfin, l'élément feu incarnait principalement l'ardeur et l'intégrité permettant de demeurer fidèle aux valeurs profondes de l'être quelles que soient les circonstances extérieures.

Le nombre 4 étant étroitement associé aux éléments composant le plan matériel, certains occultistes étudiant la structure corporelle de l'homme développèrent une anthropologie profondément marquée par ce nombre. Ainsi, la personnalité humaine fut perçue dans un schéma quaternaire. Depuis, elle est toujours considérée par les hermétistes comme étant formée de quatre corps. Le corps physique (associé à l'élément terre) est sans doute la dimension la mieux connue de ce complexe. Il se compose, nous le savons, de matière chimique et il correspond à la dimension la plus dense de l'être. Vient ensuite le corps énergétique (associé à l'élément eau). Il s'agit d'une réplique exacte du corps physique auquel il est indissolublement lié. Ce corps est responsable des fonctions biologiques et métaboliques de l'organisme. C'est le double des anciens Egyptiens.

A ces deux premiers corps plus denses s'ajoute ensuite le corps émotionnel (associé à l'élément air). C'est le corps astral des occultistes modernes que les anciens Grecs appelaient l'âme locomotive. Ce corps est responsable de l'activité émotionnelle permettant d'exprimer des émotions et des sentiments. Il est également responsable de l'expression des désirs ainsi que de toute pulsion amenant à entreprendre ou à créer quelque chose. Enfin, le dernier corps composant la dimension corporelle de l'homme est l'intellect (associé à l'élément feu). Ce corps mental est le siège de toutes les activités rationnelles ou cognitives. A ce titre, il distingue fondamentalement l'homme de l'animal, comme Aristote l'enseignait déjà à son époque.

Sur un plan cosmogonique, cette composition quadripartite de l'homme correspond en outre, dans la tradition kabbalistique, aux quatre niveaux ontologiques constituant l'univers. Ces quatre dimensions fondamentales du monde sont donc considérées comme les quatre plans dans lesquels s'accomplissent les mystères de la création. Le premier monde (*olam ha Atsilouth*) est formé de tous les archétypes correspondant aux choses et aux êtres existant dans l'univers créé.

Vient ensuite le second monde (*olam ha Beriah*) renfermant toutes les formes-pensées à l'origine de ce qui constitue les univers visible et invisible. Le troisième plan (*olam ha Yetsirah*) correspond au monde astral des occultistes par l'intermédiaire duquel les hiérarchies célestes (les neuf choeurs angéliques de la tradition chrétienne) interviennent sur le plan terrestre. Enfin, le quatrième plan (*olam ha Assiah*) correspond au monde physico-énergétique dans lequel évoluent toutes les réalités matérielles.

Plus fondamentalement encore, il semble bien que la dimension spatiale elle-même, essentielle au processus d'incarnation, soit également profondément déterminée par un schéma quaternaire. C'est du moins la manière dont l'esprit humain l'appréhende puisque l'espace est traditionnellement associé (dans la tradition occidentale tout au moins) à quatre directions: le nord, le sud, l'est et l'ouest. Or ces quatre directions ont parfois été mises en relation avec les éléments. Ainsi, dans le système philosophique d'Henri Corneille Agrippa, le nord (le septentrion) est associé à l'eau, le sud (le midi) à la terre, l'est (l'orient) au feu et l'ouest (l'occident) à l'air.[3]

En outre, si la dimension matérielle semble bien se déployer dans quatre directions caractéristiques, la dimension temporelle fut également considérée par les anciens comme étant principalement articulée autour de quatre moments privilégiés. Ainsi, dans les systèmes initiatiques anciens, on considérait le jour comme étant articulé autour de quatre moments principaux: le lever du Soleil, le zénith, le coucher et le nadir. Cette subdivision persiste d'ailleurs de nos jours dans les différentes traditions magiques. Dans le même ordre d'idées, le mois comporte également quatre phases caractéristiques asso-

3- Agrippa, Henri Corneille, *La Magie céleste*, traduit et présenté par Jean Servier, Berg international.

ciées au cycle lunaire (premier quartier, pleine lune, dernier quartier et nouvelle lune). Enfin, l'année est aussi divisée en quatre saisons dont les caractéristiques sont bien marquées. Il s'agit évidemment du printemps, de l'été, de l'automne et de l'hiver.

Or cette organisation de l'univers spatio-temporel sur le mode du quaternaire est d'autant plus intéressante qu'elle nous permet de découvrir dans la structure même de cet univers ce que les anciens considéraient comme étant la loi présidant à toute création. En effet, selon la tradition judéo-chrétienne, toute existence est nécessairement ordonnée à quatre étapes déterminantes que les kabbalistes ont associées aux quatre lettres-consonnes *Yod-He-Vav-He*, formant le tétragramme sacré. A ce titre, ce tétragramme correspondait dans le monde hébreu au nom le plus sacré de Dieu et révélait en quelque sorte son mode d'expression dans le monde. En ce sens, seul le grand prêtre était autorisé à le prononcer alors qu'il officiait dans le saint des saints. En raison de son caractère éminemment sacré, ce nom était même objet de vénération et de crainte. Sans prétendre en saisir tout le mystère, nous nous permettons toutefois de proposer une analogie entre les quatre lettres le constituant et les quatre grands moments dans l'existence et l'expression d'une chose.

Dans cette analogie, le *Yod* représente la potentialité originelle ainsi que l'impulsion initiale à l'origine de toute réalité. Au niveau d'un projet, par exemple, il correspond à l'idée encore abstraite de ce que l'on souhaite réaliser ainsi qu'à la volonté d'accomplir cette chose. La lettre suivante, le *He,* représente, quant à elle, la phase de maturation grâce à laquelle cette idée prend progressivement forme. Dans un projet, cette étape correspond à la mise en place des moyens matériels et techniques nécessaires à l'accomplissement de l'idée originelle. Pour mieux encore saisir la signification de ces deux premières lettres, l'exemple de l'agriculture est particulièrement éloquent. En effet, la première lettre correspond alors à la semence. Puis, vient l'étape suivante comprenant l'arrosage, la fertilisation et le sarclage favorisant la germination de la semence et sa croissance: c'est la seconde étape figurée par le *He*.

La troisième lettre, le *Vav*, correspond, quant à elle, à la troisième phase de toute oeuvre de création: l'accomplissement plénier de l'idée. Ainsi, l'idée abstraite (*Yod*) s'étant développée grâce à la matrice (*He*), se réalise maintenant pleinement. Dans le cas d'un projet, il s'agit de la réalisation concrète de l'oeuvre entreprise. En effet, dans le *Vav*, la potentialité du *Yod* est parfaitement réalisée par le ministère du *He*. De même, dans notre exemple en rapport avec l'agriculture, la semence ayant germé et s'étant développée atteint maintenant sa maturité et porte des fruits. Quand à la quatrième étape symbolisée par le deuxième *He*, elle figure le moment où cette réalisation devra être remise en cause, tenant compte de l'évolution du projet. En ce sens, rien en ce monde n'est jamais achevé et tout ce qui existe est soumis à la nécessité de mourir pour renaître. Or c'est précisément ce que la loi du tétragramme sacré nous apprend par cette quatrième lettre.

Une fois encore, notre exemple de l'agriculture sera particulièrement éclairant. En effet, la quatrième phase correspond au moment où le fruit, ayant pleinement mûri, tombe sur le sol et commence à s'y décomposer pour libérer les semences qui amorceront un nouveau cycle vital. Tout le développement de la plante n'a d'ailleurs servi qu'à produire cette semence. En ce sens, la décomposition du fruit libérant une semence pleinement mature, confère à ce fruit son véritable sens, puisqu'il n'existe que pour protéger la semence et assurer son transport. Une transposition psychologique de ce grand principe régissant le monde végétal sera proposée dans notre analyse du chakra solaire au niveau duquel, nous le verrons, s'achève ce qui fut amorcé dans le chakra racine.

Ajoutons également à propos du nombre 4 qu'il est traditionnellement associé à une notion d'arrêt correspondant au moment où une chose, quittant son état actuel sans pour autant accéder instantanément à l'étape nouvelle, s'extrait momentanément du mouvement dynamique de l'existence. Cette notion de transition a d'ailleurs donné naissance au concept de quarantaine (le nombre 40 étant le nombre 4 sur le plan de l'incarnation). Or le symbolisme du carré est fort éloquent à ce titre. En effet, ancré sur quatre côtés, le carré est avant tout une figure anti-dynamique. Il « symbolise l'arrêt ou l'instant prélevé. Le carré implique une idée de stagnation, de solidification; voire de stabilisation dans la perfection: ce sera le cas de la Jérusalem céleste. Tandis que le mouvement aisé est circulaire, arrondi, l'arrêt, la stabilité s'associent avec des figures anguleuses, des lignes heurtées et saccadées. ».[4]

Ainsi, le nombre 4 représente également un moment d'arrêt ou d'attente. Toutefois, loin d'être stérile ou mortifère, cet arrêt est au contraire nécessaire pour permettre de s'enraciner dans une réalité nouvelle. En ce sens, le nombre 4 correspond dans la kabbale hébraïque à la quatrième lettre de l'alphabet, *daleth,* qui évoque précisément un « passage ». C'est d'ailleurs en raison de ce symbolisme que l'enseignement de l'hermétisme chrétien a considéré le nombre 4 comme étant une porte ou un lieu de passage permettant à la dimension spirituelle de l'être (la dimension intérieure) de quitter le monde infini de l'indifférencié pour pénétrer dans l'apparente finitude du monde extérieur (celui de l'espace et du temps). A ce titre, le nombre 4 symbolise le processus d'extériorisation

4- de Champeaux G., dom Sterckx S., *Introduction au monde des Symboles*, Paris, 1966.

(de manifestation) de l'esprit et la prise de conscience qui en découle (la découverte de sa dimension corporelle).

Or, associé au principe de finitude et de limitation, le nombre 4 évoque également par analogie les concepts de fixité et de stabilité. Ces concepts se transposent à leur tour sur un plan psychologique en qualités d'endurance, de constance et de persévérance permettant à l'individu de vaincre l'adversité et d'atteindre envers et contre tout l'objectif qu'il s'est fixé. Aussi, il s'agit là des principales dispositions psychologiques correspondant aux vertus traditionnelles attribuées au nombre 4.

Toujours dans une perspective kabbalistique, ajoutons en outre que le nombre 4 correspond à la quatrième *sephirah* de l'arbre de vie, *Hesed.* Or cette *sephirah* est dans la tradition de l'hermétisme chrétien la source de toute vivification. En effet, c'est elle qui confère la vie et anime les formes constituant le monde matériel. A ce titre, il importe de bien préciser que l'incarnation, du point de vue hermétique, n'est pas l'entrée de l'esprit dans un corps matériel, mais l'engendrement de ce corps matériel par le processus d'extériorisation de l'esprit. La vivification dont il est question ne s'opère donc pas de l'extérieur. Dans cette perspective, la dimension matérielle de l'univers n'est rien d'autre que l'expression extérieure de l'esprit. Helena Petrovna Blavastsky l'avait d'ailleurs pressenti au début du siècle lorsqu'elle affirma: « L'esprit est la matière à son niveau de réalisation le plus élevé et la matière, l'esprit à son niveau d'expression le plus bas. ».

Ainsi, par le mystère du nombre 4 et de la *sephirah* correspondante, l'esprit se fait chair. Certes, cette chair diffère considérablement de la matière que nous connaissons aujourd'hui. A ce titre, il ne faut pas oublier que la dimension corporelle, une fois devenue consciente d'elle-même par un processus de différenciation que nous étudierons dans notre prochain chapitre, s'est progressivement éloignée de sa source originelle subissant ainsi une profonde dénaturation. C'est l'expérience de la chute telle qu'elle est définie dans la tradition judéo-chrétienne. Nous étudierons ce problème plus exhaustivement dans notre analyse du chakra coronal. Toutefois, précisons déjà que c'est en raison de cette dénaturation que le vieillissement et la mort apparurent en ce monde. En effet, rien de cela n'était prévu dans le plan divin. Au contraire, la quatrième *sephirah* de l'arbre de vie suppose une communion dynamique entre l'intérieur et l'extérieur (entre l'esprit et le corps) permettant à la matière d'être vivifiée grâce à un contact intime avec sa source originelle, avec l'esprit dont elle est consubstantielle.[5] De nombreuses prescriptions bibliques illustrent du reste cet aspect du nombre 4. Pensons, par exemple, à celle du Lévitique qui exige que les fruits d'un verger soient, lors de la quatrième année, consacrés dans une fête de louange à Yahvé: « La quatrième année tous les fruits en seront consacrés dans une fête de louange à Yahvé. ».[6] Ainsi, la matière est consacrée, c'est-à-dire unie à l'esprit, et se trouve alors pleinement vivifiée.

Bien que cette question de la consubstantialité de l'esprit et du corps ne sera abordée exhaustivement que dans notre étude portant sur le chakra coronal, ce concept est déjà très important au niveau du chakra racine. En effet, l'enjeu principal de ce chakra est précisément de découvrir que l'apparente finitude et les limitations que semble imposer la

5- L'homme ayant chuté, il devra remonter le long de l'arbre des *sephiroth* en partant de *Malkuth* et franchir ainsi la cinquième *sephirah*, *Geburah*, avant de pouvoir atteindre *Hesed*. Considérée comme la *sephirah* de la rectification, *Geburah* permettra alors à l'aspirant d'harmoniser sa personnalité pour qu'elle puisse être par la suite vivifiée par l'esprit, reconquérant ainsi sa véritable nature.

6- Lévitique XIX, 24.

matière ne sont que le fruit de sa dénaturation. Ainsi, la matière n'est pas un corps étranger dans lequel l'esprit s'exile ou se rétrécit, mais l'expression même de l'esprit. Or, associé à la *sephirah Hesed*, le nombre 4 nous introduit dans une nouvelle vision de la matière où celle-ci est perçue comme étant vivante et spirituelle. C'est d'ailleurs ce qu'illustre admirablement le lien étroit entre cette quatrième *sephirah* et la planète Jupiter. En effet, du point de vue traditionnel, Jupiter est l'incarnation physique de la *sephirah Hesed* sur le plan d'*Assiah*. Or, Jupiter représente en astrologie classique le pouvoir de l'esprit qui, pleinement investi dans la matière, génère l'abondance et la richesse. Il implique également le respect des lois universelles régissant le plan matériel et plus particulièrement les quatre étapes déterminantes que les kabbalistes ont associées aux quatre lettres-consonnes *Yod-He-Vav-He*, formant le tétragramme sacré.

Plus encore, associé à Jupiter, le nombre 4 évoque nécessairement une notion de confiance, apparaissant comme une conséquence inévitable du fait que la matière, loin d'être un corps étranger dont l'esprit est dépendant ou prisonnier, est en définitive sa forme extériorisée. Ainsi, l'aspirant s'ouvre tout naturellement au monde avec confiance puisqu'il sait que l'univers pourvoira à toutes les nécessités de son existence étant une projection extérieure de ce qu'il porte en lui. Sachant ainsi que la matière n'est pas un obstacle à l'esprit mais un moment de son déploiement, il accède dès lors à un état de paix tout aussi profond qu'indicible. C'est pourquoi le nombre 4 fut toujours considéré comme le nombre de la joie. Toutefois, en raison de la chute à laquelle nous faisions précédemment allusion, un long travail de réconciliation sera nécessaire pour atteindre cet état de conscience. C'est pourquoi les anciens nous enseignent que la réalisation ultime correspondant au chakra racine (le lotus aux quatre pétales) ne sera pleinement atteinte qu'après l'éveil et l'harmonisation de tous les autres chakras.

Quoiqu'il en soit, il importe de bien considérer que le nombre 4 conditionne la manière dont l'homme cultive son rapport au monde extérieur en lui permettant de conscientiser correctement sa dimension extérieure (matérielle). C'est là, nous le verrons, le principal enjeu du chakra racine.

LE NOMBRE 4 MALEFICIE

Nous venons de préciser que le nombre 4 est très étroitement associé à la matière, celle-ci étant essentiellement constituée de quatre éléments. Nous avons vu également que la tradition alchimique associe à chaque élément des dispositions psychologiques qui lui sont inhérentes. Maléficiés, ces éléments incarneront donc les défauts correspondants. Ainsi, l'élément terre évoque sous sa forme maléficiée l'entêtement, la lenteur d'esprit et la cupidité conduisant à thésauriser toujours davantage. L'élément eau maléficié incarne pour sa part l'influençabilité et la passivité. L'élément air représente quant à lui la versatilité, l'indécision, la superficialité et la tendance à s'éparpiller. Enfin, l'élément feu incarne le caractère emporté (prompt à s'enflammer), l'impatience et l'irritabilité. C'est d'ailleurs à ce titre, qu'associant chaque élément à une catégorie d'esprits élémentaires (l'élément terre avec les gnomes, l'élément eau avec les ondines, l'élément air avec les sylphes et l'élément feu avec les salamandres), Eliphas Lévi écrivit dans son *Dogme et Rituel de Haute Magie*:

« Pour dompter et asservir les esprits élémentaires, il ne faut jamais s'abandonner aux défauts qui les caractérisent. Ainsi jamais un esprit léger et capricieux ne gouvernera les sylphes. Jamais une nature molle et changeante ne sera maîtresse des ondins; la colère irrite les salamandres, et la grossièreté cupide rend ceux qu'elle asservit les jouets des gnomes. Mais il faut être prompt et actif comme les sylphes, flexible et attentif aux images comme les ondins, énergique et fort comme les salamandres, laborieux et patient comme les gnomes; en un mot, il faut les vaincre dans leur force sans jamais se laisser asservir à leurs faiblesses. ».[7]

Par ailleurs, le nombre 4 maléficié évoque une cristallisation de la dimension corporelle de l'homme structurée selon un schéma quaternaire (plan physique, énergétique, émotionnel et mental). Ainsi cristallisée, elle devient alors profondément débilitante et limitante, empêchant l'individu d'agir et de s'exprimer consciemment et librement. Sur un plan plus vaste, le nombre 4 maléficié fait également de l'univers (constitué de quatre dimensions ontologiques) un véritable enfer et une vallée de larmes dont l'homme ne peut s'échapper. Enfin, l'incarnation elle-même, soumise à la loi du tétragramme sacré (*Yod-He-Vav-He*), se transforme en un processus de cristallisation. En effet, le nombre 4 maléficié correspond alors au monde d'en bas qui enchaîne et enferme la conscience.

Dès lors, l'esprit se heurte violemment aux réalités matérielles qu'il perçoit comme autant d'entraves à sa liberté et le monde devient une véritable prison. Le nombre 4 maléficié évoque alors un monde entièrement fermé sur lui-même et totalement étanche à toute dimension spirituelle. C'est le monde de la chute. C'est d'ailleurs à cette dimension maléficiée du nombre 4 que l'auteur des Actes des apôtres fait allusion en rapportant que ce fut sous la surveillance de quatre escouades de quatre soldats que Pierre fut gardé en prison: « Vers ce temps là, le roi Hérode mit la main sur quelques membres de

7- Lévi, Eliphas, *Dogme et rituel de Haute magie*, Editions Niclaus, Paris.

l'Eglise pour les maltraiter. Il fit périr par le glaive Jacques, frère de Jean. Voyant que c'était agréable aux Juifs, il fit encore arrêter Pierre. C'étaient les jours des Azymes. Il le fit saisir et jeter en prison, le donnant à garder à quatre escouades de quatre soldats; il voulait le faire comparaître devant le peuple après la Pâque. ».[8] Au niveau symbolique, Pierre représente en effet l'homme qui, investi des forces divines, parcourt le monde pour rayonner la lumière de l'esprit. Hérode symbolise, quant à lui, les forces régressives qui tendent à le cristalliser dans une forme établie et figée, pour l'empêcher de s'exprimer.

Sur un plan psychologique, nous avons dit d'autre part que le nombre 4 évoque, par la forme du carré, les concepts de fixité et de stabilité. Sous sa forme maléficiée, il est conséquemment associé aux notions d'inactivité, d'immobilisme et de staticité. Peu dynamique, l'homme soumis aux influences négatives de ce nombre est alors victime d'un carcan matériel qui le condamne peu à peu à l'inertie. Incapable de s'engager, de mettre en oeuvre ou d'entreprendre un projet quelconque, il demeure irrémédiablement retranché dans l'inaction. L'endurance, la persévérance et la constance que nous avions associées au nombre 4 sont ainsi inversées et deviennent entêtement, rigidité et inflexibilité. Peu souple, l'individu s'attache alors aux dogmes et s'enferme rapidement dans un conformisme étroit, enclin à se satisfaire des idées et des opinions qu'il avance, sans chercher à les remettre en question et à les éprouver dans l'expérimentation (refus d'incarnation). Tout ceci l'entraîne ultimement à se constituer un monde purement subjectif et illusoire et à se déconnecter progressivement du monde réel. C'est pourquoi le nombre 4 associé à l'incarnation devient, sous sa forme maléficiée, le nombre de la fuite et de l'illusion.

8- Actes XII, 1-4.

Quant à la correspondance entre le nombre 4 et la *sephirah Hesed*, nous avons souligné que cette *sephirah* était la source de toute vivification. Or, sous sa forme maléficiée, le nombre 4 correspond à la quatrième *quliphah* de l'arbre de Mort. Il s'agit de la *quliphah Ozlomoth* dont le nom signifie « les Portes de la Mort ». La tradition hermétique rapporte que cette *quliphah* est un puits sans fond dans lequel toute force et toute richesse du monde matériel s'épuisent rapidement. Ainsi donc, le nombre 4 maléficié évoque carence, pénurie et pauvreté. En effet, la matière étant séparée de sa source, s'identifie peu à peu à la mort. Plus encore, elle devient une réalité étrangère au point où l'homme croit qu'il en est dépendant. Dès lors, le nombre 4 ne représente plus une participation active aux richesses de la matière, mais une dépendance passive à son égard.

Ainsi, le processus d'incarnation devient un processus de durcissement et d'obscurcissement. Sous l'influence du nombre 4 maléficié et de la *quliphah Ozlomoth* lui correspondant, la matière se cristallise donc et s'éloigne de plus en plus de l'esprit. C'est d'ailleurs ce que nous rapportent certains contes faisant état de la transformation d'un prince charmant en un animal particulièrement laid. Prenons par exemple l'histoire de ce prince de haut lignage transformé en un vilain crapaud. Sur un plan symbolique, le prince, en tant que fils du roi, évoque la matière dont la dimension extérieure, étroitement unie à sa source intérieure (le roi), est pleinement vivifiée par celle-ci. Quand au crapaud, par son allure grotesque, malhabile et disharmonieuse, il évoque l'état de dissociation entre la dimension extérieure et la dimension intérieure, la matière n'étant plus l'expression de l'esprit, mais une déformation de celui-ci.

Par ailleurs, le nombre 4 étroitement associé au concept de confiance incarne au contraire sous sa forme maléficiée une profonde angoisse existentielle. En effet, un grand sentiment de vulnérabilité découle forcément de cette vision du monde où la matière est perçue comme une réalité extérieure singulièrement pauvre et limitée dont l'homme dépend pour son existence. Craignant la disparition des ressources dont il a besoin, il développe dès lors une tendance à accumuler des biens afin d'assurer sa propre pérennité. Ainsi, il sombre rapidement dans la cupidité, l'avarice et le matérialisme, des attitudes tout à fait caractéristiques du nombre 4 sous sa forme maléficiée. Désormais, plus aucune paix n'est possible et l'angoisse devient permanente.

C'est pourquoi le peuple hébreu dut apprendre à transcender cette attitude au cours de son passage au désert qui dura quarante ans. En effet, avant d'atteindre la terre promise, il dut apprendre à ne pas thésauriser et à faire confiance en la vie. A ce titre, on rapporte que Dieu fit tomber chaque jour du pain du haut du ciel: « Je vais faire pleuvoir chaque jour du pain du haut du ciel. Les gens sortiront et recueilleront chaque jour leur ration du jour ».[9] En effet, chacun devait alors recueillir la manne dont il avait besoin sans toutefois thésauriser selon l'injonction de Moïse: « Que personne n'en mette en réserve jusqu'au lendemain. ».[10]

Certains n'écoutèrent pas cette prescription, mais les vers s'y mirent et cela devint infect. Moïse s'irrita contre eux. Au niveau symbolique, cette manne représente les richesses que recèle la matière vivifiée par l'esprit (la manne est donnée par Dieu). Si cette richesse fait l'objet d'un sentiment de cupidité et de thésaurisation (propre à une conscience objectivante ne percevant le monde que sous sa dimension extérieure), elle disparaît aussitôt ou devient infecte (incarnant la

---

9 - Exode XVI, 4.
10- Exode XVI, 19.

stérilité, la pauvreté et la dégénérescence). Ainsi, ce n'est qu'en exploitant la matière qui l'entoure avec confiance et dans le respect des lois divines (les préceptes de Yahvé) que l'homme peut s'ouvrir aux prodigieuses richesses qu'elle contient (la manne).

L'EMPEREUR

Au niveau du tarot, le nombre 4 est bien évidemment associé à la quatrième lame, celle de l'Empereur. Or cette lame est particulièrement représentative des enjeux du chakra racine. Pour bien saisir ce qu'elle évoque, examinons donc brièvement les éléments qui y figurent. On y retrouve évidemment l'Empereur qui en constitue l'image centrale. Il s'agit d'un homme apparemment solide et vigoureux, assis sur un trône et portant les attributs de la souveraineté (un sceptre et un globe surmonté d'une croix).

Sur un plan symbolique et mis en rapport avec le nombre 4 et le chakra racine, l'Empereur incarne d'abord l'ordre et l'équilibre cosmique. A ce titre, Serge Sauneron écrit à propos du Pharaon de l'Egypte antique, une autre figure de la souveraineté: « L'équilibre de tout ce monde, le rapport harmonieux de ses éléments, leur nécessaire cohésion, indispensable au maintien des formes créées, c'est ce que les Egyptiens appellent Maât, c'est l'aspect du monde que les dieux ont choisi, c'est l'ordre universel tel qu'ils l'ont établi, - de ses éléments constitutifs esssentiels, comme la course des astres et la suite des jours, aux plus humbles de ses manifestations: la concorde des vivants, leur piété religieuse; c'est l'équilibre cosmique, et la récurrence régulière des phénomènes saisonniers: c'est aussi le respect de l'ordre terrestre fixé par les dieux, la vérité, la justice. Le monde créé est ainsi une forme immuable, définie dans ses aspects autant que dans ses fonctions. ».[11]

Ainsi, les rois comme les empereurs sont garants de l'ordre, de l'équilibre et de l'harmonie parce qu'ils symbolisent le respect des lois divines. En ce sens, ils assument leur charge de monarque en exerçant un pouvoir de droit divin. En d'autres termes, ils ne gouvernent pas en vertu de leur propre compétence ou sous le mandat du peuple mais en tant que reflet incarné de Dieu. En effet, ce pouvoir de droit divin évoque l'idée qu'une certaine adéquation est établie, par le ministère du roi, entre la dimension extérieure du monde (le royaume) et sa dimension intérieure (symbolisée par Dieu). C'est d'ailleurs sur cette adéquation que repose la capacité dont dispose le roi d'apporter à son royaume les richesses dont il a besoin. Nous retrouvons donc la notion de vivification de la matière précédemment mise en exergue dans notre analyse de la quatrième *sephirah* de l'arbre de vie, *Hesed*, et de la planète Jupiter qui lui correspond. En ce sens du reste, Elisabeth Haich affirme dans son étude sur les vingt-deux lames majeures du tarot que l'Empereur est étroitement associé à Jupiter: « Il [l'Empereur] est le souverain du monde matériel. Les Romains l'appelaient Jupiter. Sa position assise rappelle le signe de Jupiter, La ligne ouverte vers le haut s'appuie sur le signe symbolique de la matière, la croix. ».[12]

En ce sens, il représente la matière pleinement investie de l'esprit. Ajoutons en outre que le trône sur lequel est assis l'Empereur est très certainement l'un des symboles confirmant le mieux ce que nous venons d'affirmer. A ce titre, n'oublions pas que Maât, l'incarnation de l'équilibre et de l'ordre en

11- Sauneron, Serge, *Les prêtres de l'ancienne Egypte*, Perséa, Paris, 1988.
12- Haich, Elisabeth, *Sagesse du Tarot*, Au signal, Lausanne, 1972.

Egypte pharaonique, était bien souvent représentée sous la forme d'un simple socle sur lequel prenaient place les divinités. Or ce socle est de toute évidence une forme élémentaire de trône. Dans le cas plus précis de l'Empereur, son trône est de couleur jaune, une couleur symbolisant le rayonnement de l'esprit. Cette particularité nous révèle donc que l'Empereur sait percevoir dans la matière l'empreinte de l'esprit (et accède conséquemment aux richesses intérieures qu'elle recèle). Plus encore, cette constatation est confortée par la présence d'un aigle ornant l'une des faces du trône.

En effet, l'aigle était considéré dans les traditions anciennes comme le seul animal capable de fixer durablement le Soleil. C'est ce que souligne Louis Charbonneau-Lassay qui rapporte à propos de cet oiseau que: « toute l'antiquité professa la croyance qu'il pouvait, seul avec le faucon, fixer longtemps la lumière intense du soleil et qu'il éprouvait la légitimité de ses petits en le leur faisant regarder bien en face dès leur naissance, rejetant de son aire l'aiglon dont les yeux sourcillaient sous les rayons ébouissants. ». [13]

L'aigle symbolise donc la capacité de percevoir en la matière son essence spirituelle (le Soleil). A cet égard, Denys l'Aréopagite ajoute que la figure de l'aigle indique « l'ingéniosité à découvrir les nourritures fortifiantes, la vigueur d'un regard tendu librement, directement et sans détour vers la contemplation de ces rayons, que la générosité du Soleil théarchique multiplie. ».[14] Or cette « ingéniosité à découvrir les nourritures fortifiantes » n'évoque-t-elle pas précisément cette force qui vivifie la dimension extérieure lorsqu'elle est unie à sa di-

13- Charbonneau-Lassay, Louis, *Le Bestiaire du Christ*, L. J. Toth *Reprint* Milano, 1974.
14- Pseudo-Denys l'Aréopagite, *Oeuvres complètes*, (Trad. Maurice de Gandillac, Paris, 1943.

mension intérieure ? A ce titre, le symbole de l'aigle s'oppose du point de vue symbolique à celui du serpent représentant, quant à lui, une conscience chosifiante ne percevant que l'apparence au détriment de l'essence (c'est le serpent, rappelons-le, qui fut à l'origine de la chute dans la tradition judéo-chrétienne). Ajoutons enfin à propos de cet aigle qu'il tourne la tête vers la droite, le côté émissif et actif, indiquant que l'Empereur s'exprime par l'action et l'engagement dans le monde matériel.

En ce sens, le fait que l'Empereur soit assis sur le trône indique non seulement sa capacité à percevoir cette dimension intérieure de la matière, mais aussi le fait qu'il s'appuie sur la matière et s'y investit pleinement. Ceci met donc en exergue le fait que l'esprit a besoin de la matière pour être. C'est d'ailleurs en fonction de ce principe que les anciens Egyptiens croyaient en la nécessité d'un support matériel pour permettre l'intervention des dieux. Ainsi, les statues confectionnées à l'effigie d'une divinité étaient considérées comme la divinité elle-même. A cet égard, elles recevaient tous les honneurs qui étaient dus au dieu. En effet, chaque matin, elles étaient lavées, habillées, ornées et enduites d'huile parfumée. Ainsi, les forces divines étaient entretenues et aptes à assumer leur fonction dans le monde. Cette même conception fut d'ailleurs reprise par la chrétienté, le Christ demeurant présent dans le monde grâce aux hosties consacrées qui lui permettent d'exister et de rayonner sur le plan terrestre.

En ce sens, nous pouvons dire ici que c'est le trône qui fait l'Empereur. En effet, l'Empereur sans son trône n'existe plus. C'est dans ce même ordre d'idées que la cathèdre (le trône) de l'évêque est dans la tradition chrétienne plus qu'un simple siège: « Le lieu où l'évêque posait sa *cathedra* prenait aux yeux des fidèles une dignité éminente, c'était désormais l'Eglise épiscopale, le siège officiel d'une chrétienté et l'édifice qui abritait la chaire n'existait pour ainsi dire qu'en fonction de cette chaire, on lui donna le nom de *ecclesia cathedrae*, la « cathédrale ». La chaire elle-même est un objet de vénération. Chaire et église épiscopales sont inséparables désormais. Au cours des siècles si troublés par les invasions de barbares ou de pirates, nous voyons souvent les évêques s'obstiner dans une cité parce que leur *cathedra* y est en quelque sorte attachée; ce n'est qu'à la dernière extrémité qu'on se résout à transporter ailleurs ce siège qui a, pour ainsi dire, pris possession du sol et créé une unité ecclésiastique, le diocèse. *Cathedra* prend ainsi le sens d'établissement ».[15]

C'est d'ailleurs ce qui explique l'importance du rite d'intronisation lors du sacre d'un roi ou d'un évêque. En effet, l'installation du monarque sur son trône correspond symboliquement à cette nécessité que matière (le trône) et esprit (l'Empereur) soient unis. L'analyse exhaustive de la symbolique profonde de ce rite dépasse le contexte de cette étude. Toutefois, nous saisissons déjà un peu mieux à quoi correspond le trône et les raisons qui justifient le faste et la solennité de la cérémonie d'intronisation.

Précisons enfin à propos du trône de l'Empereur qu'il est cubique. Or le cube est dans l'ordre des volumes l'équivalent du carré dans l'ordre des surfaces. En d'autres termes, il représente la fixité et la stabilité de la matière permettant à l'Empereur (symbolisant le moi personnel) de se développer et de s'épanouir pleinement (les enjeux des trois chakras inférieurs). Plus encore, posé à même le sol, ce cube évoque aussi la pierre de fondation, c'est-à-dire la première pierre d'un édifice. Or cette pierre revêtait autrefois une valeur toute particulière. En effet, à une date fixée en fonction du cours des astres

15- *Dictionnaire d'Archéologie chrétienne et de liturgie*, Librairie Letouzey et Ané.

et à un endroit soigneusement choisi, le roi ou l'un de ses représentants posait cette première pierre qui contenait bien souvent un texte sacré pour attirer la bienveillance de Dieu ou des dieux. La présence de ce texte sacré à l'intérieur de la pierre évoque encore une fois l'union nécessaire entre la dimension matérielle (la pierre) et la dimension spirituelle (le texte sacré). En ce sens, le trône cubique rappelle sur un plan initiatique l'importance du chakra racine dont le développement harmonieux est essentiel à l'éveil et à l'harmonisation des six chakras suivants.

Ajoutons en outre que l'Empereur tient dans sa main droite un sceptre. Or, du point de vue kabbalistique, le sceptre est un symbole associé à *Hesed*, la quatrième *sephirah* de l'arbre de vie. En ce sens, il incarne la puissance qui résulte d'un respect des lois entraînant ainsi une meilleure coïncidence entre l'esprit et le corps. Tenu dans sa main droite (main associée à l'action dynamique), il incarne en outre le pouvoir d'oeuvrer en agissant en adéquation avec les lois divines. Il confère en conséquence abondance et plénitude. Aussi, le symbole du sceptre est associé à de grands personnages bibliques. Pensons par exemple à Moïse qui, frappant d'un coup de bâton un rocher du désert, en fit jaillir une source:

« Le peuple, torturé par la soif en ce lieu, murmura contre Moïse et dit: Pourquoi nous as-tu fait mourir de soif, nous, nos enfants et nos bêtes ? Moïse implora Yahvé en ces termes: Comment me comporterai-je envers ce peuple qui va me lapider ? Yahvé répondit à Moïse: porte-toi en tête du peuple, en compagnie de quelques anciens d'Israël; prends en main le bâton dont tu frappas le sol et va. Moi, je me tiendrai devant toi, là, sur le rocher de l'Horeb. Tu frapperas le rocher, l'eau en jaillira et le peuple aura de quoi boire. ».[16] Sur un plan symbo-

16- Exode XVII, 3-6.

lique, cet épisode illustre avec *brio* le principe voulant qu'en agissant conformément aux lois cosmiques et divines (Moïse suit les préceptes de Yahvé), l'homme s'ouvre pleinement à l'abondance (il sait extraire de la matière les richesses qu'elle recèle). A ce titre, l'Empereur représente la réussite matérielle. C'est le premier enjeu de l'initiation.

Outre le sceptre, l'Empereur tient également dans sa main gauche une sphère surmontée d'une croix. Cette sphère représente le globe du monde et révèle que le pouvoir dont l'Empereur est investi ne se limite pas à un lieu géographique donné, mais s'applique au monde en sa totalité. Pour cela, il devra cependant s'harmoniser aux principes spirituels évoqués par la croix qui surmonte le globe. A un autre niveau, cette sphère représente également l'union psychosomatique entre le corps (le globe terrestre) et l'esprit (la croix). Cette union est d'ailleurs essentielle au développement et au rayonnement de l'être (symbolisé par le cercle jaune entourant la sphère). Plus encore, le fait qu'il tienne cet objet dans la main gauche (associée à la dimension passive et réceptive) évoque ici sa soumission aux lois cosmiques.

Quant à l'Empereur lui-même, il importe également de préciser que, bien qu'assis sur son trône, il n'est cependant pas dans son palais. En effet, son trône est posé à même le sol. Cet élément est très important car il met ici l'accent sur le fait que l'Empereur n'éprouve aucun sentiment de limitation dans son rapport avec la matière. En effet, aussi spacieuse soit-elle, la salle du trône demeure toujours un espace délimité. Or cette limitation disparaît totalement sur la lame de l'Empereur et l'horizon s'étend alors devant son regard. Quant à son attitude générale, l'Empereur dégage une impression de force, de détermination et de sérénité. Nous retrouvons ici les mêmes notions de fixité, de solidité et de stabilité évoquées dans notre étude portant sur le nombre 4. Aussi, il symbolise, sur un plan psychologique, les qualités d'endurance, de constance et de persévérance lui permettant de vaincre l'apparente instabilité du monde. En ce sens, il incarne la permanence au sein de l'impermanent.

Ajoutons également que l'Empereur est dépourvu de couronne. Or cette particularité est importante car s'il n'a pas de couronne, c'est qu'il n'a pas encore reconquis l'unité. En effet, en tant que cercle n'ayant ni commencement ni fin, la couronne représente chez celui qui la porte l'absence de division et le fait qu'il a retrouvé en lui son unité originelle. C'est en considérant cette signification de la couronne que la tradition chrétienne promet au chrétien qui a su atteindre cet état d'unité une couronne de vie: « Heureux homme, celui qui supporte l'épreuve ! Sa valeur une fois reconnue, il recevra la couronne de vie que le Seigneur a promise à ceux qui l'aiment. ».[17] L'adéquation de l'esprit et du corps n'est donc pas encore réalisée. Pour des raisons que nous comprendrons mieux à la lumière des prochains chakras, cet état ne pourra d'ailleurs être atteint qu'avec les étapes de différenciation et de rayonnement que nous étudierons par la suite. Dépourvu de couronne, l'Empereur n'a donc pas encore vaincu le monde à l'image d'Horus (l'archétype du roi d'Egypte) qui, incarné dans le monde, continue de combattre Seth, le principe du mal (c'est-à-dire le principe de la division).

Dépourvu de couronne, l'Empereur possède cependant un casque. Recouvrant la tête, ce casque représente symboliquement une protection de la conscience, c'est-à-dire une certaine résistance aux suggestions et aux influences provenant du monde extérieur. Notons en outre qu'il ne s'agit pas d'un simple casque, mais d'un casque de guerrier. Il évoque donc une force de combativité permettant à l'Empe-

17- Jacques I, 12.

reur d'agir, de se mouvoir et d'avancer en dépit des forces naturelles de l'inertie. En d'autres termes, ce casque nous indique que l'Empereur est un combattant et qu'il s'investit dans l'action, percevant l'obstacle comme une occasion de se dépasser, de vaincre ses peurs et de développer ses ressources intérieures. Le fait que cet Empereur soit en guerre confirme en outre qu'il n'a pas encore soumis le monde à sa propre autorité, ce que nous avons déjà affirmé précédemment.

Ajoutons également que l'Empereur croise les jambes. Ce symbole nous rappelle dans un premier temps un aspect déjà observé à propos du casque. En effet, cette position symbolise une attitude de résistance aux influences extérieures, à l'image des jambes qui ne se balancent pas au vent, mais qui demeurent statiques (les opinions ne se transformant pas au gré des humeurs du moment, mais demeurant fermes). En outre, il est en position assise et cette posture est en quelque sorte une position intermédiaire entre l'activité et la passivité. A ce titre, l'Empereur incarne la vigilance et même s'il n'est pas toujours actif, il n'en est pas moins attentif à ce qui se passe autour de lui. Au niveau initiatique, cette vigilance fut du reste bien souvent symbolisée par l'aigle qui, comme le faucon, avait la réputation de ne pas fermer l'oeil. En Egypte pharaonique, il incarnait en effet la vigilance parfaite associée à l'archétype du roi (Horus étant un faucon).

Enfin, soulignons que l'Empereur est le premier des personnages du tarot à porter un habit rouge sur un vêtement bleu. Ceci nous révèle que la conscience incarnée par celui-ci est pleinement orientée sur le mode de l'extériorisation (mode par lequel l'individu peut s'éveiller et développer son moi personnel). En effet, dans la section suivante, nous verrons que la couleur rouge (une couleur exothermique) représente l'énergie dynamique permettant à l'homme de s'incarner pleinement dans le monde, tout en lui conférant le pouvoir d'agir, d'entreprendre et de construire sur le plan terrestre. Cette orientation vers le monde extérieur n'évacue pas cependant la dimension intérieure (symbolisée par la couleur bleue) qui demeure présente.

Considérant ce qui précède, il n'est guère étonnant que sur un plan divinatoire, l'Empereur soit associé aux concepts de sécurité, de solidité, de durée et de longévité également étroitement reliés aux enjeux du chakra racine.

L'EMPEREUR DANS SA DIMENSION NEGATIVE

Si l'Empereur incarne essentiellement la reconnaissance des lois cosmiques régissant l'univers, il représente, sous sa forme maléficiée, le souverain perverti qui, en rupture complète avec la divinité, cherche à ordonner le monde selon sa propre vision. En voulant ainsi gouverner en vertu de ses propres compétences, c'est-à-dire de droit humain, l'Empereur maléficié crée alors une scission profonde entre le monde et son essence spirituelle. Chosifié (c'est-à-dire réduit à sa forme extérieure), le monde se dénature bientôt et s'appauvrit rapidement, ne pouvant plus bénéficier de la fécondité résultant de son union avec l'esprit. Il en résulte alors un véritable gaspillage des ressources et des potentialités, une notion étroitement liée aux énergies jupitériennes maléficiées. En effet, dans sa dimension négative, Jupiter incite l'homme à utiliser les ressources de la matière sans tenir compte des lois qui la gouvernent.

A ce niveau, le symbolisme négatif du trône est particulièrement éloquent. En effet, le trône est de couleur jaune. Or, dans sa dimension maléficiée, la couleur jaune représente la fausse richesse du moi personnel qui, encore replié sur lui-même et coupé de sa source, n'est qu'une simple apparence « tout ce qui brille n'est pas or ». En outre, la forme cubique du trône évoque ici le processus de cristallisation de la matière chosifiée (le cube étant en effet la forme la plus simple de cristallisation). Le trône représente également l'enfermement de la conscience dans le monde. En ce sens, les notions de fixité et de stabilité que nous avions évoquées précédemment se transforment ici en rigidité, en staticité et en immobilisme. Quant à l'aigle qui apparaît sur le trône, il devient le rapace cruel et ravisseur, emblème de celui qui, animé par une cupidité insatiable, ne songe qu'à s'approprier le monde en lui imposant sa propre volonté pour ainsi en retirer un maximum de ressources.

Dans ce même ordre d'idées, le sceptre tenu par l'Empereur évoque l'attitude dominatrice de celui qui, totalement insécure face à la mouvance de la vie, se fige dans les règles et les lois pour assurer, croit-il, sa pérennité. Il s'enferme alors dans un carcan de convenances qui le limitent et le restreignent dans son pouvoir d'agir, d'entreprendre et de construire (symbolisé par la cuirasse évoquant un véritable carcan, impropre à refléter les impulsions spontanées de l'esprit). En outre, le sceptre ainsi maléficié devient l'emblème de la quatrième *quliphah*, *Ozlomoth*, apparentée à la baguette maléfique de la sorcière qui emprisonne les princes dans des corps inférieurs. Sur un plan symbolique, cette métamorphose illustre l'attitude de celui qui, ne percevant plus l'empreinte de l'esprit dans les choses qui l'entourent, les réduit à leur forme extérieure en les chosifiant. Cette attitude conduit nécessairement à des formes de carence et de pénurie.

Quant à la sphère surmontée d'une croix, elle représente sous sa forme maléficiée l'instinct de territorialité et la tendance à s'approprier les choses de ce monde. Elle évoque donc la prise de possession ou encore l'annexion pure et simple des ressources dans le but de satisfaire ses besoins égoïques. Nous retrouvons ici une dimension déjà évoquée précédemment et que nous avions associée au sentiment d'insécurité face à un monde apparemment étranger et dont les ressources apparaissent dangereusement limitées.

A propos de l'Empereur lui-même, sa position assise qui reflétait une attitude de vigilance devient l'image d'un refus de participer de manière active à la vie du royaume. L'Empereur assiste donc totalement passif au déroulement de l'existence, rivé sur son trône évoquant l'inertie et l'immobilisme d'une matière dévitalisée. Nous retrouvons à nouveau les notions de passivité et d'immobilisme dénoncées dans le Livre des proverbes: « Va voir la fourmi, paresseux ! Observe ses moeurs et devient sage: elle qui n'a ni magistrat, ni surveillant, ni chef, durant l'été elle assure sa provende et amasse, au temps de la moisson, sa nourriture. Jusques à quand, paresseux, resteras-tu couché ? Quand te lèveras-tu de ton sommeil ? Un peu dormir, un peu s'assoupir, un peu croiser les bras en s'allongeant, et, tel un rôdeur, viendra l'indigence et la disette comme un mendiant ».[18]

Ces paroles illustrent bien l'importance d'agir en vue de participer à ce monde matériel et de contribuer ainsi à la vie du monde. N'oublions pas qu'il s'agit là du rôle archétypal de l'Empereur. L'Empereur participe à la matière et génère alors l'abondance et la richesse, première étape à toute réalisation. L'investissement s'avère donc primordial. Dans le cas contraire, non seulement l'Empereur se prive de cette abondance, mais il s'expose de plus à un appauvrissement encore plus grand.

Par ailleurs, le casque de l'Empereur sous sa forme maléficiée n'est plus un symbole de détermination, mais évoque davantage la rigidité, l'attitude dogmatique, l'intransigeance dure et étroite (sectarisme) et l'entêtement. Evoquant la no-

18- Proverbes VI, 6-11.

tion de combativité, il peut aussi représenter le caractère destructeur et dévastateur de celui qui, chosifiant la matière en lui niant toute dimension sacrée, la pille allègrement et sans scrupule pour ses propres besoins. Dans un même ordre d'idées, le fait que l'Empereur croise les jambes évoque la fermeture de celui qui suit obstinément ses propres pulsions sans considérer les lois divines. En outre, sa position intermédiaire entre l'activité et la passivité n'incarne plus la vigilance, mais l'état de torpeur et d'inconscience face aux réalités extérieures.

Enfin, l'habit rouge et bleu de l'Empereur évoque un état de conscience où la dimension extérieure (l'habit rouge) et la dimension intérieure (l'habit bleu) sont profondément dissociées et irréductiblement opposées. La matière symbolisée par le rouge peut alors être considérée comme une véritable prison enfermant l'esprit (symbolisé par le bleu). Dans la même perspective, la matière peut également être la seule dimension valorisée, les réalités de l'esprit étant perçues comme de pures chimères ignorées ou rejetées de peur de remettre en question l'idolâtrie entretenue envers les réalités purement extérieures de ce monde en lesquelles l'Empereur a placé toute sa foi (la couleur rouge domine le bleu).

Considérant ce qui précède, il n'est guère étonnant que sur un plan divinatoire, l'Empereur inversé soit associé aux concepts d'insécurité, de rigidité, de passivité et d'immobilisme, correspondant aux principales dispositions du chakra racine maléficié.

LA COULEUR ROUGE

La tradition de l'hermétisme chrétien associe la couleur rouge au chakra racine. Or, pour bien saisir la signification profonde de cette couleur, nous devons d'abord mettre en exergue ses principales caractéristiques. En ce sens, il importe dans un premier temps de préciser que le rouge représente avec le violet l'une des deux bornes du spectre visible. En effet, en deçà du rouge comme au-delà du violet, l'oeil humain est incapable de percevoir quoi que ce soit. Etant ainsi une frontière entre les réalités invisibles et les mondes visibles, le rouge a toujours été considéré comme la couleur de l'incarnation. En raison de ce premier attribut, il fut également étroitement associé au symbole de la vivification. Précisons en outre que le rouge est une couleur exothermique et centrifuge. En effet, il fait partie des « couleurs chaudes » et il est considéré comme une couleur rayonnante. Dès lors, le rouge s'apparente à l'activité dynamique conférant une capacité d'agir et d'entreprendre sur le plan terrestre. Aussi, en tant que couleur suscitant l'action, le rouge devint pour les anciens un symbole de la combativité et il fut étroitement associé à la dimension masculine de l'être.

Ainsi donc, la notion d'incarnation est le premier attribut symbolique de la couleur rouge. A ce titre, nous pourrions citer de nombreux exemples mettant en exergue cette particularité. Parmi ceux-ci, pensons à la lampe du sanctuaire placée devant le tabernacle des églises catholiques. Sur un plan religieux, elle évoque par sa couleur rouge, la présence du Christ incarné sous la forme visible de l'eucharistie. Cette lampe rouge est d'autant plus liée à cette notion d'incarnation que la tradition catholique considère les hosties consacrées comme l'incarnation même du Christ. De même, sur un plan plus naturel, la couleur rouge du sang est un excellent exemple du rapport entre cette couleur et l'incarnation.

En effet, le sang fut universellement considéré chez les anciens comme le véhicule de l'esprit. A ce titre, certains peuples prenaient grand soin, lors des sacrifices rituels, de ne pas répandre sur le sol le sang des victimes. De même, le livre du

Deutéronome expose la prescription suivante: « Garde-toi seulement de manger le sang, car le sang, c'est l'âme, et tu ne dois pas manger l'âme avec la chair. ».[19] En ce sens, on croyait encore au Moyen-âge que le sang avait, à l'intérieur du corps, une forme gazeuse, évoquant ainsi un état intermédiaire entre l'esprit et le plan matériel.

Plus encore, les propriétés exothermiques du rouge semblent également être mises en exergue par le sang. En effet, si le sang rouge n'est pas lui-même responsable de la chaleur corporelle, il la répartit toutefois dans tout l'organisme. Il contribue ainsi à l'équilibre thermique entre les profondeurs et la périphérie du corps. Dans un autre ordre d'idées, nous avons également fait du rouge un symbole de vivification. Or nous savons sur un plan simplement physique que le sang possède une fonction nutritive. En effet, il transporte par l'intermédiaire de son plasma les éléments nutritifs qui, absorbés par les voies intestinales sont transportés vers les cellules. De même, sur un plan religieux, le simple fait qu'un grand chef verse une goutte de son sang sur un objet suffisait dans certaines tribus pour que cet objet soit sacralisé. Dans la tradition chaldéenne, c'est aussi le sang divin qui, mêlé à la terre, donnait la vie aux êtres.

Ajoutons en outre, sur un plan purement biologique, que l'hémoglobine est le pigment rouge responsable de la couleur du sang. Elle assure essentiellement le transport de l'oxygène dans tout l'organisme. Or c'est l'oxygène qui permet aux cellules d'extraire par un processus de combustion les énergies contenues dans les aliments. En ce sens, le sang est aussi un symbole de vivification. Mais, plus encore, en fixant de l'oxygène, l'hémoglobine se transforme en un composé chimique instable, l'oxyhémoglobine d'une teinte rouge

19- Deutéronome XII, 23.

vif caractéristique. Or chaque molécule d'hémoglobine peut transporter jusqu'à quatre molécules d'oxygène. Sur un plan symbolique, cet élément met en exergue le rapport entre les attributs symboliques du rouge et les propriétés du nombre 4.

Quoiqu'il en soit, transporté par l'hémoglobine, l'oxygène est ensuite libéré au niveau de toutes les cellules pour ainsi contribuer au processus d'oxydoréduction au cours duquel un véritable feu permet la décomposition des molécules alimentaires et l'extraction de l'énergie à laquelle nous venons de faire allusion. Ainsi, le sang est étroitement lié à la notion de vivification par le fait qu'il transporte les aliments et par le fait qu'il sert de transport à l'oxygène qui permet d'extraire de l'énergie. En ce sens, certains auteurs ont même considéré le sang comme un soleil intérieur assurant à l'organisme l'énergie et les substances essentielles à sa croissance et à son développement.

Toujours à propos du sang, soulignons également que les hématies sont produites au niveau de la moelle osseuse. Sur un plan symbolique, cette précision est importante car les os représentent en l'homme l'essence profonde de son être et l'infrastructure de son incarnation. A ce titre, il est remarquable de constater que pour certains peuples, l'âme réside dans les os. Ainsi, après avoir chassé un animal, l'avoir dépecé et consommé ses chairs en évitant de briser les os, ils reconstituent soigneusement le squelette de l'animal afin de lui assurer une nouvelle vie. C'est en ce sens que les Lapons « croient qu'un ours dont les os ont été soigneusement conservés ressuscite et se laisse de nouveau abattre ».[20] De même encore, « les premiers poissons capturés sont tués sans briser une seule arête. C'est-à-dire que la chair est détachée si adroite-

20- Harva, Uno, *Les représentations religieuses des peuples altaïques*, traduit de l'allemand par Jean-Louis Perret, Paris, 1959.

ment que les arêtes ne se cassent pas. Celles-ci sont reportées dans le même lac et au même lieu où le poisson a été capturé. ».[21]

Dans cette perspective, les globules rouges produits par la moelle osseuse et mis en circulation dans tout le corps évoquent le rayonnement de l'esprit (symbolisé par la moelle de l'os) qui vivifie la dimension corporelle (l'organisme) en la nourrissant et en entretenant ses fonctions vitales. Plus encore, parce que le sang imprègne tout l'organisme, nous pouvons dire que le corps est symboliquement saturé d'esprit et qu'aucune séparation n'existe entre ces deux dimensions. Le sang rouge est alors le symbole de l'omniprésence de l'esprit au sein de la matière.

A un autre niveau, mentionnons également que les muscles (les muscles striés volontaires plus précisément) sont sans doute les organes les plus rouges du corps en raison de la présence d'une importante concentration de sang, nécessaire à leur oxygénation. Or, en tant qu'organes du mouvement, ils représentent le pouvoir de faire, d'agir et d'opérer. Dès lors, le rouge se trouve directement associé à l'activité dynamique. A ce titre, il importe de préciser ici que l'hémoglobine est une molécule constituée autour d'un noyau central de fer.[22] Or nous savons que le fer est un métal traditionnellement associé à la planète Mars qui, selon les astrologues, représente l'énergie dynamique incitant l'homme à s'investir dans l'action, à entreprendre et à construire sur le plan terrestre. Ainsi, cette présence du fer au niveau de l'hémoglobine rappelle le caractère dynamique de la couleur rouge.

21- Roux, Jean-Paul, *Faune et Flore sacrées dans les sociétés altaïques*, Paris, 1966.

22- Pour l'hémocyanine (pigment de transport présent dans le sang des mollusques), l'élément métallique est le cuivre d'où sa couleur bleue liée aux oxydes de cuivre.

Aussi, en raison de son association avec l'activité dynamique, le rouge fut toujours considéré comme la couleur de la combativité. Ainsi, Frédéric Portal rapporte: « Dans la langue populaire de tous les peuples, la couleur du sang, le rouge fut l'emblème des combats; au Pérou, les quipos teints en rouge désignaient les gens de guerre. Les Spartiates étaient ensevelis dans les linceuls rouges, cette couleur devait être affectée aux funérailles d'une nation qui n'avait d'autre existence que la guerre et qui ne reconnaissait d'autre vertu que le courage militaire. ».[23]

De même encore, parce qu'il porte l'individu à s'extérioriser et à agir, il fut étroitement associé au sexe masculin. En effet, il faut savoir que le sexe masculin est polarisé sur le mode de l'action, de l'émission et de l'extériorisation alors que le sexe féminin est axé sur le mode de la réception et de l'intériorisation. Cette différence est du reste parfaitement visible dans la constitution même de l'homme et de la femme. En ce sens, les glandes sexuelles de l'homme (les testicules) sont extérieures et les caractères sexuels secondaires évoquent une notion d'extériorisation.[24] Aussi, les gueules (la couleur rouge) des armoiries évoquent essentiellement, dans l'art héraldique, une dimension masculine. De même, le symbole de la planète Mars, incarnant l'action dynamique est universellement utilisé pour désigner le sexe mâle.[25] Déjà, Empédocle déclarait

---

23- Portal Frédéric, *Des couleurs symboliques dans l'antiquité, le moyen âge et les temps modernes*, Editions de la Maisnie.

24- Chez la femme, au contraire, les glandes sexuelles (les ovaires) sont intérieures et les caractères sexuels secondaires évoquent une notion d'intériorisation. Une analyse plus détaillée de cette question sera présentée dans notre étude du chakra sacré.

25- Notons en outre que les oxydes de fer reliés à Mars sont rouges (une couleur associée au principe masculin) alors que les oxydes de cuivre, associés à Vénus, sont verts (une couleur associée au principe féminin).

du reste que les femelles naissent du froid alors que les mâles naissent du chaud.

Ainsi, le rouge étant associé aux principes de l'incarnation, de la vivification, de l'action dynamique et de la combativité, il devint la couleur officielle des potentats. Dans le même ordre d'idées, Court de Gobelin rapporte que « le rouge était à Rome la couleur des généraux, de la noblesse, des patriciens: elle devint par conséquent celle des empereurs. Ceux de Constantinople étaient entièrement habillés de rouge. Aussi le dernier de ces princes ayant étouffé dans la foule en combattant vaillamment contre les Turcs qui prenaient sa capitale, il fut reconnu à ses bottines rouges, au milieu d'un monceau de morts. Leurs édits, leur signature, leurs sceaux étaient en encre et cire rouge. C'était porter de gueules[26] sur ses armes; aussi, dans le commencement, y eut-il des lois qui défendaient de porter de gueules dans ses armes à moins que d'être prince. Le clavus, ornement qui distinguait les patriciens à Rome et qui, suivant son plus ou moins de largeur, formait le laticlave ou l'angusti-clave, était une bande de pourpre semblable à une bordure à têtes de clous: ces clous sacrés qui assuraient la durée de la république et qu'on plantait chaque année. ».[27]

Précisons enfin que, pour toutes ces raisons, certaines écoles initiatiques proposent un exercice, associé au premier degré, permettant à l'aspirant de mieux s'incarner sur le plan matériel en visualisant la couleur rouge d'une manière bien précise. Cette visualisation favorise alors l'enracinement du moi personnel. Elle consiste essentiellement à visualiser au niveau du coeur un germe de couleur rouge symbolisant la ra-

---

26- La gueule, nous l'avons vu, désigne dans le langage de la héraldique le rouge des armoiries.

27- Court de Gobelin, *Monde primitif*, tome VIII, p. 202.

cine profonde du moi. Plus dense en son centre, ce germe représenté sous la forme d'une petite sphère, se diffuse ensuite vers la périphérie du corps, imprégnant toutes les dimensions de l'être. Cette visualisation traditionnelle repose sur une connaissance hermétique du rôle fondamental de la couleur rouge et elle est généralement proposée aux inités du premier degré.

LA COULEUR ROUGE MALEFICIEE

Si le rouge est la couleur de l'incarnation en tant que vivification du plan corporel par l'esprit, il évoque tout naturellement sous sa forme maléficiée une scission entre les réalités matérielles et celles de l'esprit. En ce sens, il n'est plus la couleur de la vivification, mais celle de la cristallisation et de la mort. Plus encore, en tant que couleur exothermique et centrifuge, le rouge maléficié est directement associé à une extériorisation excessive. De même, incarnant la force dynamique, il devient la couleur de la vindicativité et de l'agressivité. Enfin, le rouge maléficié symbolise les pulsions masculines perverties et le gaspillage des ressources matérielles.

Ainsi donc, la principale dimension symbolique associée au rouge maléficié évoque une dissociation entre la dimension extérieure et la dimension intérieure. Le rouge prend alors des teintes de roux, une couleur située entre le rouge et l'ocre, que la tradition hermétique considère comme un rouge terreux, c'est-à-dire impur en raison de sa densification excessive. Dans la tradition biblique, une association entre cette couleur et l'épaisse toison animale d'Esaü est d'ailleurs particulièrement éloquente: « Quand vint le temps des couches, voici qu'elle portait des jumeaux. Le premier sortit: il était roux et tout entier comme un manteau de poils; on l'appela Esaü. ».[28] Or, Esaü fut l'ancêtre des Edomites et ce peuple apparaît dans les écrits bibliques comme l'ennemi d'Israël. Ainsi déclare le psalmiste: « Souviens-toi, Yahvé, contre les fils d'Edom, du jour de Jérusalem, quand ils disaient; A bas ! Rasez jusqu'aux assises ! ».[29]

Ici Israël représente évidemment le peuple en qui s'est accomplie la réconciliation entre le corps et l'esprit (l'alliance entre Dieu et les hommes). Le fait qu'Edom lutte contre Israël évoque donc ce rejet de l'alliance, entraînant ruine, désolation et stérilité. A ce titre, mentionnons encore que Judas, celui qui vendit le Christ (sa dimension intérieure) contre trente écus (la dimension extérieure) avait les cheveux roux. De même Seth, le dieu égyptien du mal, était roux et on prétend qu'il précipitait les hommes roux dans la boue. Sur un plan symbolique, cette boue symbolise la fange de la terrestrité issue d'une inconscience face aux réalités intérieures.

A un autre niveau, si la couleur rouge est associée au principe de vivification, dans sa dimension maléficiée, elle devient une couleur mortifère. A ce titre, nous avons vu que l'oxyhémoglobine (le pigment rouge vif du sang) est porteuse d'un gaz essentiel à la vie et contribue en cela à la vivification du corps. Cependant, ayant libéré l'oxygène, la molécule d'hémoglobine se charge alors de bioxyde de carbone, un produit de la dégradation des aliments dont on a extrait l'énergie. Associée à cette substance carbonique, elle devient la carboxyhémoglobine et transporte ce produit toxique (sans vie) vers les poumons d'où il est expulsé. Ainsi, chargée de bioxyde de carbone, l'hémoglobine est en quelque sorte investie de matière dense et prend alors une couleur plus sombre (celle du sang veineux). Sur le plan symbolique, la car-

28- Genèse XXV, 24.
29- Psaume 137 (136), 7.

boxyhémoglobine représente donc cette matière sans vie dont on a extrait toutes les énergies solaires que le processus de photosynthèse avait fixées. Aussi, elle devient le symbole de la matière inanimée d'où la couleur plus sombre du rouge.

Par ailleurs, en tant que couleur associée à l'activité dynamique, le rouge évoque dans sa dimension maléficiée une extériorisation excessive. Toutes les valeurs intérieures sont alors rejetées au profit d'un investissement toujours plus important dans le monde. En ce sens, le rouge est la couleur infernale par excellence. Ainsi, l'âne rouge était, chez les Egyptiens, l'une des entités les plus dangereuses que l'âme pouvait rencontrer dans son cheminement *post-mortem*. De même, Satan est représenté, dans la tradition judéo-chrétienne, sous la forme d'un dragon rouge: « Puis un second signe apparut dans le ciel: un énorme Dragon rouge feu, à sept têtes et dix cornes, chaque tête surmontée d'un diadème. Sa queue balaie le tiers des étoiles du ciel et les précipite sur la terre. ».[30]

Plus encore, la couleur rouge devint la couleur du péché (le péché étant la conséquence d'une scission entre le corps et son essence). Ainsi, Yahvé déclare dans le livre du prophète Isaïe: « Allons ! Discutons ! dit Yahvé. Quand vos péchés seraient comme l'écarlate, comme neige ils blanchiront; quand ils seraient rouges comme la pourpre, comme laine ils deviendront. ».[31] Dans la même perspective, le rouge est associé au bouc émissaire, désigné par le sort pour être chargé de tous les péchés du peuple hébreu: « Aaron lui posera les deux mains sur la tête et confessera à sa charge toutes les fautes des Israélites, toutes leurs transgressions et tous leurs péchés. ».[32] En effet, on lui fixait autour du cou un ruban rouge symboli-

30- Apocalypse XII, 3-4.
31- Isaïe I, 18.
32- Lévitique XVI, 21.

sant les péchés du peuple avant de le sacrifier. De même, le Christ fut revêtu d'une chlamyde rouge avant d'être crucifié: « Les soldats, tressant une couronne avec des épines, la lui posèrent sur la tête, et ils le revêtirent d'un manteau de pourpre... ».[33] Cette chlamyde rouge symbolisait alors les péchés de l'humanité toute entière qui allait, par ce sacrifice, être purifiée à la manière des sacrifices anciens.

Sur un autre plan, en raison de son association avec l'activité dynamique, nous avons également vu que le rouge est la couleur de la combativité. Dans sa dimension négative, il devient la couleur de l'agressivité et de la colère impulsives qui échappent au contrôle de la raison et portent l'homme à commettre des actes foncièrement destructeurs. Les expressions populaires comme « voir rouge » pour désigner un état de fureur, « se fâcher tout rouge » ou encore « être rouge de colère » sont très éloquentes à ce propos.

Enfin, nous avons vu que le rouge est associé à la dimension masculine dont il hérita les vertus mais aussi les vices. Ainsi, dans sa dimension maléficiée, la couleur rouge incarne toutes les déviances de la nature masculine comme la brutalité et l'instinct de puissance. Sous l'influence de ces pulsions, l'homme tente alors d'asservir le monde pour son propre profit en outrepassant les interdits (symbolisés au niveau de la signalisation routière par la couleur rouge). A ce titre, Esaü représente cette nature masculine qui n'est plus animée par le feu du ciel (l'esprit) mais par le feu impur qui brûle sous la terre: celui des pulsions instinctuelles (la brutalité et l'instinct de puissance) qui nourrit la dimension purement animale de l'homme (que la toison d'Esaü rappelle).

33- Jean XIX, 2.

LE *MANDALA* HINDOU DU CHAKRA RACINE

Afin de mettre à nouveau certains aspects du chakra racine en exergue, nous allons maintenant aborder succinctement l'analyse du *mandala* traditionnel associé au *Mûlâdhara chakra.*

Nombre de pétales et *yantra*

Précisons d'abord que ce *mandala* comporte quatre pétales de couleur rouge. Nous ne reviendrons pas sur le symbolisme du nombre 4 étudié précédemment, mais rappelons seulement qu'il est le nombre de l'incarnation et symbolise à ce titre le processus d'extériorisation de l'esprit et la prise de conscience qui en découle (la découverte de la dimension corporelle).

Outre ces pétales, nous constatons également que le *yantra* correspondant au chakra racine est un carré jaune. A propos du symbolisme de cette figure, nous avons dit précédemment qu'ancré sur ses quatre côtés, le carré représente essentiellement la fixité et la stabilité du plan matériel. Toutefois, dans le contexte hindou, il représente plus précisément la terre qui, mesurée par ses quatre horizons, est carrée. En ce sens, il évoque le monde manifesté et, d'une certaine manière, la conscience pleinement incarnée dans le plan terrestre. Ajoutons à ce titre que le carré est jaune ce qui n'est pas sans rappeler la couleur du trône cubique sur lequel est assis l'Empereur et que nous avons considéré comme le symbole de la matière vivifiée par l'esprit. En ce sens, nous pouvons affirmer que le jaune, associé à la figure du carré, représente ici le poids d'or contenu dans la matière, c'est-à-dire sa racine spirituelle.

Outre ces premiers éléments symboliques, le *mandala* associé au *Mûlâdhara chakra* comporte également un triangle. Disposé au centre de la figure, il acquiert ainsi une importance toute particulière. Or, en tant que première figure polygonale fermée, le triangle représente la manifestation de l'esprit dans le monde créé. Cette figure géométrique est donc liée à l'apparition de la dimension physique et corporelle. Dans la philosophie hindoue, son positionnement détermine en outre sa signification profonde. En effet, pointé vers le bas comme sur la figure qui nous intéresse, il est appelé « triangle aqueux ». Cette figure symbolise alors un mouvement descendant et correspond au *yoni,* c'est-à-dire au sexe féminin.[34]

On note en outre dans ce triangle la présence d'un serpent qui, la bouche ouverte, est lové sur lui-même. Son regard est orienté vers le haut et il commence à se redresser légèrement sur un axe vertical. Sur un plan symbolique, ce serpent représente le principe mâle, le *linga.* Or, en tant qu'animal essentiellement horizontal, le serpent symbolise, en orient comme en occident, la conscience horizontale qui ne considère que la dimension extérieure des choses. Il évoque donc l'enfermement dans le monde d'en bas, marqué par le cycle du temps. A ce titre, le serpent est même considéré en orient comme un symbole du temps. Quant au monde d'en bas, fermé sur lui-même, on le représente bien souvent par un serpent qui, se mordant la queue, forme une roue tournant sur elle-même éternellement. Gautama Bouddha a fort bien décrit cette roue comme étant celle des renaissances (l'homme ne pouvant plus accéder au monde intérieur est alors condamné à se réincarner perpétuellement dans le monde d'en bas). Ainsi donc, le serpent évoque sous sa forme négative les notions de

---

34- On représente également ce même principe sous la forme de l'onde, de l'arc de cercle ou du croissant.

limitation et de cristallisation (la conscience étant enfermée dans une forme extérieure).

Mais, figuré sous une forme verticale, il devient le symbole de l'énergie latente qui, endormie par la chute, s'éveille au coeur de la création et permet à toute chose de renaître. Pour les orientaux, c'est *kundalini* (la force enroulée) lovée au niveau du chakra racine. Lorsque *kundalini* s'éveille, le serpent siffle, se raidit et s'élève progressivement le long de la colonne vertébrale. Ce faisant, il active et dynamise alors chacun des chakras, conduisant l'homme à son illumination.[35] Précisons toutefois que cette verticalité de la conscience s'appuyant sur le chakra racine ne sera atteinte qu'au terme de l'ascension de *kundalini* le long du couloir central de la colonne vertébrale.

En ce sens, le serpent illustré sur le *mandala* quitte sa posture horizontale pour se redresser selon un axe vertical. Il symbolise donc un affranchissement du joug de ce monde et une accession aux réalités intérieures de l'être. Ajoutons en outre que ce serpent est enroulé trois fois autour d'un *linga*, symbolisant toutes les énergies contenues au sein de la matière (le « triangle aqueux » dans lequel il se trouve) et favorisant la verticalisation de la conscience. Toutefois, le serpent ferme le sommet du *linga* avec sa tête. En d'autres termes, *kundalini* n'est pas encore libérée et sa longue ascension le long de la colonne vertébrale ne débutera vraiment qu'après une harmonisation de ce centre.

35- En tant que siège de la force ascendante (*kundalini*), il importe de bien prendre conscience que l'harmonisation du chakra racine est nécessaire avant de vouloir éveiller correctement les chakras supérieurs.

L'animal héraldique

A la base du *mandala*, nous observons également la présence d'un animal héraldique, l'éléphant, auquel nous consacrerons une analyse plus exhaustive. Précisons toutefois que l'éléphant est considéré dans la tradition hindoue comme le symbole même de l'incarnation. En effet, en parlant de l'éléphant Ganapa, le *Ganapati Upanishad* affirme: « Je te salue Seigneur-des-catégories. Tu es la seule forme visible du Principe... tu es le seul principe de toutes choses, le seul Soi véritable. ».[36] L'éléphant représente donc pour l'hindouisme la forme visible du principe, c'est-à-dire le corps en tant que reflet de l'esprit. Ainsi, « Ganapati représente l'un des concepts de base du symbolisme mythologique hindou, l'identité du macrocosme et du microscosme, ou, en termes religieux, la notion que l'homme est l'image de Dieu ».[37]

Plus encore, ajoutons que la formule sacrée correspondant au principe appelé Ganapati est *tat-tuam-asi* « tu-es-cela ». Or cette formule signifie que « Tu (toi, l'être vivant) es la forme visible de cela (l'essence divine). ».[38] En d'autres termes, l'éléphant nous apprend que la matière (le cela) n'est rien d'autre que l'expression manifestée de l'esprit (le toi). Par lui s'accomplit donc le mystère de l'incarnation.

Ajoutons également, dans un autre ordre d'idées, que l'éléphant est aussi considéré comme le destructeur des obstacles: « Je salue le fils de Shiva qui personnifie le Dispensateur-de-dons et le Destructeur-des-obstacles. ».[39] En effet,

---

36- *Ganapati Upanishad*, 2.
37- Daniélou, Alain, *Mythes et dieux de l'Inde*, Editions du Rocher, Paris, 1992.
38- *Ganapati Upanishad*, 2.
39- *Ganapati Upanishad*, 15.

Ganapati fait disparaître la peur et les limitations inhérentes au temps en raison de l'adéquation du corps et de l'esprit dont il est l'emblème. Ceci n'est pas sans rappeler certaines dimensions caractéristiques du chakra racine présenté antérieurement. L'état de coïncidence entre l'esprit et le corps symbolisé par Ganapati entraîne en ce sens la destruction de toutes les limites apparentes du monde.

Notons aussi que l'éléphant dessiné sur le *mandala* est gris. Ceci ne constitue pas en soi une particularité étonnante, le gris étant la couleur naturelle de cet animal.[40] Toutefois, cette couleur est en elle-même révélatrice d'une facette importante du chakra racine. En effet, le gris est la couleur intermédiaire entre le noir et le blanc, c'est-à-dire entre l'élément passif (le noir) et l'élément dynamique (le blanc), ou encore entre le non-manifesté (le noir) et le manifesté (le blanc). En ce sens, il évoque tout naturellement le passage entre deux réalités et rappelle le symbolisme de la porte étudié précédemment dans notre étude consacrée au nombre 4. Cette porte, rappelons-le, est empruntée par l'esprit pour passer des mondes subtils infinis au monde de la finitude et du créé. Il s'agit donc une fois encore d'un symbole de l'incarnation.

A ce titre, certaines études récentes ont mis en exergue une particularité tout à fait éloquente à propos de cette couleur. En effet, il semble bien que la couleur grise soit la toute première couleur à être perçue par le nouveau-né. En d'autres termes, au cours des premières semaines de son existence terrestre, l'homme prenant progressivement conscience de son nouvel état d'incarnation vivrait essentiellement dans le gris.

40- Plusieurs auteurs le représentent cependant de couleur blanche. En tant que couleur du rayonnement (le blanc réfléchissant toutes les couleurs sans en retenir aucune), il évoque la manifestation par opposition au noir qui symbolise le non-manifesté (le noir ayant la propriété d'absorber toutes les couleurs).

Enfin, ajoutons que l'éléphant est curieusement doté de sept trompes. Ceci évoque évidemment le fait que le chakra racine contient déjà en lui-même les potentialités associées aux sept chakras. Plus précisément, ces sept trompes correspondent dans la tradition hindoue aux sept désirs fondamentaux: la sécurité, la procréation, la longévité, la participation, la connaissance, l'auto-réalisation et l'union, chacun de ces désirs étant lié à l'éveil d'un chakra. Nous pouvons donc établir le tableau synthèse suivant:

Chakras	**Désirs**
Racine	Sécurité
Sacré	Procréation
Solaire	Longévité
Cardiaque	Participation
Laryngé	Connaissance
Frontal	Auto-réalisation
Coronal	Union

Qu'il nous soit permis en outre d'établir un bref parallèle avec la symbolique occidentale, les sept trompes correspondant alors aux sept qualités fondamentales exprimées par l'esprit pleinement manifesté sur le plan terrestre, c'est-à-dire aux sept vertus reconnues par la tradition chrétienne (les quatre vertus cardinales et les trois vertus théologales). Au niveau du chakra racine, ces sept qualités ne sont encore que de simples potentialités, chacune ne devenant effective qu'au moment de l'éveil et de l'épanouissement du chakra lui correspondant. Ajoutons qu'à chacune de ces potentialités correspond également une déviation et un élément matériel. A titre informatif, voici un tableau mettant ces différents aspects en correspondance les uns avec les autres:

Vertus cardinales	**Eléments**	**Déviations**
Prudence	Terre	Avarice
Tempérance	Eau	Gourmandise
Justice	Air	Luxure
Force	Feu	Paresse

Vertus théologales	**Eléments**	**Déviations**
Foi	Soulphre	Orgueil
Espérance	Mercure	Colère
Charité	Scel	Envie

La divinité et ses attributs

Le *mandala* associé au *Mûlhâdara chakra* comporte également une divinité: il s'agit de Bala Brahma (Brahma enfant). Pour bien comprendre ce *mandala*, il importe donc d'étudier brièvement ce que Bala Brahma représente dans la théologie hindoue. En ce sens, il revêt l'apparence d'un enfant radieux à quatre têtes et à quatre bras.[41] Nous ne reviendrons pas sur le symbolisme du nombre 4 sauf pour préciser ici que les quatre bras attribués à Brahma sont un élément com-

41- A l'origine, il avait cinq têtes mais l'une d'elles fut détruite par le troisième oeil de Shiva. C'est pourquoi on l'appelle le dieu-aux-quatre-têtes (*Catur-ânana*) ou « aux-huit-oreilles » (*ashta-karna*).

mun à plusieurs divinités. Ils évoquent principalement la toute puissance du dieu agissant sur l'ensemble du monde créé. Quant à Brahma lui-même, le *Shatapatha-Brâhmana* nous précise qu'il est à l'origine de toute réalité et qu'il créa même les autres dieux. Si cette dernière croyance demeure discutée, il n'en est pas moins vrai que la tradition hindoue considère Brahma comme la première divinité de sa « trinité » (Brahma-Vishnu-Shiva). Plus précisément, il est le Seigneur de la création comme en témoignent plusieurs de ses nombreux épithètes dont Atmayoni (l'Ame primordiale), Shastri (le Créateur), Pitâmahâ (le Grand ancêtre), Sanat (l'Ancien), Adi-kavi (le Premier poète) ou encore Lokesha (le Seigneur du monde).

Sur un plan plus métaphysique, Brahma représente l'équilibre existant entre le principe de la concentration (incarné par Vishnu) et celui de la dispersion (incarné par Shiva). En ce sens, toute forme et toute existence concevable ou percevable reposent sur lui. Plus encore, il est la condition même d'existence liée aux notions d'espace et de temps. C'est pourquoi on l'appelle parfois « l'Etre immense », « Celui qui est incommensurable » ou « Celui qui est sans limite ». Ces appellations mettent bien en exergue le fait que Brahma incarne l'ensemble des possibilités d'expression sous la forme d'une réalité perceptible.

Le fait qu'il s'agisse ici de Bala Brahma, c'est-à-dire de Brahma enfant souligne en outre le manque de maturité et de développement lié au chakra racine. En effet, l'enfant a toujours évoqué, sur un plan symbolique, une potentialité encore immature. En ce sens, Bala Brahma représente le début d'un cycle où l'homme s'ouvrant au monde extérieur et prenant pleinement connaissance de cette réalité, récoltera par la suite les fruits de son expérimentation. A ce titre d'ailleurs, Bala Brahma est également dénommé le cavalier-de-l'oie (*Hamsa-Vahana*). Or, dans le symbolisme hindou, l'oie représente essentiellement le savoir. Dès lors, ce cavalier-de-l'oie représente la queste du savoir et plus particulièrement le premier stade de l'expérience. En ce sens, il s'apparente à l'image de l'enfant qui découvre son environnement immédiat avant d'agir sur celui-ci de manière pleine et entière.

En outre, la religion hindoue nous précise que Bala Brahma habite « l'immense forêt » (*Brahma-Vrinda*). Or nous savons que la forêt représente, en orient comme en occident, un lieu privilégié d'incarnation en raison de sa densité et de sa grande vitalité: le processus de photosyntèse permettant en outre l'incarnation de la lumière solaire. C'est sans doute pourquoi les héros et les dieux de nombreuses mythologies naissent et passent leur enfance au sein d'une forêt, ces premières années de leur existence marquant l'époque où, ayant quitté les réalités invisibles et subtiles du monde intérieur, leur conscience s'enracine progressivement dans le monde tangible de la création. Dans cette perspective, c'est au pied du mont Mérou, dans une vallée profonde dominée par de vastes forêts de cèdres, que la vierge Devaki mit au monde et éleva son fils Krishna jusqu'à ce qu'il atteigne l'âge de quinze ans.[42] Aussi, habitant « l'immense forêt », Bala Brahma représente la conscience pleinement ancrée dans le monde terrestre et les réalités matérielles.

Enfin, Bala Brahma est également appelé « l'embryon d'or » (*Hiranya-garbha*). En effet, la mythologie hindoue pré-

---

42- De même, Zeus fut élevé au coeur d'une épaisse forêt: « Des nymphes élevèrent Zeus en secret dans les montagnes de la Crète, au fond d'une caverne perdue dans la forêt. Quand les vagissements du nouveau-né risquaient de parvenir aux oreilles du méfiant Cronos, les prêtres de Rhéa exécutaient autour de son berceau une danse guerrière, frappant de leurs épées leurs boucliers d'airain... L'enfant prospérait, nourri du lait de la chèvre Amalthée. ». (Bonnard, André, *Les Dieux de la Grèce*, Editions de l'Aire, Lausanne).

tend qu'il est né d'un oeuf d'or. Sur un plan symbolique, l'or représente évidemment l'essence spirituelle. En tant qu'« embryon d'or », Bala Brahma représente donc à nouveau l'esprit incarné dans la matière et s'y manifestant pleinement. Il représente alors la possibilité de s'incarner sur le plan terrestre (image de l'embryon) tout en demeurant étroitement uni à la source intérieure de toute chose (l'or). C'est sans doute pourquoi on l'appelle également « la personne indestructible ».

Enfin, sur un plan iconographique, Bala Brahma est représenté portant un *dhoti* jaune (tissu indien couvrant le bas du corps). Ce *dhoti* représente la maîtrise des forces instinctuelles qui, convenablement canalisées, favorisent et stimulent le processus d'incarnation de l'esprit dans la matière. La couleur de sa peau est rouge ou rose et il porte dans ses mains les quatre *vedas*.

Les instruments de la divinité

Ces précisions apportées à propos de Bala Brahma, nous allons maintenant étudier brièvement le symbolisme des instruments dont cette divinité est porteuse. Il s'agit essentiellement des quatre *vedas*.

Les quatre *vedas*

Précisons tout d'abord que les quatre *vedas* sont considérés en orient comme des textes sacrés. Ils auraient été inspirés et révélés par les dieux aux saints *rishis* qui les mirent par écrit. Les textes des quatre *vedas* (*Rig-Veda*, *Yajur-Veda*, *Sâma-Veda* et *Atharva-Veda*) renferment donc toute la connaissance.

Ils sont en quelque sorte les livres de la loi et rappellent à l'homme que toute utilisation des ressources propres au monde terrestre doit se faire en conformité avec les lois divines (le monde extérieur devant demeurer étroitement uni au monde intérieur).

A cet égard, ils remplissent dans la tradition hindoue un rôle similaire à celui des textes bibliques dans la tradition judéo-chrétienne. En effet, on y retrouve toutes les clefs essentielles pour vivre une incarnation harmonieuse et extraire de l'existence, les leçons qui lui sont inhérentes.

La *shakti* et ses instruments

Aux côtés de Bala Brahma se tient également sa *shakti* Dakînî.[43] Les sources traditionnelles ont peu de choses à nous préciser sur cette *shakti* outre le fait qu'elle est en quelque sorte l'incarnation féminine de certains attributs de Bala Brahma.[44] Pour mieux saisir la signification profonde de Dâkinî, il importe donc de chercher à mieux définir les instruments dont elle est porteuse. En ce sens, elle tient quatre ob-

---

43- Dans la mythologie brahmanique, les Dâkinî sont des sortes de déesses femelles buveuses de sang et mangeuses de chair. Or nous avons vu sur un plan symbolique que le sang est universellement considéré comme le véhicule privilégié de l'esprit. Dès lors, le fait qu'elles s'abreuvent de sang peut être interprété comme une volonté d'intégrer l'esprit et conséquemment de vivifier le corps. A ce titre, rappelons que dans la tradition chrétienne, les fidèles boivent le sang du Christ pour éveiller en eux l'esprit de Dieu et vivifier leur corps. De même, manger la chair peut être interprété comme une volonté d'intégrer le corps en permettant ainsi à l'esprit de l'investir pleinement.

44- Toute *shakti* correspond à une force résultant de l'union des contraires. Toutefois, lorsqu'elle est placée auprès d'un dieu, elle représente également l'élément féminin correspondant.

jets hautement symboliques. Il s'agit d'une massue, d'une épée, d'un vase et d'une lance.

La massue

Dans une main, Dâkinî tient une massue qui se termine par un crâne. Au Tibet comme dans les cultes tantriques du Nepal et du Bhûtan, ce bâton magique attribué à Dâkinî est appelé *Khatvanga*. On le considère à ce titre comme un symbole traditionnel de la puissance du temps. Aussi, il rappelle à l'aspirant la nécessité de ne pas se laisser obnubiler par la dimension extérieure des choses. En effet, perçu exclusivement dans sa dimension extérieure, le plan matériel est marqué par le sceau de la mort et il serait vain de vouloir s'y attacher ou de s'y identifier. Par son aspect nu et décharné, le crâne rappelle ainsi l'illusion et l'impermanence du monde extérieur lorsqu'il n'est pas uni à son essence.

En outre, le crâne est un os et, derrière une apparence cristallisée et sans vie (le terme « squelette » provenant d'un mot grec signifiant « desséché »), l'os contient la moelle qui fabrique les cellules sanguines (globules rouges et globules blancs) nécessaires à la vie. Ainsi, évoquant extérieurement la mort, le squelette symbolise intérieurement la vie.

Enfin, la tradition hindoue associe à la massue la puissance-de-connaître d'où dérivent tous les pouvoirs physiques et mentaux. Elle permet en ce sens de conquérir le temps et s'apparente alors au dieu Kâli comme en témoigne le *Krishna Upanishad*: « La massue est Kâli, la puissance du temps qui détruit tout ce qui l'oppose. ».[45]

45- *Krishna Upanishad*, 23.

L'épée

Dans une autre main, Dâkinî tient une épée. En orient, l'épée est un symbole associé à la connaissance et on la considère à ce titre comme une arme puissante servant à combattre l'ignorance. Ainsi, « le Grand-dieu (Maheshvara) [personnification de la connaissance] prend la forme d'une épée brûlante. ».[46] Cette signification symbolique est d'autant plus intéressante qu'elle s'apparente parfaitement à la vision occidentale qui associe l'épée à la cinquième *sephirah* de l'arbre de vie, *Geburah*.

A ce titre, l'épée est alors l'incarnation de la vérité et elle se fait « vengeresse pour la perte des impies. ».[47] En effet, elle engage son porteur à vivre dans la vérité, c'est-à-dire à combattre toute dissonance pouvant exister entre l'intérieur et l'extérieur, rectifiant ainsi la personnalité pour l'amener à se conformer aux lois de l'esprit.

A un second niveau, elle évoque également la guerre. Toutefois, il ne s'agit pas ici d'une guerre destructrice cherchant à assouvir des instincts belliqueux, mais d'une guerre constructive annihilant l'action des forces régressives propres au plan de l'incarnation et amenant l'aspirant à vaincre les forces d'inertie en éveillant en lui les puissances endormies par la chute.

Le vase

Dâkinî tient également un vase contenant du nectar. Or le symbolisme de ce vase s'apparente de manière évidente au symbolisme de l'os. En effet, à l'image de l'os, il évoque le

---

46- *Krishna Upanishad*, 20.
47- Ecclésiastique XXXIX, 30.

plan terrestre (la structure externe de l'os) renfermant un nectar subtil (la moelle osseuse), c'est-à-dire la matière en laquelle se trouvent toutes les richesses et les forces spirituelles.

Plus encore, le vase ou la coupe est un objet symbolisant l'incarnation. En effet, il est associé à la troisième *sephirah* de l'arbre de vie, *Binah,* la donatrice de forme. Ouvert aux influences célestes (son ouverture est orientée vers le haut), mais toujours en contact direct avec la terre par sa base, le vase représente le lieu dans lequel une réalité spirituelle prend forme. Mis entre les mains de Dâkinî, il rappelle que Brahma est celui qui confère toute forme.

En outre, ajoutons que ce vase contient l'*amritâ*, c'est-à-dire la boisson d'immortalité, « *mritâ* » signifiant mort et « *a-mritâ* » immortalité. En ce sens, l'*amritâ* est dans la tradition hindoue la semence-de-vie ou semence-immortelle à l'origine des sensations physiques et de l'élément terre. Elle s'identifie au *soma*, c'est-à-dire au sperme, également essence de vie.

La lance

Enfin, Dâkinî tient une lance. Par sa forme axiale, cet instrument symbolise évidemment l'axe vertical autour duquel toute la création s'articule (l'*axis mundi* des occidentaux) et que la tradition hindoue apparente au *linga*. Or seule une prise de conscience de la dimension verticale de la création est susceptible de permettre à l'aspirant de ne pas sombrer dans le piège de la pure extériorité.

Dans un même ordre d'idées, la lance représente également l'action de l'esprit sur la matière et plus précisément le pouvoir qu'a l'esprit de désensorceler la matière, l'empêchant ainsi de se cristalliser et de se dissocier de sa source première.

Enfin, en raison de sa forme axiale, la lance évoque la dimension masculine et conséquemment l'activité dynamique et l'extériorisation, autant d'éléments permettant à l'esprit de s'incarner pleinement et de s'épanouir.

L'ELEPHANT

Au niveau de l'animal héraldique, la tradition de l'hermétisme chrétien associe l'éléphant au chakra racine. Or, pour mieux saisir ce que cet animal représente d'un point de vue symbolique, il importe d'abord d'étudier son apparence et son comportement. En ce sens, précisons d'abord qu'il est actuellement considéré comme le plus gros animal terrestre. En effet, sa taille dépasse parfois trois mètres au garrot et il peut peser jusqu'à sept tonnes. Il en résulte que la tradition occidentale en a fait tout naturellement l'image même de la lourdeur. Or cette notion de lourdeur est étroitement associée à l'expérience de l'incarnation. A ce titre, les propos d'Edouard Schuré décrivant l'expérience de l'incarnation mettent bien en exergue cette notion qui lui est inhérente:

« La lourdeur augmente, un obscurcissement s'est fait en l'âme. Elle ne voit plus ses compagnons lumineux qu'à travers un voile, et ce voile toujours plus dense lui fait pressentir la séparation imminente. Elle entend leurs tristes adieux; les larmes des bienheureux aimés la pénètrent comme une rosée céleste qui laissera dans son coeur la soif d'un bonheur inconnu. Alors - avec des serments solennels - elle promet de se souvenir... de se souvenir de la lumière dans le monde des ténèbres, de la vérité dans le monde du mensonge, de l'amour dans le monde de la haine... Elle se réveille dans une atmosphère épaisse. Astre éthéré, âmes diaphanes, océans de lumière, tout a disparu. La revoilà sur terre, dans le gouffre de la naissance et de la mort. ».[48]

En outre, cette lourdeur de l'animal évoque également des notions de solidité et de stabilité. En effet, reposant sur quatre pattes trapues et droites comme des colonnes, le corps massif et pesant de l'éléphant semble difficile à ébranler ou à faire vaciller. En ce sens, il n'est pas sans rappeler la figure géométrique du carré que nous avons associé aux notions de solidité et de stabilité. Plus encore, nous avons rajouté que ces notions sont en rapport avec deux dispositions psychologiques: la constance et la persévérance. Or, l'éléphant est un marcheur infatigable ayant besoin de très peu de sommeil. En effet, il parcourt de très longues distances sans prendre de repos. Dans le même ordre d'idées, la longévité de cet animal est remarquable: son espérance moyenne de vie est de quatre-vingts ans et les sujets centenaires ne sont pas rares.

Outre ces caractéristiques, la peau grise, dure et épaisse de l'éléphant est également fort importante. C'est d'ailleurs cette particularité qui lui a valu le nom de pachyderme (du grec *pakhus* signifiant « épais » et *derma* signifiant « peau »). Or nous savons que, sur un plan symbolique, la peau est intimement reliée à l'incarnation. En effet, la peau recouvre l'être et lui confère en quelque sorte sa forme matérielle. A ce sujet, pensons à la croyance populaire quelque peu naïve, mais pourtant fort révélatrice, selon laquelle le fantôme se recouvre d'un drap pour se manifester aux yeux des vivants, c'est-à-dire pour passer des mondes infinis au monde de la finitude et du créé. La peau révèle alors l'identité de l'être incarné parce qu'elle lui octroie sa forme.

A ce titre, la peau joua un rôle majeur dans de nombreuses traditions initiatiques. Ainsi certains Amérindiens

48- Edouard Schuré, *Les grands initiés*, Le livre de Poche, Paris, 1960,

n'hésitaient pas à se recouvrir de peaux de bêtes (en rapport avec l'animal totémique qu'ils invoquaient). En se recouvrant ainsi, ils croyaient pouvoir mieux se relier avec l'esprit-groupe de l'animal sollicité. Pour que le processus mimétique soit plus complet, ils imitaient en outre le comportement de l'animal en reproduisant sa manière de se déplacer (rôle de la danse rituelle). Toutes ces conditions réunies leur permettaient alors de se placer en contact avec l'esprit de l'animal et de recevoir de celui-ci la protection, la puissance et les forces recherchées.

C'est d'ailleurs dans cette même perspective que s'élaborèrent au sein de certaines écoles initiatiques les jeux de rôles. Ces jeux avaient principalement pour fonction de favoriser l'incarnation de certaines vertus ou qualités particulières en imitant un personnage célèbre ayant su incarner ces qualités. Pour ce faire, l'aspirant devait avant toute chose revêtir les vêtements caractérisant le personnage choisi. Or, revêtir les vêtements d'un personnage, c'était en quelque sorte revêtir sa peau puisque le vêtement, comme la peau, est le symbole visible de l'identité de celui qui le porte.

Ainsi donc, parce qu'elle circonscrit et enclot l'être tout en lui permettant de s'incarner, la peau est étroitement liée à son identité. S'appuyant sur ce principe, un certain nombre de sciences, en particulier la physiognomonie, prétendent pénétrer les secrets du caractère d'un individu par l'étude des spécificités de sa peau. Grillot de Givry rapporte en ce sens: « En dépit du dicton : « Il ne faut jamais juger les gens sur la mine », chacun de nous est plus ou moins physiognomoniste, et il nous est bien difficile de revenir sur la mauvaise impression que peut nous causer une face sinistre ou patibulaire. A tort ou à raison, nous avons pris l'habitude de considérer le visage comme le miroir de l'âme et c'est ainsi que l'ont entendu les écrivains de la Physiognomonie; Barthélémy Coclès, dans sa *Physiognomonia*, Strasbourg, 1533; Jean D'Indagine dans sa

Chiromance, Lyon 1549; Wulson de la Colombière, dans son *Palais des curieux de l'Amour et de la Fortune*, Paris, 1698; Maître Michel Lescot, dans sa *Physionomie*, Paris, 1560; le curé Belot, dans ses *Oeuvres diverses*, etc. ».[49]

Outre la peau de l'éléphant particulièrement caractéristique, il importe également de s'intéresser à sa trompe qui est très certainement un élément tout aussi déterminant. En effet, spécifiquement associée à cet animal, la trompe joue dans la vie de l'éléphant un rôle essentiel. Constituée par le nez et la lèvre supérieure allongés en un long tube musculeux, elle sert à la fois d'organe tactile et d'organe de préhension. Ainsi, c'est avec sa trompe que l'éléphant saisit la nourriture qu'il porte ensuite à sa bouche. En ce sens, les hermétistes chrétiens considèrent que cette trompe évoque au niveau symbolique le caractère épicurien de celui qui sait apprécier et jouir des biens de ce monde. Or cette interprétation est confirmée par la manière dont l'éléphant utilise cet organe. En effet, il suffit d'observer l'adresse, la douceur et l'élégance avec lesquelles la trompe de l'éléphant peut cueillir un fruit. Notons à ce titre que la fonction alimentaire occupe une place prépondérante dans la vie d'un éléphant. L'éléphant possède un gros appétit et un adulte peut consommer jusqu'à cinquante kilogrammes de nourriture par jour. Sur un plan symbolique, cet appétit évoque sa capacité à percevoir les ressources que recèle la matière et à en jouir de manière optimale.

Enfin, ajoutons que l'éléphant possède d'impressionnantes défenses pouvant atteindre de très grandes tailles (particulièrement chez les mâles). En tant que telles, elles incarnent principalement la combativité. Or, correctement canalisée, cette combativité s'avère particulièrement constructive

---

49- Grillot de Givry, *Le Musée des Sorciers, Mages et alchimistes*, Henri Veyrier, Paris, 1988.

(les éléphants domestiqués se servent de leurs défenses pour déplacer ou transporter des troncs d'arbres par exemple). Sur un plan psychologique, ces défenses représentent la capacité à ne pas se laisser enfermer dans une situation donnée (et s'y cristalliser), mais à la dépasser pour vivre spontanément les multiples expériences de l'existence. A ce titre, les éléphants furent toujours utilisés pour la guerre ou pour les travaux exigeant de la force. Les défenses des éléphants de combat étaient alors taillées en pointe ou garnies de lames acérées. Ils constituaient bien souvent les troupes de choc d'une armée.

L'ELEPHANT DANS SA DIMENSION NEGATIVE

Au même titre que tous les autres animaux, l'éléphant incarne aussi des éléments symboliques négatifs. Ainsi, dans sa dimension péjorative, la lourdeur dont il est un symbole vivant est synonyme de staticité et de maladresse. Les défauts incarnés par l'éléphant sont d'ailleurs particulièrement mis en exergue dans la tradition occidentale. En effet, l'expression familière « un éléphant dans un magasin de porcelaine » se dit d'une personne lourdaude et maladroite qui ne perçoit guère les subtilités de la situation à laquelle elle se trouve confrontée. Maladresse et lourdeur évoquent alors l'état de celui qui se sent limité dans le monde terrestre et ne sait pas exprimer dans sa dimension corporelle la promptitude et la finesse de l'esprit.

Quant aux notions de solidité et de stabilité découlant de la robustesse de l'animal, elles sont ici transformées en staticité, inertie et immobilisme. L'éléphant représente alors l'individu incarné qui éprouve de graves difficultés à entreprendre et à s'investir, chaque action représentant de pénibles efforts. Le corps de l'éléphant devient ainsi, par la stabilité qu'il représente, un obstacle à tout changement et à tout mouvement. Nous retrouvons là une dimension déjà évoquées au sujet de l'Empereur maléficié.

De même, dans sa dimension négative, l'épaisse peau de l'animal symbolise l'aveuglement et l'obscurcissement d'une conscience profondément cristallisée dans la matière, c'est-à-dire insensible aux réalités de l'esprit. A ce titre, il est éloquent de constater que les démons sont souvent représentés avec une peau épaisse et écailleuse, les traits du visage étant grossiers et difformes. Pour illustrer cette fonction négative de la peau, citons également l'épisode biblique où Tobie rendit la vue à son père: « Tobie se dirigea à sa rencontre (il portait dans sa main le fiel de poisson). Il lui souffla dans les yeux, et lui dit, en le tenant bien: « Aie confiance, père ! » Puis il appliqua la drogue, et la laissa quelques temps, et enfin, de chaque main, il lui ôta une petite peau du coin des yeux. Alors son père tomba à son cou et il pleura. Il s'écria: « Je te vois, mon fils, lumière de mes yeux. ».[50] La signification symbolique de ce récit est d'une très grande richesse. Retenons seulement le fait que l'oeil, s'étant recouvert d'une peau, devint dès lors insensible à la lumière (symbolisant l'esprit). La peau évoque donc ici l'opacité de la matière.

C'est également ce qu'expose de manière quelque peu différente le livre de la Genèse en rapportant les événements qui suivirent l'expérience de la chute. Sans vouloir, une fois encore, aborder exhaustivement cette problématique que nous analyserons plus précisément dans notre étude portant sur le chakra coronal, nous voulons seulement montrer ici comment la matière, originellement expression de l'esprit, est devenue un voile opaque. C'est ce qu'évoque le fait

---

50- Tobie XI, 10-14.

qu'Adam et Eve furent revêtus de « tuniques de peau ».[51] En ce sens, la peau, intimement reliée à la notion de forme en délimitant le corps, apparaît alors sous sa forme maléficiée comme le symbole d'une division ou d'une scission, sa fonction de délimitation se transformant en fonction de division.

Par ailleurs, nous avons vu que la trompe de l'éléphant est également un élément caractéristique de cet animal. Sous sa forme négative, nous savons qu'elle s'enroule autour de l'objet convoité pour le saisir et se l'approprier. Elle illustre donc une tendance à la possessivité par laquelle l'individu ramène tout à lui. Plus encore, considérant que l'éléphant dévaste tout sur son passage, dévorant herbes, feuilles, fruits, écorces et racines, cet animal incarne en outre une tendance à vouloir dominer la matière, à lui imposer sa propre volonté et à la surexploiter, en lui soutirant un maximum d'énergies (cupidité et matérialisme).

Enfin, si les défenses de l'éléphant incarnent la combativité, elles peuvent également représenter sous une forme maléficiée l'énergie dynamique utilisée à des fins destructrices. Au moyen de ses défenses, cet animal peut en effet éventrer des arbres ou tuer un ennemi. Notons d'ailleurs que les Carthaginois se servaient de ces animaux à des fins guerrières: les éléphants, hérissés d'armes et excités par un aiguillon, chargeaient alors l'ennemi. Les Romains, quant à eux, dressaient des éléphants pour les faire combattre dans les arènes. Leurs défenses étaient alors le symbole des pulsions destructrices qui animent parfois l'homme dans son rapport avec le plan matériel.

51- Genèse III, 21.

DEUXIEME SECTION

LES FONCTIONS DU CHAKRA RACINE ET LES GLANDES SURRENALES

DEUXIEME SECTION
LES FONCTIONS DU CHAKRA RACINE ET LES GLANDES SURRENALES

LES ENJEUX INITIATIQUES ET PSYCHOLOGIQUES DU CHAKRA RACINE

A la lumière de ce qui précède, nous pouvons maintenant mieux cerner les principaux enjeux initiatiques et psychologiques associés au chakra racine. En ce sens, ils consistent principalement à prendre conscience de l'existence du moi personnel en découvrant la dimension corporelle et en s'engageant pleinement sur le plan matériel.

La découverte de la dimension corporelle

Le principal enjeu du chakra racine semble bien être le contact avec le plan terrestre et la découverte de sa dimension corporelle. En ce sens, les anciens considéraient ce chakra comme le lieu d'ancrage de la conscience dans sa dimension physique et terrestre. Or cette prise de conscience est fondamentale puisque tout le travail de l'initiation repose sur elle. C'est d'ailleurs à ce titre que les écoles initiatiques exigent de la part de leurs candidats qu'ils travaillent d'abord sur leur corps avant d'entreprendre des exercices spirituels. Dans cette perspective, l'entraînement psychique proposé par certaines écoles ésotériques modernes est souvent extrêmement dangereux. En effet, il accentue presque toujours des tendances à la dualisation et il n'est pas rare de rencontrer des personnes souffrant de profondes crises de schizophrénie à la suite d'un « entraînement spirituel ».

Aussi, la pratique d'une activité sportive ou d'une forme quelconque d'exercice physique est essentielle. A ce titre, tout jeune homme de dix-huit ans devait en Grèce antique consacrer deux ans de sa vie aux exercices physiques et militaires. Le sport lui permettait alors de prendre pleinement conscience de sa dimension corporelle et de la développer de manière efficace et harmonieuse. Il s'agissait en outre d'une condition *sine qua non* pour prétendre par la suite entreprendre un travail de réalisation spirituelle. C'est d'ailleurs pourquoi de nombreux héros de la mythologie grecque étaient invités à combattre les dieux, mettant ainsi en exergue leurs prouesses physiques. En effet, ils devaient de cette manière démontrer qu'ils étaient pleinement incarnés dans la matière et qu'ils étaient en conséquence aptes à recevoir la faveur des dieux selon l'adage bien connu « *mens sana in corpore sano* ».

A ce titre, citons le cas du dieu Poséidon au sujet duquel la mythologie rapporte qu'il aimait octroyer ses grâces à ceux qui le défiaient: « Une amitié naît de la lutte. Le peuple des Athéniens sait qu'il doit une part de sa grandeur au rude adversaire qu'il a osé affronter. Poséidon le défie. Athènes tend ses énergies pour le dompter. Le Dieu aime cette fougue de l'homme à vaincre sa fureur. Il comble de ses dons ceux qui lui résistent. ».[52] A la lumière de ces traditions antiques, l'aspirant doit donc d'abord apprendre à éveiller convenablement sa dimension corporelle avant d'amorcer une démarche spirituelle et ainsi recevoir les dons divins.

Plus encore, prendre conscience du plan corporel, c'est aussi le valoriser. A ce titre, les Grecs comme les Romains vouaient un véritable culte au corps physique dont la musculature harmonieusement développée était un symbole d'excellence. Ainsi, les manifestations athlétiques du monde grec se

---

52- Bonnard, André, *Les Dieux de la Grèce*, Editions de l'Aire, Lausanne.

déroulaient dans le cadre de fêtes religieuses particulièrement solennelles.[53] Les jeux olympiques, par exemple, avaient lieu dans le cadre d'une fête célébrée tous les quatre ans en l'honneur de Zeus. De même, les jeux pythiques (seconde manifestation athlétique en importance après les jeux olympiques) se déroulaient dans le cadre d'une fête célébrée à Delphes en l'honneur d'Apollon. Citons enfin les jeux isthmiques qui étaient, quant à eux, célébrés à l'isthme de Corinthe en l'honneur de Poséidon. Dans ces jeux, les athlètes se présentaient nus et l'harmonie du corps était tout aussi importante que les performances sportives. Du reste, elle était garante de ces performances.

Tout ceci nous confirme donc que le rapport au corps ne doit pas être exclusivement perçu comme une limitation ou une restriction mais au contraire comme la seule véritable expression de l'esprit. Ainsi, comme nous l'avons affirmé précédemment, la dimension corporelle est la projection extérieure de la dimension spirituelle et la matière, loin d'être une réalité étrangère à l'esprit, en est un prolongement densifié. A ce titre, notons que les muscles constituent en fait ce que nous appelons la chair. Or, en tant qu'organes actifs associés à tout mouvement, ils représentent le pouvoir de faire, d'agir et d'opérer. Ainsi, ils permettent à l'esprit de s'incarner dans la matière et d'y manifester pleinement toute sa puissance créatrice. Dans cette perspective, la matière possède donc un caractère éminemment sacré. En outre, l'aspirant ne nourrit plus aucune dépendance face à elle, sachant qu'elle est le reflet de son esprit.

53- En Grèce, les manifestations athlétiques comprenaient la course à pied, la lutte, la boxe, le pancrace (forme spécialisée de catch), le javelot, le disque, le saut en longueur et le pentathlon (le pentathlon regroupait lui-même cinq compétitions à savoir le saut en longueur, la course à pied, le lancer du disque, le lancer du javelot et la lutte).

Toutefois, cette vision de la chair sacrée et profondément spirituelle est souvent rendue difficile par la spiritualité occidentale qui, niant le fondement même de l'être, opère un net clivage entre la dimension extérieure (les réalités matérielles) et la dimension intérieure (les réalités spirituelles). Opposant en outre violemment ces deux réalités sans réussir à percevoir que l'une est le reflet de l'autre, ils désacralisent ainsi la chair et contribuent à accentuer chez des personnes déjà dualisées, une tendance à la fuite dans les mondes sprituels. Il en découle alors une grave illusion, l'aspirant trompé espérant des jours meilleurs dans un paradis tout aussi utopique qu'insensé. Or cette fuite spirituelle par-en-avant a malheureusement été fortement cultivée en occident, particulièrement par l'Eglise.

En effet, la tradition chrétienne a toujours nourri une attitude profondément suspicieuse et méfiante vis-à-vis de la chair. Déjà, saint Paul écrit dans son épître aux Galates: « Or je vous dis: laissez-vous mener par l'Esprit et vous ne risquerez pas de satisfaire la convoitise charnelle. Car la chair convoite contre l'esprit et l'esprit contre la chair; il y a entre eux antagonisme, si bien que vous ne faites pas ce que vous voudriez. Mais si l'Esprit vous anime, vous n'êtes pas sous la Loi. Or on sait bien tout ce que produit la chair: fornication, impureté, débauche, idolâtrie, magie, haines, discordes, jalousie, emportements, disputes, dissensions, scissions, sentiments d'envie, orgies, ripailles et choses semblables - et je vous préviens comme je l'ai déjà fait, que ceux qui commettent ces fautes-là n'hériteront pas du Royaume de Dieu. ».[54]

Or la vision erronée qui résulte de l'interprétation de ces textes repose sur le fait que l'Eglise ne considéra dans la chair que l'empreinte de la chute, celle-ci étant maudite en rai-

---

54- Galates V, 16-21.

son de son éloignement de l'esprit. Insistant davantage sur le fait que la chair, dans sa corruptibilité, est un reflet de la dissociation originelle entre l'esprit et le corps, elle oublia qu'elle est également profondément marquée par l'empreinte de son créateur. Pour ces raisons, elle privilégia en conséquence une ascèse négative consistant à rejeter violemment les dimensions maléficiées du corps plutôt qu'à chercher à les intégrer en mettant en lumière les aspects spirituels de la dimension corporelle. Cette attitude, résolument hostile à la chair, demeure encore aujourd'hui un grave obstacle au développement de la conscience. Toutefois, ce fut à l'époque médiévale qu'elle atteignit son apogée.

En effet, il ne faisait alors aucun doute pour un Bernard de Clairvaux que la chair devait être considérée comme le premier ennemi de l'âme: « Jusqu'à quand la chair misérable, insensée, aveugle, démente et absolument folle recherchera-t-elle des consolations passagères et caduques ? » déclare-t-il dans son sixième sermon sur l'Avent. Parfois, cette attitude hostile dégénéra même en d'étranges perversions. Citons à titre d'exemple les *Flagellants* qui, au quatorzième siècle, parcourèrent les villes et les campagnes en se frappant avec un fouet. De même, des exemples plus discrets n'en sont pas moins tout aussi regrettables. Pensons en ce sens à la jeune religieuse hallucinant après un long régime anorexique. Quoiqu'il en soit, désacralisant ainsi la matière en ne percevant que son apparence extérieure (une attitude chosifiante), le corps devint effectivement de plus en plus étranger aux réalités de l'esprit.

S'investir pleinement dans la matière

Si le premier enjeu du chakra racine réside dans une prise de conscience et une valorisation du plan corporel perçu comme une dimension ontologique de l'être, le second enjeu implique la nécessité de s'investir dans ce plan matériel. En effet, nous avons vu que le chakra racine n'est pas seulement lié à l'incarnation, mais également à la vivification de la matière entraînant ainsi l'abondance et la richesse sur tous les plans. Or il n'est pas rare que l'on associe développement spirituel avec pauvreté matérielle. Cette attitude démontre une fois encore une profonde méconnaissance de la nature humaine et des exigences de son développement. En effet, en plus de nier le bon sens, ce principe s'oppose à l'enseignement hermétique qui affirme solennellement que « ce qui est à l'extérieur est comme ce qui est à l'intérieur. ». Une médiocrité matérielle est donc bien souvent le symbole d'une disharmonie et d'un vide intérieurs. Certains rétorqueront à ce titre que le christianisme prêche essentiellement le détachement des biens matériels. Certes, ce détachement est essentiel à la transformation du moi et nous verrons ce qu'il implique dans notre analyse du chakra cardiaque. Toutefois, autant ce détachement est essentiel, autant l'acquisition d'une certaine richesse matérielle (symbole d'un développement intérieur harmonieux) est importante.

Rappelons à ce titre un épisode biblique particulièrement intéressant: « Il [Jésus] se mettait en route quand un homme accourut et, s'agenouillant devant lui, il l'interrogeait: "Bon maître, que dois-je faire pour avoir la vie éternelle ?" Jésus lui dit: "Pourquoi m'appelles-tu bon ? Nul n'est bon que Dieu seul. Tu connais les commandements: Ne tue pas, Ne commets pas d'adultère, Ne vole pas, Ne porte pas de faux témoignage, Ne fait pas de tort, Honore ton père et ta mère." - "Maître, lui dit-il, tout cela, je l'ai observé dès ma jeunesse." Alors Jésus fixa sur lui son regard et l'aima. Et il lui dit: "Une seule chose te manque: va, ce que tu as, vends-le et donne-le aux pauvres, et tu auras un trésor dans le ciel; puis, viens, suis-moi." Mais lui, à ces mots, s'assombrit et il s'en alla contristé, car il avait de grands biens. ».[55]

Dans cet entretien, le Maître ne dénonce en aucune manière la richesse du jeune homme. Au contraire, il affirme même qu'il ne lui manque plus qu'une « seule chose » pour avoir la vie éternelle. Ainsi, la richesse extérieure, loin d'être condamnable, révèle que ce jeune homme est un candidat de choix pour la vie éternelle. Toutefois, il devra pour ce faire mettre ses biens à la disposition des pauvres (ceux qui n'ont pas encore su accéder à son niveau), cette mise au service de l'autre correspondant, nous le verrons, à l'enjeu du chakra cardiaque.

Citons également dans le même esprit un texte encore plus éloquent quant à la nécessité de s'investir pleinement sur le plan terrestre. Il s'agit de la parabole des talents: « C'est comme un homme qui partant en voyage, appela ses serviteurs et leur remit sa fortune. A l'un il donna cinq talents, deux à un autre, un seul à un troisième, à chacun selon ses capacités, et puis il partit. Aussitôt celui qui avait reçu les cinq talents alla les faire produire et en gagna deux autres. Mais celui qui n'en avait reçu qu'un s'en alla faire un trou en terre et enfouit l'argent de son maître. Après un long temps, le maître de ces serviteurs arrive et il règle ses comptes avec eux.

« Celui qui avait reçu les cinq talents s'avança et présenta cinq autres talents: "Seigneur, dit-il, tu m'as remis cinq talents: voici cinq autres talents que j'ai gagnés." - "C'est bien, serviteur bon et fidèle, lui dit son maître, en peu de choses tu as été fidèle, sur beaucoup je t'établirai; entre dans la joie de ton seigneur". Vint ensuite celui qui avait reçu deux talents: "Seigneur, dit-il, tu m'as remis deux talents: voici deux autres talents que j'ai gagnés." - "C'est bien, serviteur bon et fidèle,

---

55- Marc X, 17-22.

lui dit son maître, en peu de choses tu as été fidèle, sur beaucoup je t'établirai; entre dans la joie de ton seigneur."

« Vint enfin celui qui détenait un seul talent: "Seigneur, dit-il, j'ai appris à te connaître pour un homme âpre au gain: tu moissonne où tu n'as point semé, et tu ramasses où tu n'as rien répandu. Aussi, pris de peur, je suis allé enfouir ton talent dans la terre: le voici, tu as ton bien". Mais son maître lui répondit: "Serviteur mauvais et paresseux ! tu savais que je moissonnes où je n'ai pas semé, et que je ramasse où je n'ai rien répandu ? Eh bien ! tu aurais dû placer mon argent chez les banquiers, et à mon retour j'aurais recouvré mon bien avec un intérêt. Enlevez-lui donc son talent et donnez-le à celui qui a dix talents. Car à tout homme qui a, l'on donnera et il aura du surplus; mais à celui qui n'a pas, on enlèvera ce qu'il a." ».[56]

En effet, plus que tout autre texte néo-testamentaire, cette parabole illustre l'importance de s'investir et d'agir sur le plan matériel. En ce sens, ce n'est qu'en participant de manière active aux réalités matérielles (en faisant fructifier les talents) que l'aspirant peut découvrir les richesses qu'elle recèle. Dans le cas contraire, lorsqu'il enterre son talent, il s'expose non seulement à ne pas développer ses potentialités mais, pire encore, à perdre les ressources qu'il n'a pas su exploiter (une potentialité non utilisée s'atrophiant à l'image du muscle immobilisé pendant une longue période). En ne participant pas à l'existence terrestre, l'aspirant demeure donc incapable de se développer et d'accéder à un épanouissement matériel, psychologique ou spirituel.

Cette attitude dénoncée dans la parabole des talents est malheureusement celle d'un certain nombre de personnes fréquentant les écoles initiatiques comme moyen d'échapper à la vie. Les démarches spirituelles ainsi entreprises ne font alors

---

56- Matthieu XXV, 14-30.

qu'accroître leur déséquilibre (l'initiation impliquant d'abord une réussite matérielle et sociale) et aucun développement n'est jamais atteint (celui-ci exigeant un bon ancrage sur le plan terrestre). Ainsi donc, il apparaît, contrairement aux prétentions fallacieuses d'une pseudo-spiritualité, que l'aspirant doit d'abord s'engager sur le plan matériel, acquérant ainsi une certaine richesse (et une certaine sécurité) en valorisant à juste titre la matière et les lois qui la gouvernent.

Conscient de cette réalité, l'aspirant dont le chakra racine s'éveille cherche donc à mieux connaître les lois cosmiques et à conformer son existence aux grands cycles de la nature. Il développe alors un remarquable sens de la réalité (sachant discerner correctement en chaque chose les potentialités qu'elle recèle) et accède progressivement à l'expérience de l'abondance et du bien-être. En ce sens, participant aux ressources prodigieuses du monde matériel, il développe une confiance sans faille face à la vie. C'est pourquoi l'harmonisation du chakra racine confère toujours une profonde sensation de satisfaction et de sérénité amenant l'aspirant à conscientiser que l'univers peut pourvoir à toutes les nécessités de son existence. Dès lors, il accède tout naturellement à une sécurité matérielle et ne craint plus pour sa survie.

Fonctionnement harmonieux du chakra racine

Outre les deux enjeux fondamentaux que nous venons de mettre en exergue, l'éveil et le fonctionnement harmonieux du chakra racine entraînent également le développement d'un certain nombre de dispositions psychologiques. Ainsi, ce chakra éveille chez l'individu un désir de s'intégrer pleinement dans le monde et une volonté de vivre. Loin de percevoir le monde comme une limitation, il y voit au contraire de multiples occasions pour s'investir avec élan et enthousiasme, pour entreprendre et construire, tout en percevant les multiples richesses dont la matière est dépositaire. Ainsi, il s'ouvre tout naturellement avec confiance, acceptant tout ce que la vie lui propose.

L'éveil et l'harmonisation du chakra racine contribue également au développement d'une importante résistance physique (une endurance), d'une puissante force de caractère (un instinct de survie lui permettant de surmonter le stress, la peur et les émotions violentes) et d'une stabilité psychologique le préservant de toute forme de découragement et lui permettant de maintenir une action intense et soutenue en dépit de tous les obstacles. Notons à ce titre que les alchimistes ont associé au chakra racine l'élément terre. Or cet élément est étroitement associé à la persévérance et à l'engagement dans l'action. La tradition alchimique nous apprend même qu'il s'agit là des qualités essentielles à tout travail initiatique.

Enfin, le fonctionnement harmonieux du chakra racine conduit l'individu à savoir jouir des biens de ce monde au sens le plus noble du terme. Dès lors, il adopte l'attitude d'un épicurien doux et placide sachant profiter pleinement de la vie dans un état constant de joie et de paix profondes. Cultivant en outre un lien étroit avec la terre, il lui est dorénavant impossible de concevoir la matière comme un support vil servant à l'assouvissement de passions malsaines. Au contraire, son besoin de palper, d'humer, de voir et de goûter s'inscrit alors dans une dimension de transcendance, privilégiant la notion de qualité au détriment de la quantité.

Fonctionnement disharmonieux du chakra racine

Un disfonctionnement du chakra racine se traduit bien souvent par un refus de s'intégrer pleinement dans le monde (rejet de l'existence). Percevant le monde comme une limitation profondément débilitante, l'individu éprouve alors une grande insécurité et une certaine vulnérabilité qu'il tente de contrebalancer parfois en se créant un système de valeurs rigide, intolérant et dogmatique ou en accumulant beaucoup de biens (possessivité et matérialisme). En ce sens, il n'est pas rare qu'il manifeste une vive hostilité face aux changements, aux transformations ou à toute évolution, les ressentant comme autant d'atteintes à sa propre pérennité. Le chakra racine maléficié entraîne donc une cristallisation dans un cadre bien défini.

Plus encore, plutôt que d'accepter le plan matériel et ses contingences qu'il mésestime et craint profondément, l'individu préfère alors fuir la réalité ou s'y opposer violemment. Dans le premier cas, il en résulte un caractère instable, déconnecté du réel et totalement inadapté à la vie quotidienne. Ne se sentant pas concerné par les affaires d'ordre matériel, l'individu adopte alors une attitude de laisser-aller, d'irresponsabilité et de négligence (ne prenant jamais véritablement la peine de gérer sérieusement ce dont il est responsable). Dans le second cas, il a tendance à s'extérioriser toujours davantage en croyant ainsi dominer la matière et lui imposer sa propre volonté. Cherchant à l'exploiter de manière immodérée, il sombre alors rapidement dans un matérialisme privilégiant la quantité au détriment de la qualité (cupidité et boulimie). Transposant cette attitude vis-à-vis de lui-même et des autres, il peut s'avérer parfois d'une grande dureté et d'une certaine agressivité (promptitude à la colère et à la violence).

Par ailleurs, un disfonctionnement du chakra racine amène également l'individu à ignorer les potentialités que recèle sa dimension corporelle. Il peut alors, à la manière des *Flagellants*, la rejeter ou la mépriser, percevant son corps comme un lieu où l'esprit s'exile et où il est retenu prisonnier.

Dans ce cas, il aura bien souvent une attitude lourde et maladroite, le restreignant dans son pouvoir d'agir, d'entreprendre et de construire (à l'image de l'éléphant maléficié). Il peut même en arriver à rejeter complètement son corps, adoptant alors un comportement anorexique. Il en résultera bien souvent une attitude triste, morose, renfermée, dépressive, instable et peu enthousiaste, l'individu souhaitant chaque jour une vie plus facile ou différente de ce qu'elle est (tendances suicidaires). Se sentant limité au niveau de ses ressources vis-à-vis desquelles il cultive en outre une profonde méfiance, il aura enfin tendance à se convaincre qu'il est épuisé et qu'il est toujours vaincu d'avance, quoiqu'il entreprenne.

Attitudes à développer

A la lumière de ce qui précède, il apparaît clairement que la principale attitude à développer en rapport avec le chakra racine consiste à se sentir chez soi dans son corps et parfaitement à l'aise dans le monde matériel. Or il faut savoir en ce sens que la réalité n'est jamais totalement objective puisqu'elle est, comme nous l'avons affirmé, une projection extérieure des réalités psychiques intérieures. En outre, quelle que soit la situation à laquelle on se trouve confronté, on n'accède toujours qu'à une perception fragmentaire et subjective de cette réalité. En effet, l'individu n'est sensible qu'à certains aspects du réel, sélectionnés en fonction de ce qu'il peut ou souhaite percevoir. En ce sens, notre principal outil pour percevoir le monde extérieur est notre système sensoriel, les multiples informations captées étant ensuite interprétées par l'activité cérébrale qui rejette ou met en exergue certains de ces éléments.

Or ce traitement des données diffère notablement d'un individu à l'autre dans la mesure où les critères de sélection et d'interprétation s'appuient sur un ensemble de facteurs relevant du vécu de chacun. En ce sens, ce vécu personnel est fortement conditionné par l'éducation, les modèles sociaux et moraux (affectifs et sexuels par exemple) ainsi que par les valeurs privilégiées par la société et le milieu familial. Ce système d'*a priori* conditionne donc l'individu à percevoir le monde d'une certaine manière privilégiant ou bannissant certains comportements. Ainsi donc, nous pouvons affirmer que l'homme ne perçoit la réalité qu'à travers une grille de perceptions qui conditionne cependant son état de bien-être ou de mal-être face au monde qui l'entoure.

Sachant cela, il peut être intéressant d'agir consciemment sur ce processus de perception de manière à cultiver un état de mieux-être et d'harmonie intérieure. A ce titre, nous proposons à l'aspirant une ascèse consistant à positiver ses sens. Cette technique permet en quelque sorte de conditionner et d'harmoniser le système sensoriel afin qu'il ne soit plus influencé par les aspects négatifs, perturbateurs et destructeurs de l'environnement et qu'il soit au contraire plus sensible à ce qui est beau, bon et harmonieux. Cet exercice ne doit toutefois pas être considéré comme une fuite. En ce sens, il ne s'agit pas de nier les aspects négatifs du réel, mais d'en accentuer les aspects positifs. Les états de bien-être qui en découlent favorisent alors l'établissement d'une plus grande harmonie intérieure et d'une certaine jouissance de la vie, la jouissance étant toujours le signe certain d'une véritable évolution.

Sur un plan pratique, l'exercice porte sur l'évocation d'une expérience sensorielle. Aussi, après avoir choisi une expérience particulièrement heureuse, l'aspirant doit se relaxer et se détendre. Puis, il procéde à une courte méditation au cours de laquelle il évoque simplement l'image choisie, s'efforçant de ressentir profondément le bien-être qui lui est associé. Si l'aspirant choisit de faire un travail systématique sur l'ensemble des sens (il peut aussi le faire sur une seule image), il peut, par exemple, commencer par celui du toucher. Pour ce faire, il se remémorera simplement une sensation tactile ayant généré en lui un état de bien-être profond: une caresse, un contact agréable avec une étoffe de soie ou encore l'effet produit par l'eau ruisselant sur son corps. Quelle que soit cette sensation, il se concentrera ensuite sur cette expérience positive, en revivant intensivement les impressions de bien-être s'y rattachant. Il se sensibilisera ainsi aux futures expériences de même nature tout en désensibilisant sa conscience face aux expériences tactiles négatives qu'il pourrait être conduit à vivre. Par ce travail, il apprendra donc à mieux appréhender le monde matériel, à être mieux dans sa peau et à s'ouvrir plus facilement aux expériences engendrant chez lui un état de bien-être.

Ces méditations n'ont pas une durée fixe ou déterminée à l'avance. En effet, l'intérêt de la méditation et le bien-être que l'aspirant en retire détermine de manière pratique la durée de l'exercice. Ainsi, certains trouveront plaisir à méditer plus longtemps sur une sensation gustative alors que d'autres se concentreront davantage sur une sensation auditive. Il n'existe pas de règles générales, l'essentiel étant de bien ressentir pour chacune de ces méditations l'état de bien-être et d'harmonie correspondant. Si cet exercice est pratiqué régulièrement, le système sensoriel sera alors de plus en plus réceptif aux aspects positifs de l'environnement et la structure psychique de l'aspirant sera profondément harmonisée.

Pour illustrer cette transformation de la conscience, citons l'histoire ancienne du *guru* qui marchait sur la route accompagné de son *chela*. Après quelques heures de marche au cours desquelles le *guru* avait conservé un parfait silence, le *chela* s'exclama devant le cadavre d'un chien qui gisait près de la route dans un état de décomposition avancée. Ressentant un profond sentiment de dégoût, il exprima tout naturellement sa répulsion. Se tournant vers lui, le *guru*, quittant son état de silence, lui rétorqua: « Vois la blancheur de ses dents. En vérité, aucune perle n'est plus resplendissante. ». Cette attitude du *guru*, loin d'être une fuite de la réalité, montre, au contraire, comment il arrive à discerner dans une réalité apparemment négative, les aspects positifs qui s'y rattachent.

En pratiquant cet exercice de positivation, l'aspirant acquerra donc une capacité à ne pas se laisser conditionner négativement par l'environnement. A ce titre, pensons à l'influence des médias. Un véritable culte de la médiocrité et de l'horreur y est célébré quotidiennement. En effet, les thèmes privilégiés par les journalistes sont les guerres, les catastrophes, les famines, le chômage, les grèves, etc. Ecouter les informations au réveil ou au coucher (c'est-à-dire aux moments de la journée où nous sommes les plus réceptifs) programme donc déjà subtilement le psychisme, l'empoisonnant et le sensibilisant aux choses négatives. Ainsi, l'aspirant doit lutter contre ces influences en orientant sa conscience de manière à ne plus se laisser influencer par les aspects négatifs, et à se rendre, au contraire, plus sensible aux éléments positifs qui lui apportent la paix, l'équilibre et l'harmonie.

Or, en luttant contre ces influences néfastes, l'aspirant lutte en fait contre les puissances de ce monde qui, séparées de l'esprit, entretiennent un état de scission permanent à l'origine de toutes ces réalités négatives. Il importe donc de ne pas les valoriser sachant que là « où est ton trésor, là aussi est ton coeur. ».[57] Plus encore, tout ce négativisme développe également en nous une méfiance vis-à-vis de la dimension corporelle. Or il importe au contraire d'accroître notre con-

---

57- Matthieu VI, 21.

fiance et certains exercices en relation avec la pensée créatrice permettent en ce sens de saisir comment le bien-être, comme le mal-être, est le résultat de nos propres attitudes et de nos propres schémas intérieurs. Ces expériences permettent donc de vérifier concrètement comment les conditions extérieures ne sont pas étrangères à notre réalité intérieure. A ce titre, de nombreuses études récentes portant sur le pouvoir de la pensée ont mis cette vérité en exergue. On se souviendra par exemple de la mission Appollo 13. En effet, cette mission fut la seule qui, devant alunir, échoua. Le chiffre 13 était-il malchanceux ? Certes non, mais des millions d'Américains le pensaient et l'énergie dégagée par ces pensées influença très certainement la destinée de cette mission spatiale.

Que l'aspirant se mette donc à l'écoute du rapport existant entre son attitude intérieure et ce qui se présente à lui extérieurement. Il constatera combien les circonstances favorables se mettent tout naturellement en place s'il sait les nourrir intérieurement. Il comprendra dès lors que la matière qu'il croyait indépendante répond à ce qu'il est. « Vous ne possédez pas parce que vous ne demandez pas » affirme à ce titre l'apôtre Jacques.[58]

LES GLANDES SURRENALES

Au niveau du système endocrinien, le chakra racine correspond aux glandes surrénales.[59] En abordant l'étude de ces glandes, nous découvrirons donc des aspects pertinents à

58- Jacques IV, 2.
59- Bien que plusieurs auteurs associent les glandes sexuelles au chakra racine, nous maintenons notre correspondance entre le chakra racine et les glandes surrénales.

propos du chakra racine. Situées juste au-dessus des reins, elles sont formées de deux substances associées anatomiquement mais dont l'origine et la fonction sont différentes: la corticosurrénale (constituant la partie externe de la glande) et la médullosurrénale (formant la partie centrale de la glande).

Les corticosurrénales sécrètent un certain nombre de substances indispensables à la vie. Elles peuvent être regroupées en trois grandes catégories: les hormones glucocorticoïdes, les hormones minéralocorticoïdes ainsi que les androgènes et les oestrogènes surrénaliens. En ce qui concerne les glucocorticoïdes, leur principale fonction consiste à maintenir la température corporelle par leur action au niveau de la gluconéogénèse hépatique et du métabolisme des tissus adipeux. Parmi les hormones glucocorticoïdes, mentionnons à titre d'exemple le cortisol qui joue un rôle très important dans la régulation des grandes fonctions de l'organisme. En effet, il agit sur le métabolisme des protides en favorisant le catabolisme protéique (la décomposition des protéines) libérant ainsi des acides aminés qui seront convertis en glucose. Il favorise donc indirectement la gluconéogénèse hépatique, c'est-à-dire la conversion des glycérides et des acides aminés en glucose.[60]

Or son rôle catabolique au niveau des protéines évoque symboliquement le travail consistant à extraire du plan matériel les ressources dont il est porteur. En effet, cette décomposition des protéines est essentielle dans le processus permettant aux énergies contenues dans les aliments d'être assimilées et de pouvoir ainsi être utilisées. De même, le corti-

60- Celui-ci pourra être stocké dans le foie sous l'action hypoglycémiante de l'insuline (le cortisol ayant un effet hyperglycémiant). Nous étudierons cette question dans notre analyse portant sur le chakra solaire.

sol agit également sur le métabolisme des lipides. Cette action évoque à nouveau l'exploitation optimale des ressources dont la matière alimentaire est porteuse. Plus encore, son rôle hyperglycémiant (c'est-à-dire libérateur d'énergie) rappelle éloquemment le symbolisme de la couleur rouge, une couleur exothermique émettrice de chaleur et de force.

Quant aux hormones minéralocorticoïdes, citons l'exemple de l'aldostérone qui joue également, par un mécanisme encore inconnu vers la fin des années 80, un rôle certain dans la thermorégulation. Cette hormone provoque aussi la réabsorption du sodium et l'excrétion urinaire du potassium. Enfin elle joue un rôle important dans l'équilibre acido-basique. Or, sur un plan symbolique, cet équilibre rappelle l'importance de s'extérioriser sur le plan terrestre sans pour autant renier sa dimension intérieure. En effet, le caractère acide est symboliquement associé à la dimension masculine (extériorisante) alors que le caractère basique est relié à la dimension féminine (valorisant l'aspect intérieur des choses).[61]

Enfin, les androgènes surrénaliens ont un taux de sécrétion tellement faible qu'ils ont un effet physiologique infime bien qu'ils interviennent possiblement dans la pousse des poils pubiens et axillaires chez la jeune fille pubère par exemple. Toutefois, un développement exagéré (hyperplasie) des glandes surrénales se traduit parfois par des signes d'hyperandrogénie (développement exagéré des caractères sexuels mâles secondaires). Cette constatation est intéressante puis-

---

61- Soulignons pour illustrer cette correspondance que, d'un point de vue chimique, le spermatozoïde est acide et l'ovule basique. Or le spermatozoïde est particulièrement représentatif, comme nous le verrons dans notre étude sur le chakra sacré, de la dimension masculine. Par analogie, il évoque donc la dimension extérieure, émissive et active de l'homme. L'ovule, quant à lui, est directement associé à la dimension féminine et aux réalités intérieures, réceptives et passives de l'être.

qu'elle met encore une fois en exergue une dimension caractéristique du chakra racine. En effet, le chakra racine est le lieu d'enracinement de la dimension extériorisante de l'être associée à la couleur rouge, en tant que couleur exothermique et centrifuge. Le rapport entre l'hyperandrogénie et le développement de cette pulsion extériorisante est donc évident.

En ce qui concerne les médullosurrénales, leur lien avec le chakra racine est encore plus marqué. En effet, elles sécrètent essentiellement l'adrénaline (épinéphrine) et la noradrénaline (norépinéphrine). Libérées dans l'organisme en réponse à une sensation d'agression (un stress violent, une émotion comme la peur ou une excitation), elles accélèrent alors le rythme cardiaque et augmentent la force de contraction du coeur, favorisant ainsi la respiration et la circulation sanguine. Ces hormones favorisent également la contraction des vaisseaux sanguins de l'intestin, des reins et du foie et la dilatation des vaisseaux reliés aux muscles squelettiques. Il en résulte un apport plus grand de sang aux muscles actifs et au cerveau au détriment des organes internes. Ces hormones prédisposent donc le corps à réagir promptement. Pour cette raison, les médullosurrénales sont directement reliées à la combativité (réaction face à l'agression) mise en exergue dans notre étude sur le chakra racine.

Les anciens avaient même surnommé les surrénales « glandes du combat ou de la fuite ». Ainsi, le Dr Onslow H. Wilson rapporte: « Plusieurs études ont montré que la taille de la cortico-surrénale semble varier directement avec la combativité, ou l'affirmation de soi, d'un animal. Ainsi, chez des animaux qui chargent et qui combattent comme le lion et le tigre, la cortico-surrénale est très importante. D'un autre côté, des animaux timides et fuyants comme le lapin, sont remarquables par l'étroitesse de leur corticale. Cette relation entre la taille de la corticale et l'aspect d'affirmation de soi du comportement animal est largement démontrée par le fait que les animaux sauvages d'une classe animale donnée, ont des corticosurrénales plus larges que leurs frères domestiques. ».[62]

Considérant leur fonction hormonale, il en résulte qu'un bon fonctionnement des glandes surrénales amène le sujet à s'engager dans l'action avec un dynamisme important (fougue, entrain et allant). Il dispose ainsi des outils nécessaires pour bien remplir les enjeux du chakra racine consistant à s'incarner sur le plan terrestre et à s'y investir pleinement. Toutefois, dans le cas d'un hyperfonctionnement des surrénales, le sujet aura parfois tendance à surexploiter les ressources de son organisme au risque de s'exposer à l'épuisement le plus extrême. Cette attitude à se dépenser sans compter et sans savoir respecter ses limites peut même dégénérer en une véritable dureté envers lui-même comme envers les autres. Nous retrouvons ici encore l'une des dimensions maléficiées du chakra racine: la surexploitation des ressources.

Par contre, un hypofonctionnement des glandes surrénales se caractérise principalement par une faiblesse chronique et une grande fatigabilité accompagnées de douleurs musculaires et d'une perte de poids. Ces symptômes ne sont pas sans évoquer le refus de participer de manière active à la vie, une attitude associée au disfonctionnement du chakra racine (passivité et immobilisme). Sur un plan psychologique, on notera bien évidemment une tendance à se sentir toujours épuisé (fatigue chronique et état léthargique constant). L'individu supportera donc difficilement de travailler sous pression et s'il s'y sent contraint, il pourra manifester une grande irritabilité et une certaine agressivité (autant d'attitudes propres à un disfonctionnement du chakra racine).

62- Dr Onslow H. Wilson, *Les Glandes, Miroir du moi*, Editions rosicruciennes, Villeneuve Saint-Georges, 1987.

TROISIEME SECTION

EVEIL ET HARMONISATION DU CHAKRA RACINE

TROISIEME SECTION
EVEIL ET HARMONISATION DU CHAKRA RACINE

I- DANS L'INITIATION ECCLESIASTIQUE: L'ORDRE DE PORTIER

Au niveau de la tradition sacerdotale catholique, le travail sur le chakra racine correspond au grade de portier (l'ostiariat). Aussi, le Pontifical Romain rapporte qu'au cours de cette ordination, les candidats ayant revêtu le surplis et portant un cierge à la main se mettent à genoux devant l'évêque qui leur adresse la monition suivante:

« Vous allez recevoir, mes très chers fils, l'Ordre de Portier. Considérez quel sera votre office dans la maison de Dieu. C'est au portier à sonner les cloches, à ouvrir l'église et la sacristie et à tenir le livre ouvert devant celui qui prêche. Vous devrez donc veiller à ce que rien de ce que renferme l'église ne se détériore par votre négligence et être attentifs à ouvrir aux heures convenues la maison de Dieu aux fidèles et à la tenir toujours fermée aux infidèles. De même qu'avec les clefs matérielles vous ouvrirez et fermerez l'église visible, de même vous vous appliquerez à fermer au démon et à ouvrir à Dieu par vos paroles et vos exemples les temples invisibles, c'est-à-dire les coeurs des fidèles, afin qu'ils retiennent et pratiquent les divines paroles qu'ils entendront: c'est ce que je prie le Seigneur d'accomplir en vous par sa miséricorde. ».[63]

63- *Cérémonial des ordinations (extrait du Pontifical Romain) à l'usage des Ordinands et des Fidèles*, Société S. Jean l'Evangéliste, Desclée, Lefebvre et Cie, Tournay

Suite à cette première monition, l'évêque présente ensuite aux nouveaux portiers les clefs de l'église qu'ils touchent alors de la main droite, alors qu'il dit: « Agissez comme devant rendre compte à Dieu de tout ce qui est renfermé sous ces clefs. ». [64] Puis l'archidiacre les conduit à la porte de l'église et leur fait alors ouvrir et fermer cette porte, les invitant ensuite à saisir la corde des cloches et à les faire sonner. Après cela, les ordinands sont reconduits devant l'évêque et s'agenouillent devant lui.

Enfin, debout et mîtré, l'évêque se tourne vers les nouveaux portiers et fait cette prière: « Mes très chers frères, supplions instamment Dieu le Père tout-puissant de bénir ses serviteurs ici présents, qu'il a daigné choisir pour remplir dans son église l'office de Portier, afin qu'ils soient les très fidèles gardiens de la maison de Dieu et que, soit le jour, soit la nuit, ils aient soin d'appeler le peuple aux heures marquées pour invoquer le nom du Seigneur; par l'assistance de Jésus-Christ Notre Seigneur, qui vit et règne éternellement avec Dieu le Père dans l'unité du Saint-Esprit. Amen. ». [65]

A la lecture de ce texte, nous constatons avec admiration la manière dont ce rituel intègre les facettes et les enjeux du chakra racine. En effet, nous avons vu précédemment que l'éveil de ce chakra implique essentiellement une prise de conscience de la dimension physique et de son importance comme reflet de l'esprit. Or, c'est précisément ce à quoi l'évêque invite le candidat. En ce sens, il lui confie la tâche de conserver le mobilier sacré: « Vous devez donc veiller à ce que

---

64- *Cérémonial des ordinations (extrait du Pontifical Romain) à l'usage des Ordinands et des Fidèles*, Société S. Jean l'Evangéliste, Desclée, Lefebvre et Cie, Tournay

65- *Cérémonial des ordinations (extrait du Pontifical Romain) à l'usage des Ordinands et des Fidèles*, Société S. Jean l'Evangéliste, Desclée, Lefebvre et Cie, Tournay

rien ne se détériore par votre négligence. ». Or « conserver le mobilier sacré » fait explicitement référence à l'attitude consistant à s'investir dans la matière avec un profond respect de ce qu'elle représente en tant que projection extérieure de l'esprit. Plus encore, si l'expression « conserver le mobilier sacré » doit être d'abord compris au sens propre (se faire gardien des biens de l'église), il désigne aussi au niveau symbolique le corps dont le portier dispose et dont il doit apprendre à préserver le caractère sacré s'il veut que son incarnation soit harmonieuse (le principal enjeu du chakra racine). Ainsi, le portier devra s'astreindre à une hygiène de vie convenable.

Outre cette première fonction, le portier doit également sonner les cloches: « C'est au portier de sonner les cloches » précise l'évêque. Or nous savons que le processus d'incarnation est directement associé au son. Ainsi, l'Eglise sonnait autrefois le glas pour annoncer un décès et pour faciliter la transition de cette âme des plans plus denses de l'incarnation vers les mondes plus subtils. De même, les cloches sonnaient pour célébrer la naissance d'un nouveau-né. Le son symbolisait alors le passage des plans supérieurs vers le monde d'en bas: il était pour ainsi dire un support d'incarnation. En ce sens, les cloches étaient également utilisées lors du baptême pour signifier cette fois qu'un lien étroit était établi entre l'esprit (le Père) et le corps (le Fils). Aussi, le fait de sonner les cloches indique que le portier doit, non seulement respecter son corps, mais également apprendre à incarner pleinement sa conscience afin de ne pas être déconnecté du plan matériel (pathologie associée au blocage du chakra racine).

Enfin, le fait d'être « attentif à ouvrir aux heures convenues la maison de Dieu aux fidèles et à la tenir toujours fermée aux infidèles » rappelle à nouveau au portier la nécessité d'apprendre à respecter convenablement son corps. En effet, l'église, comme temple de Dieu (temple de l'esprit), évoque symboliquement la dimension corporelle de l'homme. Les fidèles représentent, quant à eux, les éléments positifs, sains et utiles servant à sustenter et à conserver le corps en bon état. Dans le même ordre d'idées, les infidèles symbolisent évidemment tous les éléments négatifs, nuisibles et dangereux (impurs) susceptibles de détériorer ou de dégrader le corps. Par ailleurs, cette importance d'ouvrir et de fermer l'église aux heures convenues fait aussi référence au temps, une dimension particulièrement problématique de l'incarnation. Ainsi, ce texte insiste de manière explicite sur la nécessité de savoir intégrer correctement les limites du plan matériel (le monde de l'espace et du temps). Ajoutons en outre que cette notion fait également référence à la persévérance, à l'endurance et à la constance que le portier devra développer.

II- DANS LA DEMARCHE HERMETIQUE

Du point de vue hermétique, nous avons dit que le chakra racine est le premier centre de la triade inférieure responsable de la constitution du moi personnel. Il permet donc à l'individu de découvrir son identité en prenant pleinement conscience de son corps et de ce qu'il représente comme foyer d'expression de l'esprit.

Pour favoriser cette prise de conscience, nous avons mis au point une démarche précise consistant d'abord à se sensibiliser aux énergies du chakra par une méditation alternée. Ensuite, un exercice de marche initiatique permet d'agir directement sur ce centre en contribuant à son éveil et à son harmonisation. Voici donc ces deux étapes plus clairement explicitées.

A) MEDITATION DE SENSIBILISATION ET D'HARMONISATION DU CHAKRA RACINE

Tel que précisé précédemment, nous suggérons à l'aspirant de procéder dans un premier temps à une méditation alternée en vue de se sensibiliser aux réalités associées au chakra racine et d'amorcer ainsi un premier travail d'harmonisation de ce centre. La technique de méditation alternée a été clairement définie dans notre introduction générale. Nous avons précisé à ce moment qu'une huile essentielle était particulièrement susceptible de favoriser ce travail. Il s'agit dans le cas du chakra racine de l'huile de Clou de girofle (*Eugenia caryophyllata)*. Quant aux supports musicaux privilégiés, il s'agit du *Sacre du Printemps* de Stravinsky et de la *Première symphonie* (op. 68) de Brahms. Voyons donc plus précisément en quoi consistent ces supports.

L'HUILE ESSENTIELLE DE CLOU DE GIROFLE *Eugenia caryophyllata*

Nous avons choisi parmi les huiles essentielles susceptibles d'agir au niveau du chakra racine une huile extraite du clou de girofle. A ce titre, elle provient des clous de girofles (qui sont les boutons desséchés des fleurs du giroflier) et non des feuilles ou des griffes. Or, pour bien saisir les effets subtils de cette essence, il importe dans un premier temps de mieux connaître les particularités de la plante correspondante. Il s'agit donc du giroflier, un arbre exotique de grande taille originaire d'Indonésie et appartenant à la famille des myrtacées.

Avant d'étudier plus précisément quelques caractéristiques de la plante, notons d'abord que sa dénomination latine, *Eugenia caryophyllata,* est déjà éloquente puisque le terme *Eugenia* signifie littéralement « bonne naissance ». En effet *eu* se traduit par « bon » et *genia* dérive du terme *genesis* signifiant « naissance ». Mis en rapport avec le chakra racine, l'expression « bonne naissance » n'est pas sans rappeler le fait que ce chakra est associé à l'incarnation dans le monde matériel (les hermétistes le considèrent comme une porte par laquelle l'esprit passe des mondes infinis au monde de la finitude et du créé). Or l'essence d'*Eugenia caryophyllata* est, conformément à sa dénomination, particulièrement propice à l'harmonisation du chakra racine dans sa fonction de favoriser la naissance. En effet, elle facilite l'incarnation et les prises de conscience nécessaires pour établir un contact harmonieux avec la dimension physique.

Sur un autre plan, il est remarquable de constater que sainte Eugénie, qui vécut aux premiers siècles de l'ère chrétienne, est fêtée dans la liturgie traditionnelle le 25 décembre. Or ce jour est déjà particulièrement significatif puisqu'il correspond à la naissance du Christ, c'est-à-dire à la manifestation de l'esprit dans le monde d'en bas. Mais plus encore, la passion de sainte Eugénie (qui a connu un grand succès littéraire à partir du cinquième siècle) nous apprend que celle-ci, très belle et très pure, dut se faire passer pour un homme afin de rentrer au monastère. Quand trois ans plus tard l'abbé mourut, les hagiographes rajoutent que les moines élirent à l'unanimité Eugénie pour lui succéder sans se douter qu'elle était une femme. Sur le plan symbolique, cette anecdocte est intéressante car elle illustre le processus d'incarnation par lequel l'individu passe d'une conscience féminine, c'est-à-dire axée sur un mode d'intériorisation (associé au monde spirituel) à une conscience masculine ayant une tendance naturelle à l'extériorisation (associée au monde matériel). L'association entre le caractère mâle et l'incarnation a d'ailleurs été largement explicitée. Ce récit nous indique donc comment le chakra racine implique une réorientation de la conscience et une valorisation de la dimension extérieure.

A ce titre, en observant l'apparence du clou de girofle lui-même, nous constatons qu'il ressemble étonnament à la tête d'un enfant sortant du ventre de sa mère. Ceci confirme d'une certaine manière le lien étroit existant entre cette essence et le processus de naissance, c'est-à-dire d'incarnation. En effet, la théorie des signatures nous apprend que l'apparence extérieure révèle toujours les vertus cachées d'une chose. Dans son *De signatura rerum*, Jakob Böhme écrivit à ce propos: « Et il n'existe dans la nature aucun objet, créé ou engendré, qui ne manifeste sa forme intérieure également par son aspect extérieur, car l'intérieur tend toujours à se manifester; c'est ainsi que la puissance et la forme nous permettent de voir comment l'être éternel, donnant corps à son désir, s'est manifesté dans une image, et comment il nous apparaît sous toutes les formes diverses que nous pouvons voir et reconnaître: astres et éléments, créatures, arbres et plantes. C'est pourquoi la signature contient la raison la plus parfaite ».

Or, plus encore que l'analogie entre la tête de l'enfant et l'apparence du clou de girofle, la fleur du giroflier est également révélatrice de son essence. En effet, elle est constituée de quatre sépales rouges et de quatre pétales blancs. Nous pouvons déjà en déduire que les vertus de cette plante (particulièrement mises en exergue dans sa fleur) sont associées à la vibration du nombre 4 (étroitement liée au chakra racine). En ce sens, nous avons vu précédemment que ce nombre est essentiellement celui de l'incarnation (les quatre éléments constituant le plan matériel, les quatre points cardinaux, les quatre saisons, ...). Aussi, l'essence de la fleur du giroflier favorisera très certainement une prise de conscience de la dimension corporelle et de l'importance qu'elle occupe dans la constitution de l'être. La couleur rouge des sépales, couleur de l'incarnation, confirme éloquemment cette affirmation.

Plus encore, le fait que quatre sépales rouges entourent quatre pétales blancs est également très significatif, En effet, si la couleur rouge est celle de l'incarnation, la couleur blanche est celle de l'esprit pleinement manifesté. Ainsi, par exemple, de nombreuses religions considérèrent les oiseaux au plumage blanc comme d'illustres représentants de la divinité (la religion chrétienne n'y fait pas exception en désignant la colombe comme l'emblème du Saint-Esprit). Aussi, cette juxtaposition du rouge et du blanc ne rappelle-t-elle pas le symbolisme incarné par Eugénie elle-même, c'est-à-dire le processus d'incarnation par lequel l'individu réoriente progressivement sa conscience des mondes intérieurs, ceux de l'esprit (symbolisés par les pétales blancs) vers le monde extérieur, le plan terrestre (symbolisé par les sépales rouges). La fleur du giroflier évoque alors clairement la manifestation de l'esprit (symbolisé par le blanc) dans son écrin de chair (évoqué par les sépales rouges).

Ainsi donc, l'huile essentielle de clou de girofle, en conformité avec la théorie des signatures, exerce sur la conscience une influence favorisant son incarnation et son harmonisation au monde matériel. Elle permet en cela une bonne naissance, c'est-à-dire une ouverture de la conscience aux réalités matérielles (symbolisées par la dimension masculine) sans rupture avec le plan intérieur (représenté par la dimension féminine).

LE *SACRE DU PRINTEMPS* D'IGOR STRAVINSKI

Le choix de cette première oeuvre destinée à travailler sur le chakra racine nous a semblé tout évident.

D'abord parce que l'oeuvre de Stravinski est profondément marquée par l'étonnante faculté du compositeur à suggérer dans sa musique le mouvement du corps. Cette faculté est d'ailleurs particulièrement mise en exergue dans ses oeuvres pour les ballets russes dont *Le Sacre du Printemps* fait partie. Cette particularité est donc un élément en faveur du choix de cette oeuvre, le corps étant en quelque sorte incité à se placer dans la mouvance de l'esprit. Par ailleurs, à propos du *Sacre du Printemps*, Stravinsky affirme qu'il a voulu à travers cette oeuvre se mettre à la recherche du primitif et du sacré. Suscitant une émeute le soir de la première, il fut cependant rapidement considéré comme l'un des plus grands chefs d'oeuvre du vingtième siècle. Or la queste menée dans cette oeuvre par Stravinsky est particulièrement représentative des grands enjeux initiatiques du chakra racine.

A propos de la genèse de cette oeuvre, on rapporte que Stravinski eut en 1910 une vision soudaine: « Je vis un rite païen solennel: de vieux sages, assis en cercle, observant la danse de mort d'une jeune fille. Ils la sacrifiaient pour se rendre propice le dieu du printemps. ». Cette seule vision, admirablement incarnée dans l'oeuvre musicale, est déjà profondément significative sur un plan symbolique. En effet, les vieux sages évoquent ceux qui, pleinement incarnés (ils subissent l'assaut du temps) demeurent en contact avec la dimension intérieure et spirituelle (ils sont sages). A ce titre, ceux qu'on appelle les maîtres spirituels sont généralement représentés sous la forme archétypale du vieux sage.

Quant à l'image du cercle, elle est aussi fort importante. En effet, elle évoque clairement une réalité matricielle puisque, nous l'avons vu, le cercle est l'image de la matière qui donne naissance à l'être. En ce sens, toute réalité incarnée tire son origine d'un point unique (l'esprit) dont le cercle n'est que le développement ou la manifestation. C'est sans doute ce qu'Angelus Silesius évoque lorsqu'il affirme que « le point a contenu le cercle ». Ainsi donc, positionnés en cercle, les vieux sages évoquent l'idée d'une naissance où l'esprit se faisant chair conserve cependant une certaine adéquation avec son essence première.

Pour ce faire, les vieux sages doivent cependant sacrifier une jeune fille et se rendre ainsi propices au dieu du printemps. Cette jeune fille est bien évidemment un symbole de la virginité et représente la conscience qui ne s'est pas encore extériorisée. N'ayant pas connu d'homme (symbole de la pulsion extériorisante), la jeune fille illustre en effet l'état de celui qui ne s'est pas incarné dans le monde extérieur et dont la conscience demeure exclusivement spirituelle. Cette jeune fille n'est pas sans évoquer la Belle au bois dormant qui fut également condamnée à mourir à l'âge de quinze ans. Dans ce conte, la princesse symbolise la conscience qui, polarisée sur le mode de l'intériorisation (pôle féminin), perçoit le monde sous l'éclairage de l'esprit. En ce sens, elle est fille du roi (l'esprit) et demeure au château (elle est entièrement soumise à sa volonté). Toutefois, se piquant le doigt à un fuseau (symbole du temps et conséquemment du monde terrestre) elle sombre dans un profond sommeil (l'état de l'homme incarné dont la conscience vis-à-vis des réalités de l'esprit s'est évanouie).

C'est ce qu'illustre ici le sacrifice d'une jeune fille représentant en quelque sorte le processus d'incarnation (l'enjeu majeur du chakra racine) par lequel l'homme en tant qu'esprit cesse de focaliser sa conscience sur les mondes intérieurs pour s'ancrer dans le monde extérieur (le plan terrestre) et s'y manifester pleinement. Il se rend ainsi propice au dieu du printemps qui évoque évidemment la naissance. En effet, à l'arrivée du printemps, la nature connaît une véritable éclosion et une extraordinaire effusion de vie. Alors qu'elle semblait morte, elle revit maintenant et s'extériorise pleinement: le bourgeon replié sur lui-même s'entrouvre pour laisser une jeune feuille se déployer, la graine éclate littéralement pour libérer une plantule, les oiseaux cherchent à nicher...

Ainsi donc, le *Sacre du Printemps* représente le processus même de l'incarnation. L'interprétation qu'en fit Nijinsky avec la danse des ours est d'ailleurs une partie de son ballet particulièrement explicite en ce sens. En effet, tout comme l'éléphant auquel il s'apparente étroitement sur le plan symbolique, l'ours évoque l'expérience de l'incarnation dans le monde terrestre. En outre, s'éveillant au printemps pour s'activer tout l'été et sombrant progressivement dans un engourdissement à partir de l'automne pour enfin s'endormir profondément pendant tout l'hiver, l'ours a su mettre en adéquation parfaite son cycle vital avec celui de la terre.

Fort de cette vision, Stravinsky écrivit donc cette oeuvre en l'explicitant musicalement. Elle comporte pour ce faire deux grandes sections: *L'Adoration de la terre* et *Le Sacrifice*. La première correspond davantage à une exploration du monde extérieur comme l'évoquent éloquemment les morceaux qui la composent: *Les augures printaniers, Adoration de la Terre*, *Danse de la Terre* par exemple. La seconde insiste, quant à elle, sur la nécessité du sacrifice au sens où nous l'avons défini. L'élue est alors choisie et l'action rituelle des ancêtres devient possible. C'est bien une fois encore l'enjeu majeur du chakra racine que rappelle du reste le symbolisme de Bala Brahma habitant l'immense forêt et tenant les quatre *vedas* entre ses mains. La danse sacrale qui termine l'oeuvre incarne alors admirablement l'état de conscience qui anime celui dont le chakra racine est pleinement épanoui, cultivant désormais un rapport sacré avec la matière.

Nous invitons donc l'aspirant à utiliser cette oeuvre comme support de méditation. Toutefois, sa densité, les superpositions nombreuses ainsi que les rythmes soutenus et incessants en font une oeuvre parfois difficile d'approche. Une fois apprivoisée, elle permet cependant une investigation étonnante des zones les plus profondes et les plus archaïques du moi. En ce sens, il s'agit véritablement d'un hymne à la dimension corporelle et l'audition de cette oeuvre, pour être opérative, doit être faite dans un profond lâcher-prise, l'aspirant se laissant imprégner successivement du mystère, de la déroute, de la joie et du désarroi.

LA *PREMIERE SYMPHONIE (OPUS 68)* DE JOHANNES BRAHMS

Parmi les oeuvres symphoniques susceptibles d'éveiller et d'harmoniser le chakra racine, nous avons choisi la *Première symphonie* de Johannes Brahms (1833-1897) qui, à notre avis, représente fort bien l'enjeu de ce chakra. En effet, les profondes tensions et les grands moments de joie qui se dégagent de cette oeuvre nous invitent à une prise de conscience des réalités les plus ontologiques de l'existence. Composée en ut mineur, elle est en outre directement associée à la tonalité du chakra, affermissant ainsi son effet sur les dimensions lui correspondant.

A propos de cette oeuvre, précisons que Brahms entreprit de l'écrire au milieu des années 1850. Elle ne fut cependant achevée qu'en 1876 et elle fut créée le 4 novembre de la même année sous la direction de Félix Otto Dessoff. Certains biographes voient dans cette longue période d'écriture le fait que Brahms, conscient de la responsabilité qui lui incombait, a ainsi cherché à donner une certaine maturité à son oeuvre (il avait quarante ans révolus lorsqu'il assuma la responsabilité de cette première oeuvre symphonique). Héritier de Beethoven, on a parfois prétendu que sa première symphonie était la dixième du célèbre compositeur.

Avant de présenter plus exhaustivement cette oeuvre, rappelons que chacun des mouvements d'une oeuvre symphonique (du moins sous sa forme classique) correspond aux quatre grandes phases régissant l'existence (le tétragramme sacré). Aussi, en travaillant le chakra racine, l'aspirant utilisera le premier mouvement pour favoriser une prise de conscience de l'enjeu de ce chakra. Le second sera particulièrement approprié pour mieux intégrer cet enjeu. Le troisième facilitera un rayonnement des acquis en résultant alors que le quatrième préparera la conscience à de nouvelles expériences en transformant progressivement ces acquis.

Le premier mouvement
Poco Sostenuto. Allegro

Le premier mouvement est remarquable par sa teneur conflictuelle. En effet, il s'ouvre sur une affirmation de soi qu'on pourrait identifier à une prise de conscience du moi personnel. Dès le début, le mouvement est alors marqué par les timbales et ceci est éloquent puisque ces instruments « à percussion » possèdent une tonique planétaire lunaire. Or, la Lune est l'archétype de toute coagulation et elle préside à la naissance de toute réalité. Ce mouvement s'ouvre donc sur l'incarnation elle-même rapidement suivie d'une insécurité qui s'installe peu à peu, alternant heureusement avec certaines périodes plus rassurantes.

En ce sens, cette affirmation est immédiatement suivie d'un sentiment de tension et de conflit qui se transforme peu à peu en une véritable angoisse qui envahira tout le mouvement. Or cette angoisse n'est pas sans rappeler la sensation éprouvée au moment de la naissance. En effet, nous savons qu'à ce moment, le nouveau-né est violemment projeté dans le monde extérieur qui lui apparaît dès lors comme foncièrement hostile. Agressé par une lumière vive, une certaine fraîcheur ambiante et les gestes brusques du médecin, l'enfant est alors étreint d'une grande angoisse.

Or cette angoisse est similaire à celle qu'éprouve l'individu dont le chakra racine n'est pas harmonieusement éveillé. En effet, nous avons vu précédemment que dans un tel cas, le sujet se heurte à l'apparente finitude du monde terrestre (dont il ne perçoit que la dimension extérieure dissociée de sa dimension intérieure). Il cultive alors l'impression que ce monde l'emprisonne dans une forme établie et le limite affreusement, le rendant en outre profondément vulnérable aux conditions qui l'entourent.

Ce mouvement nous permet donc de bien conscientiser l'acte d'incarnation et les difficultés qui s'y rapportent tout en apprenant à gérer, sans l'éliminer, l'angoisse et les tensions qui en découlent. L'impression d'angoisse entrecoupée de moments plus calmes qui découle de l'audition de ce mouvement nous illustre donc admirablement le climat même de l'existence.

Le second mouvement
Andante sostenuto

Après une certaine aridité sonore, le second mouvement, en mi majeur, est marqué cette fois par une instrumentation plus chaude et raffinée (violon, hautbois et clarinette). Or, sur un plan symbolique, le violon incarne mieux que tout autre instrument les divers états émotionnels. En effet, il possède une tonique planétaire vénusienne et Vénus est porteuse de grâce, de délicatesse, d'équilibre, d'émotion et de sensibilité. Quant au hautbois et à la clarinette, ils ont une tonique planétaire mercurienne et ajoutent en conséquence à l'émotion (incarnée par le violon) des moments de réflexion (Mercure étant la planète de l'intellect).[66]

Ici, l'angoisse conflictuelle semble donc se résorber quelque peu grâce à un processus plus sensuel d'intériorisation. Porté par les violons, ce mouvement permet, après l'extériorisation brutale du premier mouvement, de renouer contact avec l'intérieur et de se remettre en présence de la dimension profonde de l'être, à la fois matricielle et rassurante. C'est pourquoi nous suggérons à l'aspirant de travailler ce second mouvement pour mieux intégrer les enjeux associés au chakra racine.

En effet, ce mouvement plus lent favorise le développement d'un état de calme.[67] Par ses longues lignes mélodiques, il invite en outre à se laisser porter. Certes, les cordes nous rappellent qu'une certaine angoisse est toujours là, mais les vents rassurent et réconfortent par leurs mélodies. Les tensions et les angoisses s'estompent donc quelque peu, en étant mieux maîtrisées.

66- Pour ce rapport établi entre les instruments et les planètes, voir l'ouvrage du même auteur, *Eveil de la conscience par la musique*, Editions de l'Aigle, Sherbrooke, 1994.

67- Brahms a conservé en seconde place le mouvement lent alors que les Romantiques le mettent volontiers à la troisième position.

Le troisième mouvement
Un poco allegretto e grazioso

Quant au troisième mouvement, il s'agit d'une page plus animée bien que tout aussi sereine. En analysant ce mouvement, A. Lischké précise: « Le climat d'ensemble rapprocherait ce mouvement d'une pastorale dépourvue de toute rusticité, au profit d'une joie calme, candide et quasi religieuse ». Or il s'agit là des sentiments profonds découlant de l'éveil du chakra racine. En ce sens, les bois nous installent dans une joie résultant d'une certaine maîtrise de l'angoisse. Les cordes, quant à elles, nous apportent la mouvance qui nous inscrit dans une sorte de danse joyeuse célébrant la dimension corporelle.

En effet la danse est un art privilégié valorisant pleinement le corps en lui permettant d'exprimer les pulsions intérieures qui l'animent. Ainsi, dans la tradition judéo-chrétienne, le second livre de Samuel rapporte que David et les siens dansèrent devant l'arche d'alliance: « On chargea l'arche de Dieu sur un chariot neuf et on l'emporta de la maison d'Abinadab, qui est sur la colline. Uzza et Ahyo, les fils d'Abinadab, conduisaient le chariot. Uzza marchait à côté de l'arche de Dieu et Ahyo marchait devant elle. David et toute la maison d'Israël dansaient devant Yahvé de toutes leurs forces, en chantant au son des cythares, des harpes, des tambourins, des sistres et des cymbales. ».[68] Cette danse de David célèbre en quelque sorte l'alliance conclue entre Dieu et son peuple. Sur un plan symbolique, elle correspond à l'union entre la nature divine (l'esprit) et la nature humaine (le corps) faisant de cette dernière un temple sacré pour la divinité (la dimension intérieure).

---

68 - 2 Samuel VI, 3-5.

Le quatrième mouvement
Adagio. Più Andante. Allegro non troppo ma con brio. Più Allegro

Enfin, le quatrième mouvement nous fait passer d'un mode en ut mineur à un mode en ut majeur. « On assiste là, affirme Lischké, à l'aboutissement de conflits progressivement résolus depuis le premier mouvement, - aboutissement salué ici par un hymne de reconnaissance. ». En effet, le début lent de ce mouvement nous prépare à une partie plus ample qui introduit cet hymne correspondant en quelque sorte à une affirmation plus ferme de l'identité profonde. C'est comme si cette symphonie favorisait une exploration du moi personnel trouvant ici son achèvement plénier dans la découverte du soi profond. C'est évidemment l'amorce d'une nouvelle étape qui sera particulièrement mise en exergue dans notre étude du prochain chakra.

Ce quatrième mouvement met d'ailleurs en relief un certain combat intérieur puisque la musique nous propose des moments de tranquillité qui ne sont jamais permanents.

B) LA MARCHE INITIATIQUE CORRESPONDANT AU CHAKRA RACINE

Nous proposons à l'aspirant qui a déjà amorcé avec les supports précédents un travail d'harmonisation du chakra racine de poursuivre en ce sens avec un exercice initiatique fort efficace utilisant la marche comme outil de méditation active et d'éveil au niveau de la conscience. En effet, chacun des chakras est associé à une marche bien précise. En ce qui concerne le chakra racine, il s'agit de la « marche de la constitution du moi ». Plus précisément encore, ce chakra correspond au premier mouvement de cette marche consistant à faire un pas devant l'autre. Ce geste apparemment banal est pourtant hautement significatif comme nous le verrons. Toutefois, pour qu'il soit porteur de cette profonde signification, il doit impérativement être associé à une « mouvance intérieure », c'est-à-dire à une intention précise.

En levant le pied, l'aspirant formulera donc l'intention de quitter son état d'ignorance actuel pour se mettre en marche vers un nouvel état, c'est-à-dire pour découvrir ce qu'il est. En descendant progressivement son pied vers le sol, il formulera ensuite l'intention de s'engager et de participer davantage à la vie matérielle. Enfin, en posant son pied à terre, il prendra la résolution d'intégrer pleinement son corps pour ainsi assumer et devenir ce qu'il est vraiment. Une description détaillée et illustrée des différentes phases de cet exercice est proposée aux pages 172 à 179.

Mais, avant de présenter ces illustrations, il importe de bien préciser le symbolisme des pieds pour ainsi montrer toute la pertinence de cet exercice traditionnel.[69] Précisons d'abord qu'en raison du fait qu'ils établissent un contact direct avec le sol, les pieds représentent symboliquement l'union de l'esprit et du plan terrestre. En ce sens, l'expression familière « avoir les pieds sur terre » est employée pour désigner celui qui a pleinement conscience des dimensions matérielles de son existence. Au contraire, l'expression « perdre pied » s'emploie lorsqu'un individu perd le contact avec la réalité qui l'entoure. Plus encore, le fait de poser un pied sur le sol exprime symboliquement une volonté d'investir le plan terrestre et d'y participer en le faisant sien.

69- Il s'agit en fait d'un exercice qui nous a été enseigné au cours de notre formation à la prêtrise. En effet, il correspond à la marche exécutée par le prêtre lorsqu'il avance vers l'autel au début de la messe.

A ce titre, la tradition judéo-chrétienne reconnaît aux souliers qui recouvrent les pieds une importance toute particulière. Ainsi, on rapporte dans le livre de Ruth que « c'était autrefois la coutume en Israël, en cas de rachat ou d'héritage, pour valider toute affaire: l'un ôtait sa sandale et la donnait à l'autre. Telle était en Israël la manière de témoigner. ».[70] En ce sens, en retirant l'un de ses souliers et en le remettant à l'acquéreur, le propriétaire lui transmettait ainsi son droit de propriété. De même, dans la tradition de l'Islam, les étrangers entrant dans la maison de leur hôte, retirent tout naturellement leurs souliers parce qu'ils n'y ont aucun droit de revendication. C'est d'ailleurs pour cette même raison que les fidèles retirent leurs souliers avant d'entrer dans une mosquée. Par ce geste, ils reconnaissent ainsi que ce lieu n'appartient pas aux hommes, mais à Dieu seul.

Les pieds symbolisent en outre l'essence de l'individu. A ce titre, il peut être intéressant de citer l'épisode du lavement des pieds rapporté par l'apôtre Jean dans son évangile: « il [Jésus] se lève de table, dépose ses vêtements, et, prenant un linge, il s'en ceignit. Puis il met de l'eau dans un bassin et il commença à laver les pieds des disciples et à les essuyer avec le linge dont il était ceint. ».[71] On prétend que, par ce geste, le Christ purifia alors les disciples de leurs fautes, préfigurant ainsi la mission salvifique qu'il exercerait en faveur de l'humanité. Certes, il s'agissait aussi d'un rite d'hospitalité à une époque où les longues marches sur les routes poussiéreuses fatiguaient et salissaient les pieds. Toutefois, dans le contexte évangélique, il prit évidemment une dimension plus profonde, les pieds étant traditionnellement considérés comme la racine et l'essence de l'être.

70- Ruth IV, 7.
71- Jean XIII, 4-5.

Cette dernière assertion est d'ailleurs mise encore davantage en exergue dans la suite du récit. En effet, cette scène du lavement des pieds se poursuit de la manière suivante: « Il [Jésus] vient donc à Simon-Pierre, qui lui dit: "Seigneur, toi, me laver les pieds ?" Jésus lui répondit: "Ce que je fais, tu ne le sais pas à présent; par la suite tu comprendras." Pierre lui dit: "Non, tu ne me laveras pas les pieds, jamais !" Jésus lui répondit: "Si je ne te lave pas, tu n'as pas de part avec moi." Simon-Pierre lui dit: "Seigneur, pas seulement les pieds mais aussi les mains et la tête !" Jésus lui dit: "Qui s'est baigné n'a pas besoin de se laver; il est pur tout entier. Vous aussi, vous êtes purs; mais pas tous." Il connaissait en effet celui qui le livrait; voilà pourquoi il dit: "Vous n'êtes pas tous purs."».[72]

Du point de vue symbolique, le refus de Pierre peut être interprété comme un refus d'être purifié, c'est-à-dire de s'harmoniser à son essence profonde. Se laissant toutefois convertir, Pierre souhaite ensuite que le Christ lui lave non seulement les pieds, mais également les mains et la tête. Mais le Christ refuse en précisant qu'en lavant les pieds, la totalité de l'être est purifiée (étant déjà présente en germe au niveau des pieds). Cette association entre le pied et l'essence profonde de l'être est en outre à l'origine du rituel du Vendredi saint où les fidèles, dans la liturgie catholique, baisent les pieds du Christ sur la croix. Par cet acte, ils n'expriment pas seulement un geste d'humilité comme on l'a trop souvent mis en exergue, mais ils valorisent en outre l'essence divine, éveillant en eux cette force christique latente.

Enfin, sur un plan plus physique, le pied qui a la forme d'un foetus, possède des zones réflexes correspondant à tous les organes du corps. C'est d'ailleurs pour cette raison que le personnel hospitalier incite toujours les malades à se lever et à

72- Jean XIII, 6-11.

marcher (la marche ayant d'importantes conséquences physiologiques en dynamisant les fonctions du corps). Ainsi, par la compression de l'air au niveau de la voûte plantaire par exemple, le méridien du rein est stimulé et agit sur les glandes surrénales (associées au chakra racine). Or nous avons vu que ces glandes favorisent le déploiement d'une certaine combativité (réaction face à l'agression) et stimulent de manière générale la vitalité de l'organisme. Un travail d'éveil et d'harmonisation du chakra racine est donc ainsi réalisé.

Considérant ces aspects reliés au pieds, la marche de la constitution du moi permet donc à l'aspirant d'approfondir son rapport avec la terre et avec son propre corps. Dès lors, le corps n'est plus perçu comme une simple enveloppe charnelle, mais comme une dimension intrinsèque de l'être. Plus encore, l'aspirant participe pleinement à la nature qui l'entoure, réalisant le lien étroit qui le lie à la terre. Ainsi, ce lien n'est plus vécu de manière purement abstraite, mais comme une réalité ressentie au plus profond de lui-même.

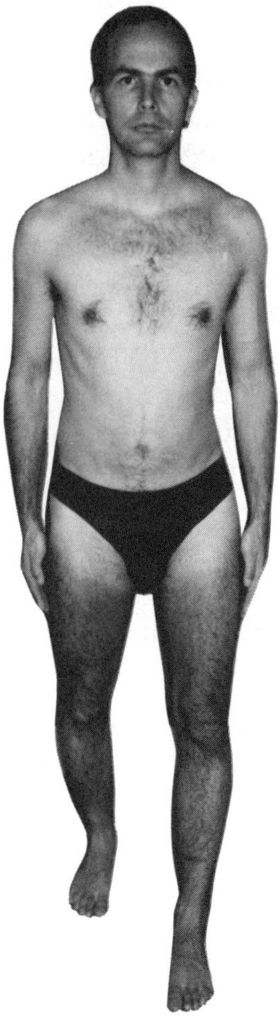

L'aspirant est en position d'équilibre, la jambe gauche devant, et se prépare, par une brève concentration, à amorcer l'exercice.

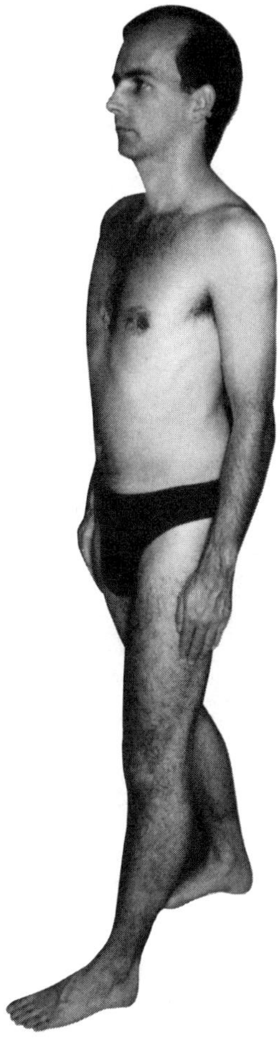

Cette prise de vue latérale montre le positionnement général au début de l'exercice.

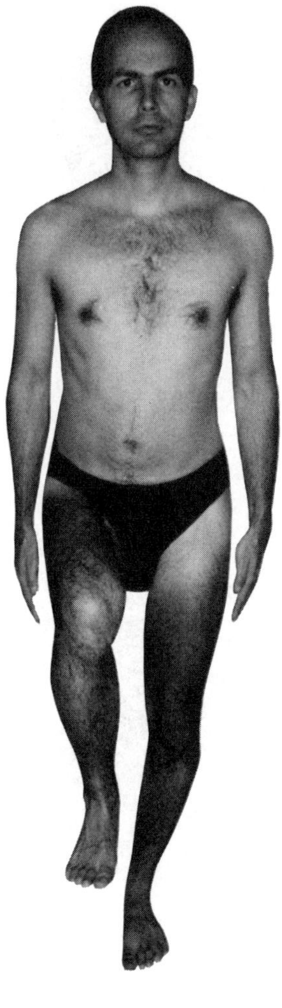

L'aspirant élève son pied droit et amorce un mouvement de marche. L'intention associée à ce geste est alors de quitter son état actuel d'ignorance pour aller à la découverte du monde et de lui-même.

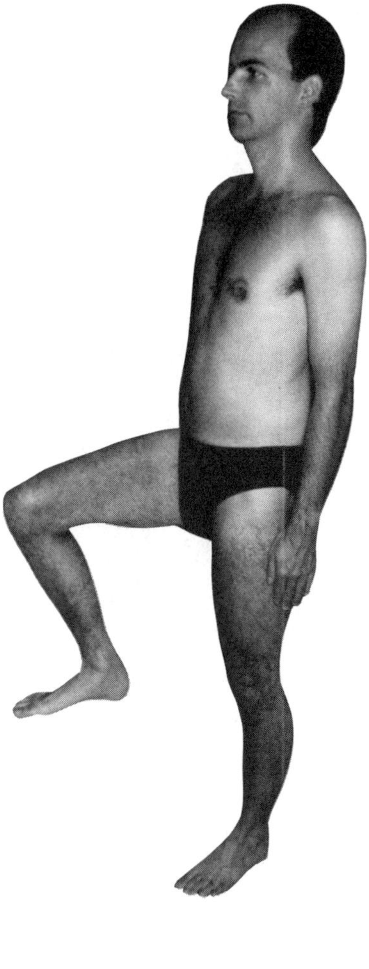

Cette prise de vue latérale nous précise la posture générale du corps au cours de cette première phase.

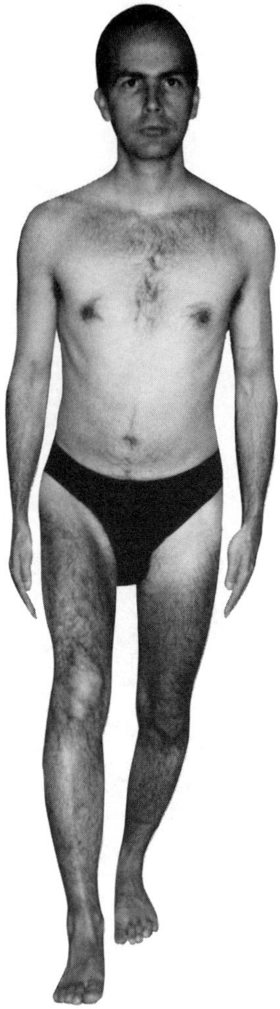

Ici, l'aspirant dépose son pied devant l'autre en faisant un léger mouvement de va-et-vient au-dessus du sol de manière à stimuler le méridien du rein et les différentes zones réflexes de son pied. L'intention correspondante est de s'ancrer sur la terre en conscientisant toute l'importance de la dimension terrestre et matérielle dans la constitution du moi personnel.

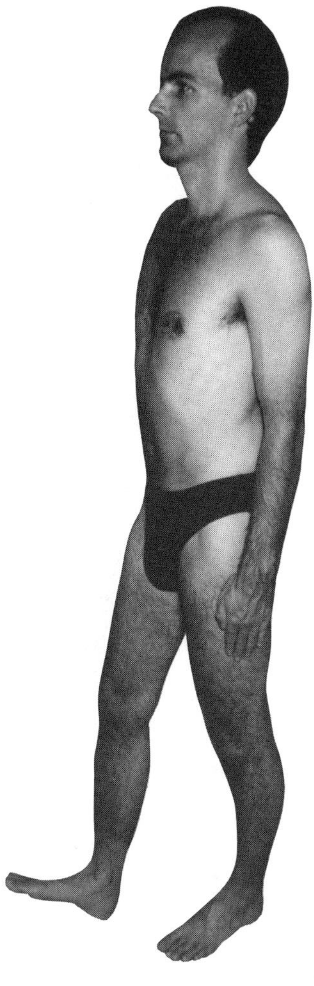

Cette prise de vue latérale nous montre avec plus de précisions la posture du corps au cours de cette troisième phase.

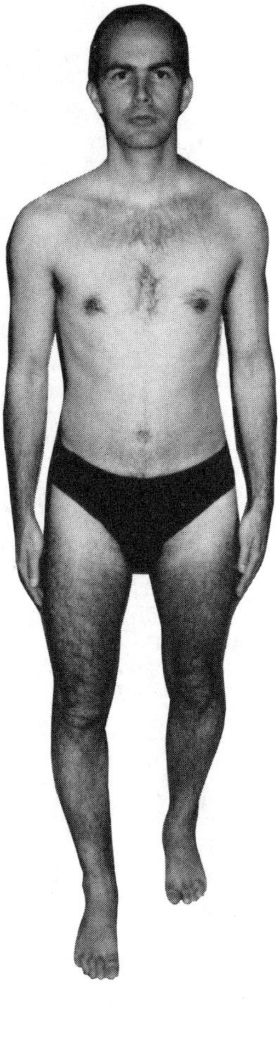

Ici, le pied droit est bien posé au sol et positionné devant l'autre. Ceci marque la fin de l'exercice relié au chakra racine. Il sera suivi d'un travail sur le chakra sacré.

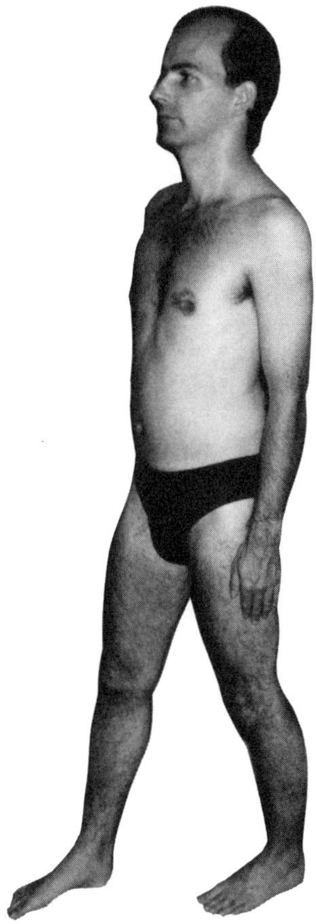

Cette prise de vue latérale permet de voir la position générale du corps, disposé à entreprendre la prochaine étape de cette marche de la constitution du moi correspondant au chakra sacré.

***Mandala* du chakra sacré**

CHAPITRE DEUXIEME

LE CHAKRA SACRE

CHAPITRE DEUXIEME
LE CHAKRA SACRE

Situé dans la région lombaire à la base des organes génitaux, le chakra sacré est le deuxième centre de la triade inférieure. Il est donc directement associé au développement du moi personnel dans la mesure où il est responsable du processus de valorisation de soi. C'est d'ailleurs ce qu'évoque son nom hindou *Svâdhisthana chakra* signifiant « lieu d'habitation du moi ». Certaines autorités le traduisent cependant par le mot « douceur » et d'autres pensent que ce nom dérive de *svâ* signifiant « qui s'appartient à soi-même » et de *dhisthana* signifiant « sa véritable place ».

Quoiqu'il en soit, le chakra sacré intervient dans la maturation et la croissance de toutes les dimensions inhérentes au moi personnel. Toutefois, s'il n'est pas convenablement harmonisé, il peut être à l'origine d'un véritable enfermement sur soi. Une approche plus systématique de ses différentes facettes nous permettra au cours des prochaines pages de mieux en saisir les multiples dimensions.

Tous les chakras ayant des périodes d'activité plus intenses dans le cycle de l'existence, le chakra sacré est particulièrement actif entre 7 et 14 ans et entre 56 et 63 ans. Les enjeux qu'il représente seront donc vraisemblablement plus aigus à ces moments particuliers de la vie.

PREMIERE SECTION

SYMBOLISMES DU CHAKRA SACRE

PREMIERE SECTION
SYMBOLISMES DU CHAKRA SACRE

LE NOMBRE 6

Représenté sous la forme d'un lotus à six pétales, le chakra sacré est étroitement associé aux mystères du nombre 6. Pour bien comprendre cet élément symbolique du chakra, nous devons donc chercher à mieux saisir la signification profonde de ce nombre. Tout comme le nombre 4, le nombre 6 se situe dans la première dizaine et incarne en ce sens un principe bien déterminé. En effet, il est principalement associé à la notion de création. A ce titre, il est remarquable d'observer dans la tradition judéo-chrétienne que Dieu créa le monde en six jours.[1] De même, et cela démontre l'universalité du symbole, l'*Avesta* des Perses prétend également que l'univers fut créé en six périodes: le ciel d'abord au cours d'une première période de quarante-cinq jours, puis l'eau en soixante jours, la terre en soixante-quinze jours, les végétaux en trente jours, les animaux en quatre-vingts jours et enfin l'homme en soixante-quinze jours (soit un total de trois cent soixante-quinze jours).

Ainsi donc, le nombre 6 est étroitement lié aux pouvoirs de création et plus particulièrement à la constitution du monde. Or nous savons que cette constitution dépend de la conjugaison de deux principes. C'est ce qu'évoque admirablement la figure de l'hexagramme essentiellement formée de deux triangles placés en rapport d'opposition (l'un est orienté vers le haut et l'autre vers le bas) mais partageant un centre commun et s'entrelaçant étroitement. En ce sens, le triangle

---

1- Genèse I, 1-31.

orienté vers le haut, représente traditionnellement l'esprit, alors que le triangle pointé vers le bas symbolise la dimension matérielle. Ainsi, l'hexagramme illustre l'interaction féconde existant entre l'esprit et la matière, deux facettes différenciées de l'être unique.

Toujours dans le même ordre d'idées, il est également possible d'établir une analogie entre le triangle pointé vers le haut et la dimension masculine, le triangle orienté vers le bas correspondant à la polarité féminine. L'hexagramme illustre alors l'interaction féconde s'établissant entre les énergies masculine et féminine, générant une fois encore une puissance créatrice. En raison de cette analogie, certaines traditions initiatiques ont directement associé le nombre 6 à l'énergie sexuelle et aux puissantes forces d'attraction existant entre l'homme et la femme. A ce titre, il importe de rappeler que la tradition hermétique considère l'être humain comme étant essentiellement androgyne. En effet, portant en lui les deux polarités, il fut créé, nous rapportent les textes bibliques, à l'image de Dieu. Cependant, pour que ces forces puissent être actives et créatrices, elles devaient être différenciées. Or c'est ce processus de différenciation que le livre de la Genèse met en exergue. En effet, « Yahvé Dieu fit tomber une torpeur sur l'homme qui s'endormit. Il prit une de ses côtes et referma la chair à sa place. Puis, de la côte qu'il avait tirée de l'homme, Yahvé Dieu façonna une femme et l'amena à l'homme. ». [2]

Précisons à ce titre que le texte hébreu ne dit pas « une côte » mais « un côté » d'Adam. Ainsi donc, Dieu retira de cet androgyne primordial un côté de lui-même créant ainsi, par différenciation de l'unité, deux dimensions distinctes: l'une d'expression masculine (Adam) et l'autre d'expression féminine (Eve). Depuis cette époque, ces deux facettes différen-

2- Genèse II, 21-22.

ciées, étroitement unies dans le mystère de l'Etre, sont créatrices dans le rapport dynamique qu'elles établissent entre elles. C'est une fois encore ce qu'évoque la figure de l'hexagramme. Ainsi donc, cette dynamique permit à l'être humain de se constituer une conscience pleinement autonome et créatrice (symbolisée par l'hexagramme et le nombre 6) en reconstituant en lui son état originel: celui d'un être androgyne réunissant en une seule et même unité les deux polarités primordiales: la polarité mâle (symbolisée par le triangle orienté vers le bas) et la polarité femelle (symbolisée par le triangle orienté vers le haut), demeurant toutefois pleinement différenciées.

A ce titre, les hermétistes associent également aux triangles formant l'hexagramme un autre concept très important. Au triangle pointé vers le bas, ils associent en effet la dimension extérieure de l'être (matérielle et masculine) et au triangle pointé vers le haut, la dimension intérieure (spirituelle et féminine). Dès lors, l'hexagramme représente la nature ontologique et profonde de toutes choses et il devient ainsi l'icône de la soi-conscience issue de la combinaison des contraires. C'est sans doute ce qui fit de l'hexagramme la figure initiatique par excellence de nombreuses écoles hermétiques. Pensons, par exemple, aux écoles martinistes. En effet, l'hexagramme est très certainement le symbole primordial de cette démarche initiatique cherchant précisément à réconcilier les contraires dans une queste de leur unité commune.

En outre, sur un plan plus psychologique, nous savons que le triangle, étroitement associé au nombre 3, symbolise la première expression de l'esprit dans le monde matériel (le triangle étant le plus petit polygone fermé). Lorsqu'il entre en contact avec l'autre, cette relation de complémentarité contribue alors à sa propre constitution et à son développement. En effet, le moi personnel se constitue, nous le verrons, essentiellement dans un rapport duel à l'autre. Ainsi, si le nombre 4 a permis une meilleure conscientisation de la dimension extérieure, cette partie de l'être ne saurait se développer harmonieusement sans établir ou maintenir un rapport avec sa dimension intérieure, cet autre en soi, symbolisé par l'autre en dehors de soi. Nous reviendrons plus en détail sur ce problème dans notre analyse du chakra coronal. Cette prise de conscience de l'interaction fondamentale s'établissant entre les dimensions intérieure et extérieure de l'être et la fécondité qui en résulte relevant en effet d'une étape supérieure.

Quoiqu'il en soit, si le nombre 4 a conduit l'individu à prendre pleinement conscience du plan terrestre et à s'y incarner, le nombre 6 l'invite maintenant à entrer en rapport avec l'autre. Toutefois, sa conscience demeurant totalement focalisée sur elle-même, l'autre sera essentiellement perçu de manière narcissique, comme un reflet de lui-même. En d'autres termes, il remplira le rôle d'un miroir permettant de conscientiser des éléments susceptibles de le valoriser, de l'affermir et de le nourrir. Dans cette perspective, l'expérience de la dualité suscitée par le nombre 6 est une expérience de dualité constituante dans la mesure où l'individu découvre ainsi ce qu'il est véritablement. C'est d'ailleurs pourquoi les hermétistes considèrent le nombre 6 comme représentant l'un des éléments fondamentaux dans la constitution du moi personnel et dans le développement de son unité psychosomatique.

Enfin, d'un point de vue purement kabbalistique, le nombre 6 correspond également à la sixième *sephirah* de l'arbre de vie, *Tiphereth*. Or à propos de cette *sephirah*, les traditions anciennes nous enseignent qu'elle est très étroitement associée à une image de pouvoir. Il s'agit de l'archétype d'un jeune enfant enveloppé de langes. Dans la tradition judéo-chrétienne, cet enfant s'apparente à Jésus couché dans sa crèche ou encore à Moïse posé sur le fleuve dans une corbeille enduite de bitume et de poix. Dans tous ces cas, elle évoque évidemment le moi personnel placé dans les conditions nécessaires à son affermissement et à sa croissance. En ce sens, Moïse flottant sur les eaux illustre admirablement la conscience de soi qui s'affermit (le jeune Moïse) au sein de la matrice corporelle (les eaux matricielles du fleuve).

LE NOMBRE 6 MALEFICIE

Nous venons de préciser que le nombre 6 est très étroitement associé au concept de dualité constituante par l'interaction féconde qu'il établit entre deux éléments. A ce titre, nous avons vu que ce nombre correspond à la figure de l'hexagramme formée de deux triangles placés en rapport d'opposition (l'un est orienté vers le haut et l'autre vers le bas) tout en générant une figure unique et harmonieuse. Or, dans sa dimension maléficiée, cette figure géométrique évoque au contraire un rapport d'opposition foncièrement destructeur et stérile établi entre deux éléments duels devenus irréductiblement antagonistes.

Ainsi, le triangle orienté vers le haut (représentant l'esprit) et le triangle pointé vers le bas (symbolisant la matière) sont alors en rapport d'opposition, le nombre 6 évoquant une dissociation profonde entre les réalités spirituelles et les réalités matérielles. A ce titre, nous retrouvons dans un épisode biblique tiré du livre des Maccabées une illustration de cette opposition. En effet, on y rapporte qu'un jour: « Le souverain choisit Bacchidès, un des amis du roi, gouverneur de la Transeuphratène, grand du royaume et fidèle au roi. Il l'envoya avec l'impie Alkime, à qui il confirma le sacerdoce, et lui enjoignit de tirer vengeance des Israélites. S'étant mis en route, ils vinrent avec une nombreuse armée au pays de Juda. [...] Il [Alkime] leur tint des discours pacifiques et leur assura sous serment: "Nous ne chercherons à vous faire aucun mal, pas plus qu'à vos amis." Ils le crurent, et cependant il fit arrêter soixante d'entre eux, qu'il exécuta le même jour suivant la parole de l'Ecriture: *Ils ont dispersé la chair de tes saints et répandu leur sang autour de Jérusalem, et il n'y avait personne qui les ensevelît.* ».[3]

Le nombre 60 évoqué dans ce texte correspond bien évidemment au nombre 6, placé toutefois sur le plan des dizaines, symbolisant l'incarnation. Il ne s'agit donc pas d'un simple principe ontologique (correspondant au plan des unités), mais d'une réalité pleinement incarnée. Or ces soixante personnes furent exécutées le jour même selon la parole de l'Ecriture: « *Ils ont dispersé la chair de tes saints et répandu leur sang autour de Jérusalem, et il n'y avait personne qui les ensevelît.* ». Sur un plan symbolique, la chair représente ici la réalité corporelle et évoque conséquemment le plan matériel. Quant au sang, nous avons vu dans notre étude portant sur le chakra racine qu'il est considéré comme le véhicule de l'esprit. A ce titre, il représente la vivification spirituelle. Dès lors, le fait de disperser et de répandre le sang des soixante Israélites met bien en exergue l'acte de dissocier deux réalités habituellement unies: la matière (la chair) et l'esprit (le sang).

Ajoutons en outre que les cadavres ne furent pas ensevelis. Or l'ensevelissement correspond symboliquement au retour à l'état premier. En effet, « Nu, je suis sorti du sein maternel, nu j'y retournerai » s'écrie Job.[4] L'absence d'ensevelissement met donc en lumière le fait que l'homme, placé sous l'influence du nombre 6 maléficié, est incapable de revenir à son unité originelle, évoquée par la nudité à laquelle Job fait allusion.

3- I Maccabées VII, 8-9; 15-17.
4- Job I, 21.

Toujours dans le même ordre d'idées, en associant le triangle pointé vers le haut à la volonté divine et le triangle pointé vers le bas à la volonté humaine, l'hexagramme évoque alors un rapport d'opposition irréductible et fondamentalement destructeur entre ces deux réalités. A ce propos, Jakob Böhme déclare: « On reconnaîtra maintenant ce qu'est le péché. C'est lorsque la volonté humaine se sépare de Dieu pour être une volonté à soi. ». [5] Dès lors, le nombre 6 maléficié devient le nombre du péché, celui de la Bête. En effet, saint Jean rapporte dans son Apocalypse que le nombre 666 (le nombre 6 appliqué sur les trois plans de l'être) est le nombre de la Bête: « Tous, petits et grands, riches ou pauvres, libres ou esclaves, se feront marquer sur la main droite ou sur le front, et nul ne pourra rien acheter ni vendre s'il n'est marqué au nom de la bête ou au chiffre de son nom. C'est ici qu'il faut de la finesse ! Que l'homme doué d'esprit calcule le chiffre de la Bête, c'est un chiffre d'homme: son chiffre, c'est 666. ».[6] Aussi, du point de vue hermétique, cette Bête représente l'homme dont la volonté s'oppose à celle de Dieu au niveau de l'action (le 6 du plan matériel), des sentiments (le 6 du plan émotionnel) et des pensées (le 6 du plan mental).

Enfin, si nous associons le triangle pointé vers le haut à la polarité masculine et le triangle pointé vers le bas à la polarité féminine, l'hexagramme maléficié illustre alors un état d'opposition féroce entre l'énergie masculine et l'énergie féminine. Ainsi, en rupture totale avec les forces féminines, les énergies masculines ne perçoivent plus les réalités du monde

---

5- Jakob Böhme (1575-1624) fut l'un des plus grands théosophes mystiques de l'occident. Se consacrant à l'étude de la bible, son oeuvre fut considérable et influença profondément les penseurs, les mystiques et les philosophes de l'Europe pré-révolutionnaire.
6- Apocalypse XIII, 16-18.

qu'à travers un regard extérieur, amenant ainsi la conscience à être prisonnière de l'avoir, du pouvoir et du valoir. Quant aux énergies féminines, séparées des forces masculines, elles entraînent rapidement la conscience à se déconnecter du monde extérieur pour sombrer ensuite dans un état de servitude et d'abnégation qui, mal géré et mal intégré, peut conduire à l'auto-destruction du moi personnel et de ses spécificités propres.

Considérant ce symbolisme, le nombre 6 maléficié conduit l'individu à vivre une expérience de dualité sans savoir reconnaître dans l'opposition apparente une complémentarité profonde. L'autre n'est dès lors plus considéré comme un miroir dans lequel il lui est possible de découvrir ses qualités, de les affermir et de les valoriser. Au contraire, il devient un véritable agresseur perçu en raison des différences qu'il incarne, comme une source de négation et de destruction de soi. Ajoutons que sur un plan psychologique, ce nombre 6 maléficié peut générer deux attitudes fondamentalement différentes. Dans un premier cas, l'individu cherchera à annihiler cette opposition en détruisant les différences qu'il ressent comme autant de menaces susceptibles de porter atteinte à sa propre identité. Dans un second cas, il pourra adopter un comportement auto-destructeur en revêtant ces valeurs proposées par l'autre et en abandonnant les siennes (comportement exagérément influençable). Dans les deux cas, son identité sera visiblement appauvrie par un comportement stérile et destructeur.

L'AMOUREUX

Au niveau du tarot, le nombre 6 est bien évidemment associé à la sixième lame, celle de l'Amoureux. Or cette lame évoque d'abord et principalement une notion de choix. En effet, un jeune homme debout est placé à l'intersection de deux routes, sollicité par deux femmes fort différentes. Cette mise en scène symbolique pourrait faire l'objet de nombreuses interprétations. Toutefois, comme nous venons de le préciser, la perspective hermétique privilégie d'abord la notion de choix. La position des pieds de l'Amoureux confirme d'ailleurs cette perspective puisqu'il est en position d'équilibre, un pied devant l'autre (une position que nous réaborderons au niveau de la marche initiatique proposée à la fin de ce chapitre). Ici, l'Amoureux est donc confronté à la nécessité de choisir. Or, nous savons qu'il s'agit là d'une étape cruciale dans le développement de la maturité psychologique. En effet, l'homme s'édifie à partir des choix fondamentaux qu'il pose, ces choix lui permettant de se différencier et de devenir ce qu'il est.

A ce titre, l'importance du choix et de l'auto-détermination qu'il implique est largement mise en exergue dans un texte de l'Apocalypse. En effet, Dieu s'adresse à l'Eglise de Laodicée en ces termes: « Je connais ta conduite: tu n'es ni froid ni chaud - que n'es-tu l'un ou l'autre ! - Ainsi, puisque te voilà tiède, ni chaud ni froid, je vais te vomir de ma bouche. ».[7] La tiédeur évoque ici l'incapacité de choisir et le non engagement qui en découle, entraînant une impossibilité d'expérimenter les leçons de la vie. Cette attitude fera bien évidemment l'objet d'une condamnation, celle de ne jamais atteindre une véritable maturité, l'être étant vomi de la bouche de Dieu. En ce sens, non seulement le choix implique une notion de détermination, mais il évoque en outre un principe de valorisation. En effet, choisir une chose c'est la valoriser et nous savons que rien ne peut croître ou se développer sans valorisation.

7- Apocalypse III, 15-16.

Ainsi, l'Amoureux devra choisir entre deux opportunités qui se présentent à lui et en valoriser une, lui permettant ainsi de se développer. A ce titre, la symbolique des deux femmes est fort intéressante. En se référant à la mythologie grecque, Oswald Wirth nous précise qu' « Au sortir de l'adolescence, alors qu'il venait d'achever son éducation à l'école du centaure Chiron (apprentissage initiatique), Hercule éprouva le besoin de réfléchir à l'emploi qu'il ferait dans la vie de ses puissantes facultés développées à souhait. S'étant enfoncé dans la solitude afin de s'y recueillir, deux femmes d'une rare beauté lui apparurent soudain, l'incitant chacune à la suivre. La première la *Vertu*, lui fit entrevoir une existence de lutte, d'efforts incessants, en vue du triomphe par le courage et l'énergie. L'autre, la *Mollesse*, pour ne pas dire le Vice, engagea le jeune homme à jouir paisiblement de la vie en s'abandonnant à ses douceurs et en profitant des avantages qu'elle offre à qui sait borner son ambition. ».[8]

A ce titre, certains auteurs prétendent que l'Amoureux incarne ici l'adolescent confronté à la nécessité de quitter sa mère (la femme couronnée) pour aller vers celle qui deviendra son épouse (la femme aux cheveux blonds). Dans cette perspective, il exprime alors une volonté ferme d'assumer le poids de ses propres décisions, la mère cessant de poser les choix déterminants pour son fils. A la notion de choix s'ajoute donc celle de la responsabilité. Plus encore, sur un plan symbolique, l'attachement à la mère représente dans la psychanalyse moderne un obstacle à la croissance du moi. En effet, la mère continue alors d'exercer « une fascination inconsciente, (qui) menace de paralyser le développement du moi... La mère personnelle recouvre l'archétype de la mère, symbole de l'inconscient, c'est-à-dire du non-moi. Ce non-moi est ressenti

8- Wirth, Oswald, *Le Tarot des Imagiers du Moyen Age*, Tchou.

comme étant hostile, en raison de la crainte qu'inspire la mère et de la domination inconsciente qu'elle exerce. ».[9] Aussi, l'épouse vers laquelle l'Amoureux doit s'orienter symbolise une partie de l'inconscient (du non-moi), représentée par la mère, qu'il s'engage à reconnaître et à conscientiser pleinement.

A un autre niveau, la tradition de l'hermétisme chrétien considère également ces deux femmes comme les deux visages de la personnalité. La première représente alors la personnalité authentique et véritable en communion étroite avec la dimension intérieure (l'esprit). En ce sens, elle est couronnée, ce fait évoquant qu'elle a su reconquérir son état d'unité. La seconde représente pour sa part la personnalité maléficiée qui privilégie les valeurs du monde extérieur au détriment des siennes. Dans cette perspective, l'Amoureux est confronté au devoir de choisir entre une attitude consistant à se conformer au moi profond et véritable (c'est-à-dire à placer sa personnalité en adéquation avec sa source intérieure) et une autre consistant à adopter les valeurs extérieures privilégiées par le monde en trahissant ainsi ce qu'il est authentiquement.

A ce titre, le Christ déclare à ses disciples: « Nul ne peut servir deux maîtres: ou il haïra l'un et aimera l'autre, ou il s'attachera à l'un et méprisera l'autre, Vous ne pouvez servir Dieu et Mammon. ».[10] Au niveau symbolique, Dieu représente évidemment les valeurs intérieures (celles de l'esprit) qui animent tout individu. Quant à Mammon, c'est un personnage bien connu de la démonologie puisqu'il représente l'archidémon du plan lunaire. Plus simplement, il symbolise la matière qui, désolidarisée de l'esprit, perd son identité pour devenir un pur objet extérieur. En ce sens, il incarne également la con-

9 - Adler Gerhard, *Etudes de Psychologie Jungienne*, 1957, Genève,
10- Matthieu VI, 24.

science chosifiante privilégiant l'apparence au détriment de l'essence. L'Amoureux est donc confronté ici à la nécessité de choisir entre la valorisation des dimensions profondes de son être ou celles des valeurs mondaines que lui propose son entourage.

Par ailleurs, notons également au sommet de la lame la présence d'Eros qui pointe sa flèche en direction de l'Amoureux. La mythologie grecque rapporte à son propos que, fils d'Aphrodite (la déesse de la beauté), Eros « - dont le nom signifie Désir - est le ministre, parfois capricieux, de ses volontés souveraines. C'est un garçon sauvage et nu, ensorceleur et hardi. Il s'avance, le sourire aux lèvres et l'arc au poing. Il unit les bêtes sauvages dans leurs retraites, il désarme les guerriers, il fleurit les rêves de la jeune fille. Souvent pourchassant une belle proie, nu-pieds et las, il couche à la dure, sans feu ni gîte, au bord des routes. Mais jamais il ne perd courage. Il possède deux flèches jumelles et qui ne manquent pas leur but: l'une comble de joies le coeur qu'elle a touché, l'autre l'emplit de peines et le blesse à mort. ».[11]

Sur un plan symbolique, Eros est donc essentiellement l'incarnation du désir. Or c'est une réalité jouant un rôle particulièrement important au niveau de l'éveil et de l'harmonisation du chakra sacré. En raison du fait qu'il est sauvage et nu (symbole de l'instinct) mais aussi ensorceleur et hardi (pouvoir d'attraction), Eros incarne en outre la notion d'attraction instinctive. En ce sens, le mythe ajoute que ce garçon, muni de son arc (symbole de la pulsion) couche au bord des routes. En d'autres termes, l'attraction instinctive qu'il incarne peut surprendre l'individu à chaque instant de son existence. Elle sera cependant essentiellement de caractère narcis-

---

11- Bonnard, André, *Les Dieux de la Grèce*, Editions de l'Aire, Lausanne.

sique. En effet, l'arcane de l'Amoureux ne correspond en aucune manière à l'apprentissage d'un rapport à l'autre dans une perspective amoureuse. Ce sera, nous le verrons, l'enjeu du chakra cardiaque. Rappelons à nouveau que le rapport à l'autre est exclusivement considéré ici comme un support d'affermissement et de croissance du moi. Cette dimension narcissique est d'ailleurs parfaitement soulignée par le titre même de la lame.

En effet, la lame s'intitule « L'Amoureux » et non « Les Amoureux ». Or ce singulier est particulièrement décisif. En effet, il révèle que l'enjeu de la lame n'est pas la constitution d'un couple d'amoureux, mais un rapport à l'autre en fonction de soi. En d'autres termes, cette attraction instinctive incarnée par Eros n'est pas mue par l'élan de se donner à l'autre, mais par le désir de trouver en l'autre les éléments susceptibles de valoriser, d'affermir et de conforter ses propres valeurs récemment découvertes et encore fragiles et vulnérables. A ce titre, nous avons d'ailleurs insisté sur le fait que l'Amoureux est adolescent: il quitte donc le monde de l'enfance sans avoir encore atteint l'état de réalisation qui caractérise l'adulte. Aussi, il doit d'abord apprendre à s'aimer et à s'apprécier à travers l'autre pour acquérir ensuite une confiance en ses propres valeurs et la maturité qui en découle.

Soulignons enfin qu'Eros porte dans son carquois deux flèches: l'une associée à la joie et l'autre aux peines. Ces deux flèches jumelles sont en fait les deux conséquences de cette attraction instinctive qui pourra tout aussi bien conduire au bonheur lorsqu'elle entraînera l'individu à se rapprocher de ses valeurs authentiques ou apporter la douleur à celui qui sera irrésistiblement attiré par les valeurs factices et illusoires que lui propose le monde.

Considérant cela, il n'est guère étonnant que sur un plan divinatoire, la lame de l'Amoureux soit associée aux notions de choix et de développement de soi.

L'AMOUREUX DANS SA DIMENSION NEGATIVE

Sous sa forme maléficiée, la lame de l'Amoureux incarne essentiellement le refus de choisir face aux différentes opportunités s'offrant à l'individu. En effet, considérant le choix comme étant un geste entraînant une perte de jouissance et une renonciation, l'individu immature préfère parfois se réfugier dans l'indécision. Eparpillant alors ses énergies à vouloir profiter des multiples sollicitations que lui propose le monde, sans pouvoir conséquemment en valoriser une pleinement, il en résulte toujours une médiocrité sur tous les plans. L'individu ainsi maléficié s'expose en outre à demeurer un éternel adolescent sans jamais être satisfait et atteindre une véritable maturité.

A ce titre, un passage des Actes des apôtres est particulièrement éloquent sur le piège consistant à ne pas choisir. Il s'agit de l'histoire d'Ananie et de sa femme Saphire. En effet, on nous rapporte que ce couple souhaitait s'intégrer dans la communauté chrétienne dirigée par Pierre. Conformément aux prescriptions des premiers siècles, cette adhésion impliquait qu'ils partagent leurs biens avec l'ensemble de la communauté. Pierre accepta donc leur candidature à condition qu'ils vendissent leurs biens et qu'ils les partageassent avec la communauté. Or, « d'accord avec Saphire, sa femme, [Ananie] vendit une propriété; il détourna une partie du prix, de connivence avec sa femme, et apportant le reste, il le déposa aux pieds des apôtres. "Ananie, lui dit alors Pierre, pourquoi Satan a-t-il rempli ton coeur, que tu mentes à l'Esprit saint et détournes une partie du prix du champ ? Quand tu avais ton bien, n'étais-tu pas libre de le garder, et quand tu l'as vendu, ne pouvais-tu disposer du prix à ton gré ? Comment donc cette décision a-t-elle pu naître dans ton coeur ? Ce n'est pas à des hommes que tu as menti, mais à Dieu." Entendant ces paroles, Ananie tomba et expira. Les jeunes gens vinrent envelopper le corps et l'emportèrent pour l'enterrer.

« Au bout d'un intervalle d'environ trois heures, sa femme qui ne savait pas ce qui était arrivé entra. Pierre l'interpella: "Dis-moi, le champ que vous avez vendu, c'était tant ?" Elle dit: "Oui, tant". Alors Pierre: "Comment donc avez-vous pu vous concerter pour mettre l'Esprit du Seigneur à l'épreuve ? Eh bien ! voici à la porte les pas de ceux qui ont enterré ton mari: ils vont aussi t'emporter." A l'instant même, elle tomba à ses pieds et expira. ».[12]

Cette histoire illustre éloquemment les conséquences d'une attitude refusant de poser un choix clair et cherchant à bénéficier de toutes les opportunités. Le fait de ne pas avoir su choisir entraîna leur mort, c'est-à-dire la mort de leur moi personnel. En ce sens, ceci signifie qu'aucune croissance du moi n'est rendue possible sans des choix constituants. En effet, ne choisissant pas entre deux opportunités, l'homme demeure profondément immature et incapable de prendre en charge une quelconque responsabilité, préférant s'en décharger sur les autres. A cette immaturité s'ajoute en outre un sentiment de non appartenance au même titre que l'adolescent qui, rejeté du monde de l'enfance auquel il n'appartient plus sans qu'il n'appartienne encore au monde des adultes, traverse une profonde crise identitaire. Celui qui refuse de choisir demeure donc un éternel adolescent au sens péjoratif du

12- Actes des apôtres V, 1-10.

terme, c'est-à-dire un individu ayant une identité fragile et vulnérable (car non définie) propice à cultiver le doute et l'incertitude.

Par ailleurs, dans sa dimension maléficiée, Eros incarne alors le désir sexuel sous une forme purement instinctuelle où le corps, uniquement perçu dans sa dimension extérieure, est totalement chosifié. Dans ce genre de relation, l'autre étant ramené à une pure extériorité ne peut plus remplir son rôle de miroir. Aucun échange et aucune valorisation ne sont dès lors possibles. Plus encore, se limitant principalement à un frottement d'épiderme susceptible d'assouvir certaines pulsions, ce rapport accentue la rupture intérieure entre l'esprit et le corps. En effet, en chosifiant l'autre, le moi personnel est lui-même chosifié. En raison de cette profonde rupture, l'individu ressent alors un vide intérieur croissant, chaque expérience sexuelle l'appauvrissant davantage. L'Amoureux représente alors dans sa dimension maléficiée, la dégénérescence du moi par la chosification de l'autre.

Considérant ce qui précède, il n'est pas étonnant que sur un plan divinatoire, l'Amoureux inversé soit associé à l'indécision et à l'effondrement du moi.

LA COULEUR ORANGE

La tradition de l'hermétisme chrétien associe la couleur orangée au chakra sacré. Pour bien saisir la signification profonde de cette couleur, nous devons d'abord mettre en exergue ses principales caractéristiques. En ce sens, il importe dans un premier temps de préciser que l'orangé, résultant de l'union du rouge (associé au plan matériel) et du jaune (associé au plan spirituel), représente la puissance créatrice issue de l'interaction féconde entre l'esprit et la matière. Ainsi, cette couleur est étroitement associée aux forces génésiques. De même, elle symbolise la vitalité et la fécondité, mais aussi la sexualité et toutes les pulsions instinctuelles qui lui sont inhérentes. Sur un plan plus général, on prétend en outre que cette couleur stimule l'expression de toutes les dimensions structurant la personnalité (et conséquemment les valorise).

C'est sans doute pour cette raison que l'orangé fut, dans l'antiquité grecque, la principale couleur attribuée au dieu Dionysos. En effet, d'après le témoignage de Pollux, cette divinité portait un vêtement de couleur orange et, dans les représentations scéniques (dionysies), elle paraissait toujours sous ce costume.[13] Or nous savons que la couleur d'un vêtement est toujours représentative, sur un plan symbolique, de la nature profonde de celui qui le revêt. Réciproquement, en étudiant les principaux attributs de celui qui revêt le vêtement, il est possible de mieux connaître la signification profonde de la couleur correspondante.

En ce sens, Dyonisos était considéré comme le génie de la sève, des jeunes pousses et du renouveau printanier. Ainsi, il incarnait pour les anciens le principe même de la fécondité. Aussi, au cours des grandes cérémonies religieuses qui lui étaient consacrées chaque année au dixième jour du mois d'Elaphébolion,[14] un phallus, symbole de la fertilité, était porté en procession afin de stimuler la fécondité des terres, des troupeaux et des hommes. Cette cérémonie était d'ailleurs analogue aux rites osiriaques plus anciens de l'Egypte pharaonique. Le culte dyonisiaque était donc principalement célébré en vue d'accroître la vitalité et la fécondité. Conformément à ce symbolisme, la couleur orangée est directement as-

---

13- Julii Pollucis Onomast., lib. IV, cap. 18.

14- Ce mois correspond à notre mois de mars associé à l'équinoxe du printemps.

sociée à la vitalité et à la fécondité. C'est d'ailleurs, nous le verrons, un aspect important du chakra sacré.

Dans le même ordre d'idée, l'orangé a également été associé à l'activité sexuelle et la mythologie grecque nous apporte à nouveau certaines précisions. En effet, retiré du ventre de sa mère frappée par la foudre, Dyonisos fut placé dans la cuisse de son père Zeus, pour y achever sa maturation. Du point de vue de l'hermétisme chrétien, cet épisode évoque l'âge de l'adolescence où, par l'instauration d'un nouveau rapport à l'autre nourri par la découverte de la génitalité et des pulsions sexuelles qui lui sont inhérentes (symbolisme de la cuisse), l'homme quitte l'enfance (le ventre de sa mère) pour pénétrer dans le monde des adultes (symbolisé par le père). A ce moment, la mère de Dyonisos est frappée par la foudre. Cette image nous enseigne que l'adolescent, pénétrant dans le monde des adultes, ne perçoit plus la femme sous un angle exclusivement maternel (comme il le faisait étant enfant), mais aussi dans sa dimension sexuelle. En ce sens, Dionysos personnifie l'énergie psychique nourrissant les pulsions sexuelles. C'est ce dieu qui, rappelons-le, incite l'homme à rechercher instinctivement le plaisir et surtout le plaisir sexuel.

Enfin, notons que l'un des éléments marquants du culte de Dionysos était l'usage du masque. L'image la plus représentative du dieu était d'ailleurs un masque surmontant une colonne drapée d'une pièce de tissu. Pour les anciens, ce masque représentait les fausses valeurs correspondant aux exigences et aux normes du monde (de la société). Or les cultes dyonisiaques invitaient à briser ces valeurs superficielles permettant ainsi de redonner vie aux valeurs véritables de l'être. En effet, ces cultes comportaient des rites de défoulement dont l'exubérance était sensée mettre en échec l'effet négatif des interdits et des tabous. C'était là, semble-t-il, l'aspect le plus marquant du culte rendu à ce dieu. A ce propos, Boyancé affirme très justement que « le propre de la purification dionysiaque est de porter à son comble ce dont il faut délivrer l'âme. ». Or l'image fausse de soi-même qui génère une scission de plus en plus importante entre le moi personnel et sa source profonde est précisément « ce dont il faut délivrer l'âme ». Bien que les rites dyonisiaques aient pu être considérés comme étant des prétextes à la licence et à la débauche, ils n'en constituaient pas moins de véritables exorcismes.

En ce sens, il est intéressant de mentionner que sur un plan thérapeutique, la chromothérapie emploie l'orangé pour permettre à l'individu d'exprimer à nouveau toutes les dimensions profondes de son être, plus particulièrement celles associées à son corps. Certes, ces dimensions, longtemps refoulées, peuvent alors s'exprimer avec exubérance, mais sans cette exubérance, elles ne sauraient reprendre leur véritable place. A ce titre, nous verrons dans notre analyse du chakra solaire que toutes les dimensions de l'homme sont bonnes. Elles ne deviennent mauvaises et perverses que dans la mesure où elles sont niées ou rejetées. Ainsi, la couleur orangée permet de combattre ce refoulement en favorisant l'expression des pulsions profondes inhérentes à la personnalité.

LA COULEUR ORANGE MALEFICIEE

Nous venons de préciser que l'orangé est issu d'un mélange de rouge et de jaune. Or, si le rouge est la couleur de l'incarnation, il représente aussi, sous sa forme maléficée, les force instinctuelles qui enchaînent l'homme au monde d'en bas. De même, si le jaune évoque les valeurs de l'esprit, il représente, dans sa dimension maléficiée, le moi personnel, replié sur lui-même, qui focalise exclusivement sa conscience sur les apparences extérieures. Dès lors, dans sa dimension négative, la couleur orangée symbolise une nature humaine qui, nourrie par des forces essentiellement instinctuelles, donne libre cours à des excès de toutes sortes. Elle évoque également une nature faible et influençable qui, n'ayant pas su mettre en valeur ses spécificités, ne peut durablement et efficacement les défendre face à l'opposition extérieure.

A ce titre, nous avons dit précédemment que la couleur orangée était, dans l'Antiquité grecque, la principale couleur attribuée au dieu Dionysos. Or si les fêtes célébrées en l'honneur de Dionysos représentaient, comme nous l'avons vu, une invocation aux forces de la fécondité, elles étaient également vécues par ceux qui ignoraient les profonds mystères de ce culte, comme l'occasion de se livrer aux pires débauches, donnant libre cours aux pulsions les plus refoulées. Ainsi, Dyonisos symbolisait aussi « les forces obscures qui surgissent de l'inconscient; il est le dieu qui préside aux déchaînements que provoque l'ivresse, toutes les formes de l'ivresse... ».[15]

En ce sens, la couleur orangée maléficiée représente la sexualité débridée, grossière et primaire excluant toute dimension affective et sentimentale. Dans le même ordre d'idées, cette couleur évoque également le manque de vitalité résultant de ces abus. En effet, si la sexualité est un moyen privilégié de se relier au plan matériel et de le vivifier, mal canalisée et vécue à un niveau purement physique, la relation sexuelle engendre au contraire une importante déperdition d'énergie et une baisse significative de la vitalité. A ce titre, soulignons que le sida, principalement caractérisé par une diminution notable de la vitalité, touche particulièrement des individus ayant un comportement sexuel de cet ordre. Mais, plus en-

---

15- Beaujeu J., Defradas J., Le Bonniec H., *Les Grecs et les Romains*, Paris, 1967.

core, le sida est avant tout une affection du système immunitaire.

Or nous avons dit que la couleur orange maléficiée symbolise une nature faible qui, n'ayant pas su mettre en valeur ses spécificités, ne peut durablement et efficacement les défendre face à l'opposition extérieure. C'est là une cause évidente de l'immuno-suppression. En effet, incapable d'affronter l'autre en affirmant ce qu'il est, il se révèle de même incapable d'affronter adéquatement les corps étrangers sur le plan physique, son système immunitaire étant complètement paralysé. En outre, il est intéressant de rajouter qu'un individu dont le moi personnel est fragile et vulnérable, cherchera instinctivement à s'ancrer à la terre pour affermir son identité. Il adoptera bien souvent pour ce faire un comportement sexuel à partenaires multiples, cherchant ainsi à se constituer sans avoir à se responsabiliser, allant évidemment d'échecs en échecs.

C'est d'ailleurs pourquoi la fleur orangée du souci devint dans certains pays occidentaux l'attribut du mari trompé (c'est-à-dire de celui qui n'a pas su mettre en valeur ses propres qualités par rapport à celles de ses rivaux tentant de séduire sa femme). De même, dans l'art héraldique, la couleur orangée désigne la fausseté. Toutefois, il s'agit ici d'une fausseté résultant de l'ignorance (de l'immaturité) et l'orangé n'évoque d'aucune manière une ruse ou une tromperie délibérée. En effet, mésestimant les qualités dont il n'a pas su percevoir la richesse dans sa confrontation avec autrui, l'individu adopte alors simplement les valeurs que son milieu lui propose.

LA COULEUR ROSE

Exceptionnellement, nous associons également au chakra sacré une seconde couleur. En effet, nos études personnelles ont su largement confirmer que la couleur rose est également très étroitement liée au chakra sacré. Pour mieux comprendre cette couleur, précisons d'abord que le rose est issu d'un mélange de rouge et de blanc. Or nous avons vu dans notre étude portant sur le chakra racine que le rouge est une couleur centrifuge incitant l'individu à s'extérioriser, à agir et à développer sa combativité. Pour cette raison, il est associé à la dimension masculine de l'être. Quant au blanc, il représente la sublimation et la pureté. En ce sens, les animaux blancs étaient considérés dans les traditions anciennes comme des animaux sacrés, exprimant dans leur chair la pureté profonde de l'esprit. Aussi, associé au rouge, le blanc y introduit une notion de pureté et d'élévation.

C'est pourquoi la tradition de l'hermétisme chrétien prétend que le rose représente la dimension masculine (le rouge) adoucie (presque féminisée) par la présence du blanc. Aussi, cette couleur est un indicateur de féminisation et de sensibilité aux valeurs intérieures (essentiellement féminines). En ce sens, l'expression « homme rose » s'applique d'ailleurs aux mâles ayant su développer une intériorisation les amenant à tempérer les ardeurs de leur nature masculine. Le rose s'apparente alors à la sensualité raffinée, à la tendresse, à la douceur et à la sensibilité.

Or toutes ces dimensions sont essentielles à la constitution du moi personnel car elles contribuent directement au processus de valorisation. En effet, deux personnes se manifestant de la tendresse, se valorisent bien davantage que par un acte sexuel vécu de manière purement extérieure (masculin). L'exploration sensuelle, davantage propre à la psychologie féminine et représentée par le rose, demeure donc un aspect décisif dans la constitution du moi personnel.

LA COULEUR ROSE MALEFICIEE

Nous venons de préciser que le rose est issu d'un mélange de rouge et de blanc. Ainsi, si le rouge est une couleur centrifuge incitant l'individu à s'extérioriser et à agir pleinement, il s'adoucit considérablement dans son mélange avec le blanc. Ce processus d'adoucissement, positif en soi, peut cependant être maléficié. Le rouge subit alors une perte de toutes ses qualités dynamiques. Dans cette perspective, le rose symbolise alors une nature privée d'enthousiasme, de force, d'élan et de passion de vivre (les valeurs combatives associées à la couleur rouge étant totalement inhibées). En outre, le rose maléficié indique généralement une nature psychologique insatisfaite et extrêmement dépendante des attentions qu'on lui porte.

Dans cette perspective, le rose devient la couleur de la sensiblerie. Associée à la femme, il indique alors une attitude infantile recherchant quelque chose qui puisse la combler extérieurement de ce dont elle est dépourvue intérieurement (d'où son insatiabilité). Chez un homme, il trahit un manque de virilité, un caractère efféminé et une difficulté réelle à se détacher de l'environnement maternel étant incapable de considérer la femme autrement que comme une mère. Cette problématique conduit parfois l'adolescent à déifier la femme et à exiger de celle-ci une pureté totale. Elle devient ainsi intouchable et de nombreuses conséquences psycho-sexuelles s'ensuivent.

LE *MANDALA* HINDOU DU CHAKRA SACRE

Afin de mettre à nouveau certains aspects du chakra sacré en exergue, nous allons maintenant aborder succinctement l'analyse du *mandala* traditionnel associé au *Svâdhisthana chakra.*

Nombre de pétales et *yantra*

Précisons d'abord que ce *mandala* comporte six pétales de couleur rouge. Nous ne reviendrons pas sur le symbolisme du nombre 6 étudié précédemment, mais rappelons seulement qu'il est le nombre de l'interaction féconde entre deux éléments duels. Plus précisément, nous avons vu que le nombre 6 est étroitement lié aux pouvoirs de création résultant de la conjugaison du plan intérieur et du plan extérieur.

Outre ces pétales, nous constatons également que le *yantra* correspondant au chakra sacré est un grand croissant de lune qui occupe toute la partie inférieure du dessin. Or la Lune représente dans la tradition hindoue un élément symbolique particulièrement important. En effet, elle est d'abord associée à tout ce qui est doux, gracieux et soumis. Elle évoque en ce sens les notions matricielles auxquelles nous avons fait allusion précédemment. En *yoga*, elle est également considérée comme la personnification de l'énergie sexuelle (le *soma*). Ainsi, elle est « la coupe de sperme » et le symbole de sa sublimation.

En effet, « en tant que l'essence du désir sublimé, la Lune est faite des os de Kama, le dieu de la luxure, dont le corps fut détruit par un seul regard de Shiva, le grand *yo-*

gi ».[16] En ce sens, elle invite l'homme à canaliser son énergie sexuelle pour lui permettre de mieux affermir en lui ses valeurs profondes et ne pas s'enchaîner aux forces du monde d'en bas (la luxure incarnée par le dieu Kama). En outre, Daniélou précise que « l'influence de la Lune détruit les amants malheureux », c'est-à-dire ceux qui ont perverti l'énergie sexuelle en la dissociant de sa dimension intérieure.

Dans une autre perspective, la Lune est également assimilée « aux eaux primordiales dont les vagues donnent naissance à toutes les apparences tangibles ».[17] En effet, « les eaux sont la source de tout ce qui est visible et invisible ».[18] Ces propos du *Prashna Upanishad* mettent bien en exergue une caractéristique lunaire universellement reconnue: son pouvoir de coagulation. En effet, à l'image de l'élément cathodique d'un téléviseur qui « incarne » les ondes hertziennes pour les rendre perceptibles sous la forme d'images, la Lune condense les forces spirituelles pour les rendre accessibles à la conscience. Ainsi, par exemple, la tradition *Shinto* rapporte que c'est un miroir (un symbole lunaire) qui arracha la déesse-soleil, Amaterasu, à l'auguste repos de la non-manifestation divine en réfléchissant sa lumière dans le monde. C'est en vertu de ce même pouvoir qu'elle préside également au processus de maturation et de gestation.

En ce sens, « on vénère aussi la Lune pour obtenir la beauté physique ».[19] En d'autres termes, son pouvoir de coagulation permet alors à la dimension spirituelle (intérieure) de s'exprimer harmonieusement sur le plan terrestre, la beauté

16- Daniélou, Alain, *Mythes et dieux de l'Inde*, Editions du Rocher, Paris, 1992.
17- Daniélou, Alain, *Mythes et dieux de l'Inde*, Editions du Rocher, Paris, 1992.
18- *Prashna Upanishad* 1, 5.
19- *Dvetâ tattva.*

résultant d'une adéquation parfaite entre l'esprit et le corps. Enfin, le croissant de Lune est également associé dans la tradition hindoue au triangle aqueux (c'est-à-dire au triangle pointé vers le bas). Elle est ainsi associée à l'aspect passif et matriciel de la création identifié au *yoni*, l'organe femelle.

D'un point de vue plus occidental, la Lune préside de même à la naissance de toute réalité terrestre. C'est d'ailleurs pourquoi les hermétistes attribuent à la Lune le symbole du miroir auquel nous venons de faire allusion. Cet objet a toujours eu la réputation de refléter une image fidèle de ce qui appartient au monde tangible de la création, demeurant d'autre part insensible aux réalités désincarnées. De là, ces nombreuses croyances anciennes selon lesquelles un miroir ne pouvait renvoyer l'image d'un vampire, d'un fantôme ou d'un mort-vivant. Plus encore, si un miroir se brisait ou se ternissait, il annonçait inévitablement une fin, une rupture ou une mort prochaine.

En outre, cette fonction incarnante peut être déviée en raison de la grande impressionnabilité de la Lune. C'est ce que symbolise le miroir déformant. Dès lors, l'incarnation devient symbole d'illusion et de valeurs factices et superficielles. Les valeurs profondes du moi personnel étant ainsi dénaturées, la personnalité s'éloigne alors progressivement de son essence profonde (c'est la problématique du masque évoquée précédemment). Or nous avons vu que le masque résulte du fait que la personnalité cesse d'exprimer extérieurement sa nature profonde pour devenir un simple reflet du monde extérieur. En effet, la dimension lunaire de l'être, réceptive et impressionnable, doit être, dans son rapport au monde extérieur, en mesure de demeurer fidèle à sa nature véritable. C'est d'ailleurs ce qu'évoque la position particulière du croissant de Lune. Orienté vers le haut, il suppose effectivement une réceptivité aux réalités intérieures de l'être. Ce croissant de lune représente donc une personnalité parfaitement disponible et ouverte aux réalités intérieures dans le but de les incarner sur le plan extérieur et de les manifester pleinement.

A un autre niveau, en raison du fait que la Lune capte l'énergie du Soleil pour ensuite la redistribuer sur la Terre, elle gouverne la fonction alimentaire. Tous les processus d'assimilation des éléments nutritifs contenus dans les aliments sont donc assujettis aux forces lunaires. Ces éléments nutritifs permettent alors la croissance du corps et sa régénération, maintenant ainsi son état de coagulation (sa non-dissolution) sur le plan terrestre (incarnation). Plus encore, compte tenu de ce que nous avons dit précédemment, la digestion représente symboliquement la capacité d'intégrer en soi les ressources et les potentialités que le monde recèle. Nous touchons ici une fonction sacrée de l'alimentation, manger et boire étant en quelque sorte un acte constituant, permettant à l'homme de se développer dans son rapport au monde extérieur.

Enfin, la Lune gouverne également les forces de la fécondité et de la fertilité. A titre d'exemple, le cycle menstruel de la femme a une durée équivalant à une lunaison. En ce sens, qu'il nous soit permis de nous référer à la mythologie grecque où Artémis, personnifiant la Lune, était plus précisément la déesse des enfantements. Ainsi, André Bonnard rapporte dans son étude sur les dieux de la Grèce: « Toute frêle progéniture prospère par ses soins. Les petits oiseaux, la tendre chair des nouvelles portées, elle ne permet pas qu'on y touche. Elle fixe la loi de la chasse et de la pêche. Défense au chasseur de tuer une femelle pleine. Si l'une d'elles se prend à son filet, il doit la relâcher "pour l'amour d'Artémis" ».[20]

20- Bonnard, André, *Les Dieux de la Grèce*, Editions de l'Aire, Lausanne.

Dès lors, la présence du croissant de lune dans la partie inférieure du *mandala* confirme à nouveau que le chakra sacré est étroitement lié aux forces vitales et génératrices. Plus encore, il évoque une notion de maturation et de gestation, deux dimensions venant confirmer l'affermissement et le développement du moi personnel à l'intérieur des enjeux de ce chakra.

L'animal héraldique

Ayant décrit le symbolisme du croissant de lune, il nous faut encore insister sur la présence d'un animal héraldique à l'intérieur de cette figure. Il s'agit ici du crocodile et nous lui consacrerons une analyse plus exhaustive dans une prochaine section. Toutefois, représenté au centre du croissant, il revêt dans la tradition hindoue une signification toute particulière. En effet, du point de vue oriental, il ne s'agit pas tout à fait d'un crocodile mais plutôt d'un monstre marin mythique ressemblant à cet animal: le *makara*. Or cet être fabuleux tient dans la mythologie orientale une place éminente. En effet, la *Bhagavad-Gîtâ* rapporte que le *makara* est au monde des poissons et de l'eau ce que le Gange est aux fleuves et ce que Rama est aux guerriers. Il symbolise donc l'excellence du monde marin et il incarne en ce sens ce qu'il y a de plus parfait dans le monde des eaux.

Pour bien saisir ce qu'il évoque, il importe donc de s'intéresser à la signification symbolique de l'eau. En ce sens, l'orient et l'occident ont une approche similaire. En effet, les eaux évoquent d'abord le concept de vitalité et de fécondité. En tant que maître des eaux, le *makara* est donc un agent vivifiant la création et lui conférant sa fécondité. De même, l'eau est également étroitement liée à la purification. Ainsi, un texte sacré de l'Inde, le *Rig-Veda*,[21] déclare: « Vous, les Eaux, qui réconfortez, apportez-nous la force, la grandeur, la joie, la vision ! ... Souveraines des merveilles, régentes des peuples, les Eaux ! ... Vous les Eaux, donnez sa plénitude au remède, afin qu'il soit une cuirasse pour mon corps, et qu'ainsi je voie longtemps le soleil ! ... Vous les Eaux, emportez ceci, ce péché quel qu'il soit, que j'ai commis, ce tort que j'ai fait à qui que ce soit, ce serment mensonger que j'ai prêté. ».[22]

Les eaux apportent donc la purification en contribuant en quelque sorte à mettre le corps en adéquation avec l'esprit (conformément au symbolisme du nombre 6). En ce sens, le poème hindou de *Vâlmîki* affirme: « Les *Graha*, les *Gana*, les *Gandharvas*, ayant répandu sur eux l'eau de la *Gangâ*, devinrent à l'instant même lavés de toute souillure. Ceux qu'une malédiction avait précipités du ciel sur la terre, ayant reconquis, par la vertu de cette eau, leur ancienne pureté, remontèrent dans les palais éthérés. ». Ainsi donc, l'eau évoque la purification des choses corporelles qui, s'étant éloignées de la source spirituelle (ceux qui ont été précipités du ciel sur la terre), ont subi une véritable malédiction.[23] C'est aussi la fonction du crocodile hindou, le *makara*.

21- Le *Rig-veda* ou « *Veda* des strophes » est un texte qui fut rédigé entre le douzième et le dixième siècle avant Jésus-Christ.

22- Le *Veda* (présenté par Jean Varenne, traductions de Jean Varenne, Louis Renou,...) Paris, 1967.

23- L'occident attribua également à l'eau une puissante vertu purificatrice. Ainsi, le livre des Nombres et le Lévitique énumèrent de nombreux cas où, pour se purifier de souillures corporelles ou légales, il était nécessaire de se laver et de laver ses vêtements dans de l'eau pure. Ces ablutions, véritables rites de purification, se faisaient à domicile dans de grandes cuves de métal ou dans les réservoirs publics et étaient fort prisées des Pharisiens et des Esséniens.

La divinité et ses attributs

Le *mandala* associé au *Svadhisthana chakra* comporte également une divinité: il s'agit de Vishnu. Pour bien comprendre ce *mandala*, il importe donc d'étudier brièvement ce que Vishnu représente dans la théologie hindoue. En ce sens, il correspond essentiellement à la tendance cohésive à l'origine de toute chose. En effet, c'est lui qui, incarnant la force centripète universelle, maintient l'univers assemblé. Cette caractéristique n'est pas sans rappeler la fonction privilégiée du chakra sacré consistant à favoriser la constitution du moi personnel et sa croissance par un processus de valorisation. Dieu de la préservation, Vishnu est en outre représenté dans ce *mandala* sous la forme d'un adolescent à quatre bras. Sa forme d'adolescent évoque ici clairement l'enjeu du chakra et le moment où ce chakra exerce une activité maximale (l'adolescence). En ce sens, nous avons vu précédemment que l'adolescence correspond à l'étape au cours de laquelle l'individu, quittant le monde de l'enfance, se forge une identité à travers son rapport à l'autre (notion de dualité constituante), acquérant ainsi la maturité suffisante pour devenir un adulte.

Ajoutons en outre que Vishnu chevauche l'oiseau Garuda dont le nom signifie « verbe ailé ». Or l'apparence de cet oiseau n'est pas sans rappeler un symbole analogue dans le monde égyptien. En effet, il revêt l'apparence d'un vautour et nous savons que les naturalistes anciens considéraient cet animal comme étant le plus maternel. Les Egyptiens lui prêtaient même la capacité « de faire couler son sang, en se blessant lui-même, pour en nourrir ses petits aux jours de détresses. ».[24] Ainsi, Nekhbet, la déesse vautour des Egyptiens, était

24- Charbonneau-Lassay, Louis, *Le Bestiaire du Christ*, L. J. Toth Rela protectrice des naissances et devint même l'emblème de toute protection. En ce sens, l'image du vautour nourrissant ses petits (transposée en Occident au début du seizième siècle sous la forme du Pélican), évoque bien évidemment un processus de croissance et d'affermissement du moi personnel par un travail de valorisation.

Mais le symbolisme de cet animal recèle encore de très grandes richesses du point de vue strictement hindou. Ainsi, le *Mahâbhârata* précise que Garuda eut de son épouse Unnati (le Progrès) six fils: Sumukha (Beau-visage), Su-nâma (Beau-nom), Su-netra (Bel-oeil), Su-varcas (Belle-vigueur), Su-ruk (Bel-éclat) et Su-bala (Belle-force). Cette référence mythologique établit donc une parenté symbolique entre la progéniture de l'oiseau Garuda et le nombre 6, le nombre associé au chakra sacré. Or, étroitement lié aux pouvoirs de création résultant de la conjugaison de l'esprit et de la matière, ce nombre évoque également l'harmonie, c'est-à-dire la beauté qui en résulte. A ce titre, le nom de chacun des fils de Garuda évoque une notion de beauté par le préfixe « *su* » signifiant beau. Ceci nous rappelle sans équivoque que la beauté au sens métaphysique résulte de la coïncidence entre l'intérieur et l'extérieur. C'est d'ailleurs ce que la tradition hermétique met en exergue avec le concept de beauté associé dans la tradition kabbalistique à la sixième *sephirah* de l'arbre de vie, *Tiphereth*, dont le nom signifie précisément « Beauté ».

En outre, la mythologie hindoue précise encore à propos de l'oiseau Garuda et de ses six fils qu'ils sont des êtres ailés. Ceci évoque bien évidemment une notion d'élévation. Nous retrouvons en ce sens l'aspect de sublimation associé à la Lune par la tradition orientale. Mais, plus encore, la tradition hindoue ajoute que tous les oiseaux mangeurs de ser-

---

print Milano, 1974.

pents descendent des fils de Garuda et que les cycles du temps n'ont aucun effet sur eux. Sur un plan symbolique, le fait d'échapper au cycle du temps illustre la capacité de ne pas être soumis aux valeurs factices et illusoires du monde extérieur et de demeurer fidèle à ses valeurs intérieures, celles de l'esprit (essentiellement éternel). Quant à la fonction de mangeur de serpents, elle évoque une capacité à ne pas succomber au piège de l'incarnation (dont le serpent est l'emblème) consistant à substituer à sa dimension intérieure une dimension purement extérieure, adoptant ainsi une conscience exclusivement horizontale (symbolisée par le serpent, l'animal le plus horizontal de la création).

En effet, le serpent représente sous sa forme horizontale le moi personnel n'ayant pas su gérer son rapport au monde extérieur en se dissociant de sa dimension intérieure. Garuda, également appelé « maître des serpents », a toutefois su se libérer de ce piège. C'est pourquoi il est considéré comme l'ennemi mortel des *Nâga* et la tradition hindoue le nomme en ce sens Nâgântaka, c'est-à-dire destructeur-des-*Nâga*. Or les *Nâga* sont des esprits de l'eau qu'on représente parfois sous la forme de serpents. Quelle que soit cependant la forme qu'ils adoptent, ils sont toujours des monstres aquatiques et représentent en ce sens une perversion de l'élément eau. Aussi, ils symbolisent toutes les forces instinctuelles et perverties de la vie psychique, échappant à la maîtrise du moi. Dans cette perspective, l'oiseau Garuda évoque le travail d'anéantissement ou plutôt de transmutation de ces formes déviantes de la nature lunaire (une influençabilité excessive, les fausses impressions et l'illusion notamment).

Précisons également que Garuda habite dans le sud du pays de Nishâda près d'une rivière qui produit de l'or (*Hiran-*

maya).[25] Sur un plan symbolique, cette rivière représente la personnalité incarnant les vertus de l'esprit. En effet, en raison de son éclat solaire et de son inaltérabilité, l'or a toujours été associée aux valeurs profondes et véritables. Ainsi donc, l'eau de cette rivière est toute empreinte ici des forces spirituelles qu'elle incarne sans les dénaturer. La tradition ajoute en outre que Garuda est « viril et lascif et prend à volonté la forme qu'il désire ». Le fait qu'il soit à la fois viril et lascif évoque à nouveau la fécondité à laquelle accède celui dont le chakra sacré s'éveille. En outre, le fait que Garuda prenne à volonté la forme qu'il désire évoque la capacité de la personnalité à se rendre non seulement réceptive aux impulsions de l'esprit, mais aussi à s'y conformer en tout temps (notion de souplesse et de malléabilité), les rendant ainsi pleinement effectives et manifestes dans le monde (tout en évitant parallèlement de les coaguler dans une forme cristallisée).

Enfin, il importe d'ajouter que Garuda vola un jour l'ambroisie aux dieux pour acheter la liberté de sa mère que la mère des serpents gardait prisonnière. Sur un plan symbolique, cette ambroisie correspond à la force sexuelle. Ainsi, en la dérobant à la mère des serpents (c'est-à-dire en sublimant la force sexuelle), Garuda put racheter la liberté de sa mère retenue prisonnière, c'est-à-dire libérer sa dimension corporelle assujettie à l'horizontalité et cristallisée par une sexualité déviante. En d'autres termes, Garuda représente le travail de sublimation et d'alchimie des forces coagulantes de la personnalité.

25- *Mahâbhârata* 6, 8, 5-6.

Les instruments de la divinité

Ces précisions apportées à propos de Vishnu et de son animal support, nous allons maintenant étudier brièvement le symbolisme des instruments dont cette divinité est porteuse. Il s'agit essentiellement d'un lotus, d'une conque, d'une massue et d'un disque.

Le lotus

Dans l'hindouisme traditionnel, le lotus est une image de l'univers s'épanouissant au sein de l'océan informel et infini des causes. Ainsi, « l'Univers apparaît dans mon esprit sortant de l'Océan Causal. Les régents des huit directions de l'espace sont ses pétales épanouis. ».[26] Il est donc la représentation même du monde créé surgissant des eaux à la suite d'un long processus de maturation.

En outre, « le lotus immaculé qui s'élève des profondeurs des eaux mais reste éloigné du rivage est associé à la notion de pureté et à la tendance cohésive (*Sattva*)... Représentant le déploiement de la Création, le lotus est l'équivalent symbolique de l'oeuf-du-non-savoir, germe d'univers innombrables. ».[27] Il est donc également un symbole de pureté comme il l'était en Egypte antique où cette fleur était vénérée. Associé au processus d'incarnation, il évoque en conséquence une création qui se déploie en parfaite harmonie avec son essence.

Mis en rapport avec le chakra sacré, le lotus dont le caractère immaculé s'oppose au limon dont il tire pourtant sa

---

26- *Gopâla-Uttara-Tâpinî Upanishad*, 5.
27- Karapâtri, *Shrî Vishnu Tattva*, textes Siddhânta, vol. 5, cité par Alain Daniélou.

subsistance, rappelle enfin à l'aspirant combien la matière (le limon) acquiert une dignité incontestable lorsqu'elle est mise en relation étroite avec les réalités supérieures, étant alors l'expression même de l'esprit.

La conque

Dans une autre main, Vishnu tient une conque. Précisons d'abord que la conque est à l'origine même de l'existence. En effet, la tradition hindoue nous apprend que souffler dans la conque équivaut à éveiller en soi le son originel (le monosyllabe aum) d'où toute réalité prend naissance. De même, cette tradition ajoute que la conque conserve en elle-même les *vedas* (les livres sacrés renfermant la connaissance) pendant les périodes de *pralaya* séparant deux cycles de manifestation. Symboliquement, elle est donc liée au son primordial qui génère toute existence et elle contient en outre les potentialités de toute chose, assurant ainsi leur gestation avant qu'elles ne puissent s'exprimer pleinement.

Dans son étude portant sur les mythes et les dieux de l'Inde, Alain Daniélou précise également que la conque « a la forme d'une spirale partant d'un point et se développant en des anneaux qui s'élargissent progressivement. ». Existe-t-il à ce titre une image plus éloquente de la croissance et du développement ? Puis, il ajoute: « La conque est le symbole de la pure-notion-d'existence-individuelle (*sattvika ahamkâra*)... [Elle] représente la partie cohésive de la notion-du-moi, origine des cinq éléments ».[28] Ainsi donc, la conque est également directement associée au principe de cohésion, une propriété essentielle du dieu Vishnu et du chakra sacré.

28- Daniélou, Alain, *Mythes et dieux de l'Inde*, Editions du Rocher, Paris, 1992.

Enfin, en raison du fait qu'elle est issue de la mer, la conque est étroitement associée à l'élément eau. A ce titre, elle rappelle les vertus de cet élément que nous venons d'expliciter exhaustivement. Elle est donc directement associée à la fécondité et à la vitalité dont elle constitue un symbole privilégié.

La massue

Vishnu tient également une massue. Ici, il importe de bien resituer cet instrument dans la tradition hindoue. En effet, dans un contexte occidental, la massue pourrait certainement représenter la force brutale et primitive utilisée en vue d'asservir, d'écraser et de dominer. En orient toutefois, elle revêt une toute autre signification.

En effet, tenue par Vishnu, elle est le symbole de la puissance-de-connaître.[29] En ce sens, elle représente le processus de confrontation à l'autre comme outil permettant d'atteindre une meilleure conscience de soi. Elle rappelle ainsi un élément essentiel des enjeux propres au chakra sacré consistant à savoir gérer la dualité de manière à percevoir en l'autre un reflet de soi-même.

La massue incarne donc un processus de connaissance visant à découvrir l'essence profonde animant le moi personnel et à le libérer ainsi des valeurs factices et illusoires qu'il a pu nourrir dans un rapport maléficié avec le monde.

Le disque

Enfin, Vishnu tient dans une autre main, un disque. Or dans l'iconographie hindoue, ce disque comporte « six rayons

29- *Vishnu Purâna*, 1, 22, 69.

et est l'équivalent symbolique d'un lotus à six pétales ».[30] Il correspond donc au chakra sacré et évoque par là-même le symbolisme du nombre 6. Ceci est d'autant plus évident que ce disque, ayant la forme d'une roue, est appelé dans l'*Ahirbudhnya Samhitâ* « Bel-à-voir ». Nous retrouvons ici la notion de beauté déjà évoquée précédemment comme étant la résultante d'une coïncidence entre l'esprit et le corps, entre la dimension intérieure et la dimension extérieure.

Toujours selon l'*Ahirbudhnya Samhitâ*, le disque représente également la volonté de se multiplier. Ainsi, il symbolise le développement et la croissance de l'essence primordiale sous les différentes formes du monde manifesté. Tout le processus de déploiement de l'esprit dans la matière, l'enjeu principal du chakra sacré, est donc à nouveau illustré à travers le symbolisme du disque particulièrement éloquent à cet égard.

Enfin, il faut ajouter que ce disque est une arme de jet redoutable et meurtrière. Dans le *Hari-Vamsha*, Shiva s'adresse à Krishna en ces termes: « Retiens ce disque que tu as levé, ce disque irrésistible, indestructible qui fait la terreur des ennemis dans les batailles. ». Sous cet angle, il représente les valeurs véritables du moi personnel découvertes par l'aspirant au cours de son processus de différenciation. Ces valeurs, une fois conscientisées et nourries, s'opposent alors aux valeurs factices et illusoires (les ennemis) et éliminent toute dimension ayant une origine étrangère aux réalités profondes de l'Etre. A ce titre, le disque est de couleur or, la couleur du Soleil (symbole des valeurs immuables de l'Etre).

30- *Nrisimha Pûrva Tâpinî Upanishad*, 5.

La *shakti* et ses instruments

Aux côtés de Vishnu se tient également sa *shakti* Rakini. Pour mieux comprendre ce qu'elle représente, soulignons d'abord qu'elle possède deux têtes évoquant de manière explicite le processus de différenciation associé au chakra sacré et par lequel l'aspirant découvre ses valeurs dans le rapport qu'il entretient avec l'autre. Ces deux têtes évoquent également le rapport étroit existant entre les dimensions intérieure et extérieure de l'être ainsi que les pôles masculin et féminin qui s'y rattachent.

Les sources traditionnelles ont cependant peu de choses à nous préciser sur cette *shakti* outre le fait qu'elle est en quelque sorte l'incarnation féminine de certains attributs de Vishnu. Pour mieux saisir sa signification, il importe donc de chercher à définir plus clairement les outils dont elle est porteuse. En ce sens, elle tient quatre objets hautement symboliques. Il s'agit d'un lotus, du tambour *damaru*, d'un trident et d'une hache.

Le lotus

En ce qui concerne le lotus, rappelons qu'il est essentiellement le symbole du monde créé surgissant des eaux à la suite d'un long processus de maturation. Plus précisément encore, il illustre la création qui se déploie en parfaite harmonie avec son essence et qui, en conséquence, incarne une parfaite pureté dans le monde matériel. A ce titre, il rappelle la beauté de la matière lorsqu'elle exprime la lumière de l'esprit qui l'anime.

Le tambour *damaru*

Dans une autre main, Rakini tient un tambour *damaru*. Il s'agit d'un petit tambour en forme de sablier qui évoque à peu de choses près le symbolisme de l'hexagramme. En effet, les deux principes complémentaires des orientaux, le *linga* (principe masculin) et le *yoni* (principe féminin) sont représentés symboliquement par un triangle-igné pointé vers le haut (le *linga*) et un triangle-aqueux pointé vers le bas (le *yoni*). Or « lorsque ces deux triangles se pénètrent pour former un polygone étoilé, ceci représente l'état de manifestation. Lorsqu'ils se séparent, l'Univers se dissout. ».[31] Aussi, le tambour *damaru* représente les deux énergies créatrices pleinement différenciées.

A un autre niveau, il symbolise également le processus même de la création. En effet, la forme du tambour évoque le moment où seules les pointes des deux triangles sont en contact. Cette étape correspond au point limite, le *bindu*, par lequel toute manifestation prend naissance. Ajoutons à ce titre que les tambours *damaru* sont souvent fabriqués à partir de deux crânes couverts de peaux tendues et tenues ensemble par des cordelettes. Sur un plan symbolique, ces deux crânes illustrent le fait que la dimension intérieure et la dimension extérieure éloignées l'une de l'autre sont vouées à la mort. En effet, sans le corps, l'esprit est tel une ombre qui ne participe plus à la vie (elle ne peut plus se manifester concrètement). De même, sans l'esprit, le corps est privé de sa force cohésive et s'expose aux puissances dissolvantes de l'univers.

Enfin, associé à l'émission du son primordial, origine de toute création, et plus généralement au rythme de l'univers, le

31- Daniélou, Alain, *Mythes et dieux de l'Inde*, Editions du Rocher, Paris, 1992.

damaru est étroitement relié aux forces créatrices agissant dans la gestation, la croissance et le développement du moi. A ce titre, il n'est pas sans évoquer la Lune étroitement associée à la notion de cycle.

Le trident

Rakini tient également dans une main un trident. Du point de vue de l'hermétisme chrétien, le trident est un outil généralement attribué aux divinités de la mer pour signifier leur capacité à dompter les monstres marins. Sur un plan symbolique, nous retrouvons donc l'un des enjeux majeurs du chakra sacré consistant à canaliser les forces instinctuelles (les monstres marins) pour les mettre au service du moi.

Dans l'iconographie hindoue, le trident représente en outre les trois tendances fondamentales de la nature (les *guna*) et les trois fonctions de création, de préservation et de destruction. Ces trois éléments étant au fondement même de l'existence matérielle, le trident évoque ainsi, sous une forme symbolique, les forces constituantes du moi. Transposées dans un contexte psychanalytique occidental, ces trois tendances à la base de toute existence deviennent d'ailleurs « les trois pulsions (sexualité, nutrition, spiritualité), cadres de tous les désirs trop facilement exaltés. Il représente aussi le danger du pervertissement, la faiblesse essentielle livrant l'homme à la merci du séducteur-punisseur. ».[32]

Ceci n'est pas sans rappeler les mots du *Shaiva-Siddhânta sâra*: « Comme le punisseur (Shûla) des méchants, tu brilles comme la-loi-de-perfection, ô porteur du trident. ».[33]

32- Diel, Paul, *Le Symbolisme dans la mythologie grecque*, Préface de G. Bachelard, Paris, 1952.
33- *Shaiva-Siddhânta sâra.*

Le séducteur-punisseur évoque ici les forces adverses incarnées dans notre tradition judéo-chrétienne par Satan (dont le nom signifie « l'Adversaire »). Le trident devient alors l'attribut traditionnel du démon qui l'utilise pour conduire les âmes en enfer. Sous cet angle, il symbolise les dangers inhérents au processus même de l'incarnation et les déviations pouvant en découler.

La hache

Enfin, dans sa dernière main, Rakini tient une hache de guerre symbolisant sa capacité à ne pas se laisser dominer par les forces de l'incarnation, mais à les maîtriser afin qu'elles participent au développement et à la maturation du moi personnel. Plus précisément, cette hache de combat permet de lutter contre l'excès de virilité et de masculinité pour favoriser l'intégration, dans la constitution du moi, des forces féminines de la douceur et de la tendresse.

C'est en ce sens que la hache (*parashu*) remise à Parashu-râma lui permit de détruire avec l'aide de Shiva la caste des guerriers et des princes.[34] Sur un plan symbolique, les guerriers et les princes incarnent la pulsion mâle, les uns sous son aspect de combativité et d'agressivité (action dynamique), les autres sous son aspect de commandement et de responsabilité (organisation et structuration).

Ainsi, la hache permet de rappeler aux guerriers et aux princes leur essence première en les amenant à maintenir un rapport étroit entre la nature profonde (féminine) et l'expression extérieure de leur moi (essentiellement masculine).

34- *Mahâbhârata*, 13, 864.

LE CROCODILE

Au niveau de l'animal héraldique, la tradition de l'hermétisme chrétien associe le crocodile au chakra sacré. Or pour mieux saisir ce que cet animal représente d'un point de vue symbolique, il importe d'abord d'étudier son apparence et son comportement. En ce sens, précisons dans un premier temps que les moeurs de cet animal sont essentiellement aquatiques. En effet, les fleuves, les lacs, les rivières et les marécages constituent l'essentiel de son milieu de prédilection. Son lien étroit avec l'eau fit d'ailleurs qu'il héritât de plusieurs caractéristiques de cet élément déjà mis en exergue dans notre analyse précédente.

A ce titre, nous avons vu que l'eau représente, d'un point de vue symbolique, la vitalité et le principe de fécondité. En effet, les traditions anciennes insistent sur le fait que l'eau vivifie la terre et lui restitue sa fertilité. Ainsi, la tradition judéo-chrétienne reconnaît à l'eau une puissance fécondante exceptionnelle. Osée compare même Yahvé à une pluie de printemps: « Connaissons, appliquons-nous à connaître Yahvé; sa venue est certaine comme l'aurore, il viendra pour nous comme l'ondée, comme la pluie de printemps qui arrose la terre. ».[35] Dans le même ordre d'idées, le psalmiste déclare à l'adresse de Dieu: « Dans les ravins tu fais jaillir les sources, elles cheminent au milieu des montagnes; elles abreuvent toutes les bêtes des champs, les onagres y calment leur soif; l'oiseau des cieux séjourne près d'elles, sous la feuillée il élève la voix. ».[36] De même encore, le prophète Ezéchiel affirme: « Ta mère était semblable à une vigne plantée au bord de l'eau. Elle était féconde et feuillue, grâce à l'abondance des

35- Osée VI, 3.
36- Psaume 104 (103), 10-12.

eaux. ».[37] Enfin, nous connaissons tous l'existence de ces fontaines de jouvence conférant la jeunesse perpétuelle à tous ceux qui y boivent ou qui s'y baignent.

Aussi, en tant qu'animal vivant dans les eaux, le crocodile incarne d'abord le principe de fécondité. C'est pourquoi les Aztèques croyaient que la terre était née d'une crocodile vivant dans la mer originelle. Chez les Mayas, le crocodile était également un dieu incarnant les énergies de la végétation, étroitement en rapport avec les forces de la fécondité. De même, chez les Egyptiens, le dieu crocodile Sobek était considéré comme le recteur des crues du Nil. Adoré dans le temple de Kom Ombo, il était en effet directement responsable des crues de ce fleuve. Or ces crues refécondaient chaque année l'aridité du désert. Nulle part ailleurs, sans doute, l'eau n'eut une si grande importance que dans ce pays désertique comme le remarque d'ailleurs fort pertinemment l'égyptologue A. Moret « la crue annuelle est le plus grand des miracles du Nil; par elle le fleuve entretient le sol cultivable, en corrige l'évaporation et lui rend l'humidité, nécessaire dans un pays sans pluies. ».[38]

Le crocodile fut donc considéré comme une incarnation du principe de la fécondité. A ce titre du reste, Plutarque rapporte que « les crocodiles produisent soixante oeufs qui mettent autant de jours à éclore ». Bien que contestable sur le plan scientifique, cette observation est toutefois d'une grande richesse symbolique puisqu'elle met en exergue les vertus du nombre 60, une forme incarnée, nous l'avons vu, du nombre 6. Or nous savons que ce nombre évoque une notion de fécondité en raison de l'hexagramme qui lui est associé. Dans le même ordre d'idées, Plutarque prétendait également que le

37- Ezéchiel XIX, 10-11.
38- Moret, A., *Le Nil et la civilisation égyptienne*, Paris, 1937.

crocodile vivait soixante ans. Nous retrouvons à nouveau toute la symbolique du nombre 6 étudiée précédemment et assimilant la vie à une expérimentation de la dualité permettant, par cette tension créatrice, de se constituer pleinement.

Plus encore, en tant qu'incarnation du principe de fécondité, le crocodile est également un symbole de la vitalité et de la force sexuelle. A ce titre, les naturalistes anciens avaient observé l'étonnante résistance de cet animal. En effet, même gravement blessé, il peut encore s'enfuir ou se retourner violemment contre son agresseur. Si cette caractéristique avait suscité l'intérêt des anciens, la vitalité sexuelle de l'animal demeura le point essentiel de leur observation. Ainsi, on accordait unanimement au crocodile une vigueur sexuelle exceptionnelle. De nombreuses traditions considéraient même que la graisse de crocodile était un excellent remède contre l'impuissance.

Considérant ce qui précède, il est intéressant de souligner que dans certaines sociétés traditionnelles, le crocodile intervient de manière prépondérante dans les rites initiatiques favorisant le passage de l'enfance à l'âge adulte. Ainsi, dans une société primitive de l'Afrique occidentale (plus précisément au Libéria), les jeunes adolescents se préparent à leurs nouvelles fonctions d'adultes en se retirant dans la forêt pour une longue retraite. Là, ils reçoivent une formation en vue de devenir guerriers ou chasseurs. Cette retraite consiste donc à favoriser le développement de leurs caractéristiques mâles, de leur moi personnel. En ce sens, cette étape correspond tout à fait aux enjeux du chakra sacré. Or, au terme de leur retraite, un rite de circoncision marque définitivement leur passage du monde de l'enfance à celui de l'adulte. En effet, la circoncision symbolise dans les sociétés traditionnelles le moment où le jeune garçon devient apte à procréer, c'est-à-dire le moment où il acquiert toute sa fécondité.

En outre, l'ablation du prépuce est un signe de différenciation sexuelle puisque le prépuce symbolise la partie féminine du pénis comme le clitoris représente la dimension masculine des organes génitaux féminins. La circoncision est donc un rite de différenciation sexuelle très important. En effet, il permet la constitution du moi personnel par la différenciation sexuelle, l'ablation du prépuce correspondant à l'élimination de l'élément féminin. Cette différenciation s'opérant dans le chakra sacré est directement reliée, nous le verrons, aux glandes sexuelles également associées à ce chakra. Quoiqu'il en soit, les jeunes adolescents, ayant passé ces rites, reviennent au village. On dit alors qu'ils ont été dévorés par le Poro (l'esprit-crocodile) dans le ventre duquel ils ont subi une nouvelle gestation. Devenus des hommes, le Poro les a rejetés sans leur prépuce. Les cicatrices sont alors considérées comme les marques laissées par les dents du Poro.

Ce rite très intéressant n'est pas sans rappeler à plusieurs égards le mythe grec du dieu Dionysos (déjà cité dans notre analyse portant sur la couleur orange). En effet, retiré du ventre de sa mère pour subir une seconde gestation dans la cuisse de son père, Dyonisos devint le symbole de la fécondité. Nous avions d'ailleurs souligné que cette seconde gestation mettait en exergue l'époque de l'adolescence où, par l'instauration d'un nouveau rapport aux autres, nourri par la découverte de la génitalité et des pulsions sexuelles qui lui sont inhérentes (l'enjeu fondamental associé au chakra sacré), l'homme émerge de son enfance pour pénétrer dans le monde des adultes.

Dans un autre ordre d'idées, il importe aussi de souligner que le crocodile est un animal à sang froid. Aussi, il dépend étroitement d'une source de chaleur extérieure pour subsister et c'est pourquoi il passe de longues heures sur les berges des rives pour se chauffer. Une fois encore, par cette dépendance au monde extérieur, il évoque l'état de celui dont le moi personnel n'étant pas encore pleinement mature recherche la valorisation pour croître et se développer. Notons en outre que le crocodile trouve cette chaleur dans le rayonnement solaire. En ce sens, il symbolise la personnalité qui, pour être féconde, a besoin de l'esprit. En effet, seule, elle se cristallise et devient stérile. Il lui faut donc être adombrée par l'esprit (symbolisé par le Soleil) pour assurer la croissance de toutes ses potentialités.

LE CROCODILE DANS SA DIMENSION MALEFICIEE

Ceci étant précisé, mentionnons que le crocodile incarne aussi des éléments symboliques négatifs. Ainsi, s'il fréquente les milieux aquatiques, les eaux de prédilection du crocodile sont boueuses et limoneuses. Or nous avons vu que l'eau représente traditionnellement le plan psychique et les émotions qui lui sont inhérentes. A titre d'exemple, les larmes sont très étroitement liées à l'activité émotionnelle: on rit aux larmes, on pleure de rage, de joie, d'amertume, de regret ou de tristesse. Aussi, plusieurs textes bibliques établissent une étroite corrélation entre l'état psychique de l'homme et celui de la mer. Ainsi, le prophète Isaïe rapporte: « Mais les méchants sont comme la mer agitée qui ne peut se calmer, dont les eaux soulèvent la boue et la fange. ».[39] Jérémie déclare quant à lui: « Hamat et Arpad sont honteuses, car elles ont reçu une mauvaise nouvelle. Elles sont soulevées par l'inquiétude comme la mer qui ne peut se calmer. ».[40] A la lumière de

39- Isaïe LVII, 20.
40- Jérémie XLIX, 23.

ces précisions, l'eau qui, mêlée au limon, perd sa transparence et sa limpidité, symbolise les émotions basses et troubles, qui, échappant au contrôle de la raison, nourrissent en l'homme ses pulsions instinctuelles les plus primaires.

A ce titre, il est remarquable de constater dans un grand nombre de traditions l'existence de monstres terrifiants vivants dans les profondeurs des lacs et des océans. Il en existe, seulement au Québec, plusieurs centaines d'après une étude récente.[41] De même, la tradition biblique mentionne l'existence d'un monstre marin semblable aux *Nâga* des hindous: « Ce jour-là, Yahvé châtiera avec son épée dure, grande et forte, Léviathan, le serpent fuyard, le serpent tortueux; il tuera le dragon qui habite la mer. ».[42] Or le crocodile incarne symboliquement ces forces maléfiques que seule l'épée de Yahvé (c'est-à-dire la puissance de la vérité) peut éliminer. Il s'agit donc des déviances de la personnalité (symbolisées par l'eau boueuse). En ce sens, l'occident a fait du crocodile une incarnation de la fausseté comme l'illustre éloquemment l'adage populaire « verser des larmes de crocodile ». En outre, il s'agit bien souvent d'une fausseté résultant d'un désir de plaire et d'être valorisé. Notons que, pour les Pères de l'Eglise, le caractère amphibien du crocodile en faisait l'emblème même de l'hypocrisie.

Or ces forces ne sont pas une dimension authentique de l'être. Tapies dans les plus profondes couches du psychisme (représentées par les lacs et les océans), elles sont le résultat, comme nous l'avons vu, du rejet de certaines dimensions du moi. Ainsi mises en exil, éloignées de leur source, elles ont peu à peu dégénéré et sont devenues sauvages et féroces. C'est là

41- Meurger, Michel, *Les monstres des lacs du Québec*, Editions Stanké.
42- Isaïe XXVII, 1.

l'origine des instincts mauvais ou pernicieux prêts à ressurgir à la surface à tout instant. Nous retrouvons ici une notion déjà évoquée dans notre étude portant sur la couleur orangée à propos des fêtes célébrées en l'honneur de Dionysos qui devenaient parfois l'occasion de se livrer aux pires débauches en donnant libre cours aux pulsions les plus refoulées.

Aussi, en tant qu'animal fréquentant les eaux troubles desquelles il surgit brusquement pour dévorer sa victime, le crocodile illustre sous sa forme maléfique les forces primitives et instinctuelles (particulièrement sexuelles) non encore maîtrisées par la personnalité et qui, tapies dans les plus profondes couches de la vie psychique, peuvent resurgir à tout instant. Cette dimension associée au crocodile évoque alors de manière éloquente un comportement déjà cité précédemment: celui d'une sexualité débridée où l'homme libère ses instincts les plus primaires.

A ce titre du reste, le crocodile n'incarne plus la fécondité, mais devient l'emblème d'une pulsion destructrice, aveugle et cruelle. Il s'identifie alors à son imposante mâchoire pourvue de nombreuses dents dont la fonction première n'est plus de nourrir, mais de détruire. La rencontre entre la mâchoire supérieure et la mâchoire inférieure ne produit plus un mouvement de mastication pour favoriser l'ingestion et l'assimilation de l'aliment, mais évoque plutôt le claquement de dents pour le simple plaisir d'anéantir.

De même, nous avons vu qu'en tant qu'animal à sang froid, le crocodile a besoin de chaleur pour survivre. Dans sa dimension négative, le fait que son activité vitale soit étroitement dépendante des fluctuations climatiques extérieures peut évoquer l'influençabilité et l'impressionnabilité de la conscience face aux influences extérieures. Ainsi, trop sensible à ceux qui l'entourent, la personnalité se laisse alors facilement décontenancer et adopte des états d'âme variables à l'excès (comportement lunatique).

DEUXIEME SECTION

LES FONCTIONS DU CHAKRA SACRE ET LES GLANDES SEXUELLES

DEUXIEME SECTION
LES FONCTIONS DU CHAKRA SACRE
ET LES GLANDES SEXUELLES

LES ENJEUX INITIATIQUES ET PSYCHOLOGIQUES DU CHAKRA SACRE

A la lumière de ce qui précède, nous pouvons maintenant mieux cerner les principaux enjeux initiatiques et psychologiques associés au chakra sacré. En ce sens, il s'agit principalement du développement et de la maturation du moi personnel impliquant de mieux se connaître dans un rapport à l'autre et de poser certains choix fondamentaux. Nous avons appelé ces deux étapes: le rapport constituant et le choix constituant.

Le choix constituant

L'éveil du chakra sacré confronte l'aspirant à la nécessité de faire des choix comme nous l'avons souligné en analysant sommairement la lame de l'Amoureux. Nous avions alors insisté sur le fait que la différenciation et la constitution du moi personnel exigent de poser un certain nombre de choix par rapport aux multiples occasions de croissance et de développement qui se présentent. En effet, en faisant de tels choix, l'aspirant affermit et développe des aspects privilégiés de sa personnalité. Ce que nous appelons le « choix constituant » est donc aussi étroitement lié à un processus de valorisation.

En ce sens, le choix posé face à de multiples possibles permet à la chose élue d'exister et d'atteindre sa pleine maturité. Certes, l'acte de choisir implique alors une renonciation mais celle-ci ne doit pas être perçue comme un appauvrissement ou une perte. Pour bien saisir cela, prenons l'exemple d'une jeune fille confrontée au devoir de faire un choix professionnel dans le cadre de ses études. Supposons qu'elle soit à la fois intéressée par une carrière de musicienne et par une profession dans le domaine de l'informatique, ces deux opportunités lui paraissant particulièrement séduisantes. Pour mener à bien l'une d'entre elles, elle devra cependant en choisir une. Egalement douée dans les deux disciplines, elle devra poser un choix et l'assumer pleinement en se concentrant par la suite sur ce qu'elle a choisi. En renonçant ainsi à une possibilité qu'elle avait de s'accomplir, s'est-elle appauvrie ? La réponse est évidemment négative. Au contraire, il s'avère évident qu'elle n'aurait jamais pu atteindre le niveau professionnel auquel elle accédera si elle n'avait pas su choisir une orientation précise. Ayant renoncé à une option, elle s'est donc enrichie.

Cette notion de choix implique cependant un sens aigu de la responsabilité puisque tout choix entraîne des conséquences rendant celui qui l'a posé entièrement responsable de son devenir. En raison de la multiplicité des opportunités et d'une certaine déresponsabilisation, notre société moderne rend particulièrement difficile cette pratique pourtant décisive. En effet, choisir devient alors synonyme de limitation et de restriction. N'acceptant pas de renoncer à d'autres possibilités pleines de promesses, l'individu refuse de s'engager sur une voie et de la valoriser pleinement. Demeurant ainsi dans l'indécision, il profite apparemment de toutes les opportunités s'offrant à lui. Certes, son contact superficiel avec les réalités qui l'entourent lui permet de s'éveiller à de multiples dimensions de son être, mais faute de s'engager vraiment, il n'en développe aucune, se condamnant à la médiocrité et à l'immaturité la plus complète.

Passant en effet d'une chose à une autre sans jamais s'arrêter pour l'approfondir et l'assumer de manière responsable, il dissipe alors ses énergies et transforme bientôt son existence en une véritable errance ne rendant jamais tangibles les capacités latentes dont il dispose pourtant. Il en résulte un état d'éternelle adolescence et une profonde immaturité psychologique se traduisant par une incapacité à poser des gestes responsables.

Le rapport constituant

Si l'éveil du chakra sacré amène l'individu à poser des choix déterminants, il importe toutefois que ces choix soient éclairés. En reprenant notre exemple précédent, si la jeune fille, ressentant un attrait particulier pour la musique, avait choisi de faire une carrière d'informaticienne pour la simple raison que ce domaine est davantage valorisé par la société, elle aurait ainsi nié sa véritable nature. Confrontée, au même titre que l'Amoureux, aux deux visages de la personnalité (la personnalité authentique et véritable et la personnalité maléficiée qui privilégie les valeurs du monde extérieur au détriment des siennes), elle aurait choisi une carrière en informatique au risque de trahir ce qu'elle est authentiquement. C'est pourquoi, afin de poser les choix justes, il importe de mieux se connaître, appréciant et valorisant ainsi les choses dont on se découvre porteur. Or cette découverte de soi et les premières valorisations qui en découlent sont liées au rapport à l'autre. Essentiellement narcissique, nous l'avons appelé « rapport constituant ».

En ce sens, nous avons vu que le rapport à l'autre permet essentiellement de découvrir en l'autre un miroir reflétant les différents aspects de sa propre identité. Ce rapport s'avère donc constituant dans la mesure où il permet de prendre conscience de soi-même. Mais plus encore, revêtant généralement un caractère affectif et sensuel, il apporte en outre les éléments susceptibles de valoriser, de nourrir et d'affermir les multiples facettes de son identité personnelle. En ce sens, il existe deux types principaux de relations apportant des éléments fort distincts.

Le premier comprend tous les rapports amenant l'adolescent à vivre un processus de différenciation sexuelle. En effet, il découvre progressivement, par son rapport à l'autre, sa propre identité sexuelle. Or cette découverte contribue, par un processus de différenciation, au développement de son moi personnel. En outre, par des relations homosensuelles, l'adolescent favorise alors la croissance de ses propres spécificités identitaires et acquiert plus facilement les comportements et les attitudes conformes à son identité sexuelle. De même, par des rapports hétérosensuels, il favorise une meilleure prise de conscience de la dimension complémentaire présente en lui. Cette prise de conscience et la valorisation correspondantes sont en ce sens tout aussi essentielles à son développement harmonieux. En effet, si l'adolescent se différencie du point de vue sexuel, il demeure toutefois porteur de l'autre dimension. C'est d'ailleurs l'éveil de cette dimension complémentaire qui lui permettra d'apprécier par la suite les personnes du sexe opposé. Nous y reviendrons dans notre analyse du chakra cardiaque.

Cette première forme du rapport constituant, plus étroitement associée à l'adolescence, permet donc à l'individu d'accéder à une maturité psychologique. Rappelons cependant que ce rapport à l'autre, sous ses formes affectives comme sensuelles, demeure exclusivement narcissique, l'autre étant perçu essentiellement comme un support de valorisation. Toutefois, jamais l'individu n'est autant valorisé que dans ce type d'expérience où toute l'attention de l'autre est portée sur lui. Plus encore, le contact physique que suppose le rapport sensuel affermit considérablement son identité. En effet, il permet à la conscience d'investir pleinement son corps. C'est pourquoi la main qui touche est aussi le symbole de la prise de possession comme l'évoque l'expression populaire « tomber entre ses mains » ou encore « donner sa main ». Ainsi, plus qu'une simple valorisation, le toucher favorise un plein investissement de la conscience dans le corps.

A ce titre, nous devons cependant souligner qu'un certain nombre de déviances peuvent apparaître. En effet, il est possible que cette dimension affective et sensuelle soit prématurément remplacée par des expériences d'ordre sexuel. En ce sens, si la sexualité peut effectivement être un outil privilégié de croissance personnelle, elle devient extrêmement préjudiciable au développement du moi lorsque l'autre est chosifié. En effet, en chosifiant son partenaire, l'adolescent crée une rupture profonde correspondant extérieurement à une profonde scission intérieure. C'est d'ailleurs ce qui explique de nombreux comportements sexuels compulsifs aux multiples partenaires (symbolisant un refus de choisir) adoptés pour tenter de combler une faiblesse au niveau de l'identité. Symbole de l'union parfaite, l'acte sexuel devient alors un emblème de fausse unité, aucun rapport véritable n'étant établi avec l'autre. Aussi, si les rapports affectifs et sensuels, même sous leur forme narcissique, sont déterminants dans le processus de développement du moi, la sexualité narcissique se révèle au contraire profondément destructrice. Nous reviendrons plus précisément sur cette problématique dans notre analyse des chakras supérieurs.

Quant au second type de relation, il comprend toutes les formes d'expériences permettant de découvrir par une relation avec l'autre, certaines facettes de sa propre personnalité. Il s'agit donc de toutes les relations qui renvoient à l'aspirant une image de lui-même. En ce sens, l'autre devient celui que les orientaux nomment le *guru kripa,* l'Instructeur. En effet, il permet alors à l'aspirant de se positionner, de se différencier et de percevoir certaines facettes de sa personnalité demeurant autrement cachées. Il est donc dangereux de rejeter l'autre puisque, sans le reflet qu'il apporte, l'aspirant ne dispose plus des éléments nécessaires pour se connaître et s'apprécier vraiment. En conséquence, le développement de son identité est compromis.

Toutefois, il arrive qu'un tel rejet est inévitable dans une perspective où le rapport à l'autre est exclusivement perçu comme une expérience d'opposition. Se heurtant alors à l'autre sans réussir à le percevoir comme un reflet de lui-même, l'individu en vient à croire que son élimination est le seul moyen de préserver son identité. En ce sens, il peut choisir de se replier sur lui-même. Il peut aussi choisir de calquer son comportement sur l'autre, éliminant ainsi toute altérité. Réprimant alors soigneusement toutes les facettes de sa personnalité susceptibles de lui déplaire, il croira pouvoir recevoir de celui-ci la valorisation qu'il recherche sans pour autant se remettre en question. Cependant cette valorisation sera purement illusoire puisqu'elle portera sur les facettes d'une fausse personnalité. Plus encore, les dispositions psychologiques affichées faussement seront effectivement valorisées par l'autre. Tôt ou tard, elles deviendront en conséquence des traits réels de sa personnalité. Un masque se substituera ainsi insidieusement à sa véritable identité.

Fonctionnement harmonieux du chakra sacré

Outre les deux enjeux fondamentaux que nous venons de mettre en exergue, l'éveil et le fonctionnement harmonieux du chakra sacré entraînent également le développement d'un certain nombre de dispositions psychologiques. Ainsi, ce chakra est très étroitement associé au développement de la dimension imaginative. En effet, son fonctionnement favorise l'éveil d'une sensibilité psychique prédisposant l'individu à ressentir intensément les impressions qui lui parviennent de l'extérieur. De même, il peut élaborer des réalités intérieures en utilisant les forces cohésives de ce chakra. Ces prédispositions s'accompagnent généralement d'un certain sens de la beauté et de l'harmonie.

L'éveil et l'harmonisation du chakra sacré contribuent également au développement d'une attitude sociable, souple, adaptable, tolérante, patiente, courtoise et empreinte de délicatesse. En outre, l'individu dont le chakra sacré est harmonisé est bien souvent animé d'un besoin impétueux de se déplacer et d'établir de nouveaux contacts (tout en se réservant parallèlement des moments de solitude pour intégrer ces expériences). A ce titre, il dispose généralement d'une importante vitalité qu'il apprend à gérer convenablement dans un but constructif. Il acquiert alors une exceptionnelle fécondité qu'il peut utiliser pour cultiver ses valeurs personnelles et assurer leur croissance.

Enfin, le chakra sacré est étroitement lié à l'assimilation de la nourriture. En ce sens, il est éloquent de constater l'interaction étroite existant entre la vie affective et les fonctions alimentaires. Ainsi, le fonctionnement harmonieux du chakra sacré permet d'assimiler pleinement la nourriture consommée et d'avoir une vie affective harmonieuse.

Fonctionnement disharmonieux du chakra sacré

Un disfonctionnement du chakra sacré se traduit bien souvent par une tendance à s'opposer systématiquement à tout ce qui se présente. En effet, à la recherche de son identité, l'individu encore faible de caractère s'oppose alors à l'autre en croyant pouvoir ainsi mieux affirmer sa personnalité. En ce sens, il sera porté à se révolter facilement, révélant ainsi un caractère particulièrement inconstant, superficiel et agressif, l'autre étant toujours considéré *a priori* comme une menace susceptible de porter atteinte à sa propre personne. Dans le cas d'un blocage du chakra, l'individu a tendance au contraire à se replier sur lui-même et à développer une hypersensibilité face à l'autre. Il en résulte généralement une nature excessivement influençable et instable, l'individu se laissant trop facilement décontenancer par les sentiments de ceux qui l'entourent. En ce sens, il peut même devenir une véritable proie pour ceux qui cherchent à assouvir leur instinct de domination. Il développera bien souvent un caractère stéréotypé calqué sur la mode et sur les valeurs proposées par la société.

Par ailleurs, un disfonctionnement du chakra sacré est toujours associé à des problèmes d'ordre sexuels. Généralement, l'individu considère cette dimension comme étant mauvaise et, la rejette plus ou moins violemment. Or il est bien souvent sujet à des pulsions et à des obsessions difficilement contrôlables. Elles le conduisent parfois à de profondes frustrations ou à des expériences de débauche où l'autre est toujours chosifié. Sachant que la vitalité de l'organisme est étroitement associée à la gestion des forces sexuelles, l'individu connaît alors d'importantes déperditions d'énergie et une baisse significative de sa vitalité générale. Il en résulte parfois un comportement lunatique, nonchalant, paresseux et indolent, le sujet demeurant de longues heures sans rien faire.

Enfin, considérant l'interaction étroite existant entre le chakra sacré et l'assimilation de la nourriture, de nombreux problèmes associés à cette dimension peuvent résulter d'un disfonctionnement du chakra sacré. Ainsi, l'anorexie et la boulimie relèvent souvent d'un disfonctionnement du chakra sacré entraînant un déséquilibre sur le plan affectif et sexuel. Ne disposant pas des éléments de valorisation nécessaires au développement harmonieux de sa personnalité, l'individu ressent alors un vide intérieur qu'il cherche à combler en absorbant une grande quantité de nourriture (boulimie). Peu conscient de ses valeurs propres, faute de valorisation, il peut également adopter une attitude contraire en se repliant encore davantage sur lui-même et en rejetant les éléments susceptibles de le valoriser ce qui se traduit par différents comportements anorexiques.

Attitudes à développer

Au niveau du chakra sacré, la principale attitude à développer consiste donc à se mettre à l'écoute de l'autre et plus particulièrement de son ressenti par rapport à l'autre, cette relation étant essentiellement narcissique. Cette écoute attentive permet alors à l'aspirant de découvrir ce dont il est porteur, en positif comme en négatif. A ce titre, il existe différentes méthodes permettant une écoute active de ce ressenti intérieur. L'une des plus intéressantes a été mise en exergue par le docteur Eugène T. Gendlin, chargé de cours à l'Université de Chicago. En effet, il s'agit d'une technique fort intéressante qu'il appelle le focusing. Elle consiste essentiellement, dans une relation à l'autre, à pleinement concentrer ses perceptions intérieures qui, vagues à l'origine, se précisent ensuite avant d'être ressenties pleinement.

Pour ce faire, le docteur Gendlin propose de se placer dans un état de relaxation suffisante et de réactualiser une situation ou une rencontre particulière. On laisse alors surgir en soi le ressenti correspondant. Appelé « ressenti corporel », il n'est jamais abstrait mais il se rapproche davantage d'une expérience physique. Ainsi, le docteur Gendlin le définit comme « la conscience physique d'une sensation, d'une personne ou d'un événement. C'est une sensation interne qui englobe tout ce que vous éprouvez à l'égard d'un sujet donné, à un moment donné, et tout ce que vous savez à son propos; une sensation qui contient tout cela dans son entier plutôt que dans les détails. Imaginez-la comme un goût particulier, si vous voulez, ou en musique, comme un accord qui vous fait vibrer et vous procure une sensation intense et indéfinie. ».[43]

Se laissant ainsi imprégner parfaitement par ce ressenti, le sujet amorce ensuite une étape d'interprétation. Pour ce faire, il associe à ce ressenti, un concept ou un mot et il se met immédiatement à l'écoute des effets produits par cette association. Au moment où il trouve un concept permettant d'interpréter de manière juste son ressenti, il constate alors une transformation significative de ce dernier. Cette transformation s'accompagne toujours d'une profonde sensation physique de soulagement que le docteur Gendlin appelle « mouvement corporel ». Il « se produit parfois dans tout le corps ou se manifeste comme un relâchement dans la poitrine ou dans la gorge. Le mouvement corporel n'est pas mental; il est toujours, d'une façon ou d'une autre, physique. Vous pouvez souvent le voir ou l'entendre lorqu'il se produit chez quelqu'un. Il peut se traduire par un grand soupir de soulagement, par le relâchement des muscles faciaux ou par un changement rapide de la posture, indiquant une détente soudaine. ».[44]

43- Gendlin, Eugene T., *Focusing: au centre de soi,* Le Jour Editeur, Montréal, 1984.
44- Gendlin, Eugene T., *Focusing: au centre de soi,* Le Jour Editeur, Montréal, 1984.

Pour mieux comprendre cette transformation du ressenti, prenons un exemple. Imaginons qu'en faisant le trajet Paris-Montréal à plus de 10 000 mètres d'altitude au-dessus de l'océan, vous ressentez tout à coup une vive impression d'avoir oublié quelque chose. Comme il semble inutile d'en rechercher la cause puisque de toute évidence il est trop tard pour faire marche arrière, vous tenterez alors de nier le problème. Mais le malaise persistera, le message que votre corps cherche à vous transmettre n'ayant pas été conscientisé.

Pour vous libérer de ce sentiment désagréable et oppressant, une seule solution s'impose: il faut vous laisser totalement imprégner par ce ressenti tout en vous interrogeant sur ce qu'il signifie: Avez-vous oublié d'arroser vos plantes ? Avez-vous bien fermé toutes les fenêtres ? Tant que l'impression d'avoir oublié quelque chose ne disparaît pas, vous savez qu'il ne s'agit pas de cela. Puis, à la question: ai-je oublié d'apporter mon réveil ?, vous constatez alors un profond soulagement. En effet, bien que vous ne puissiez pas changer la situation, vous êtes cependant soulagé et le malaise disparaît totalement. Certes, le fait d'avoir trouvé la solution ne règle en rien votre problème, mais vous ressentez néanmoins un mieux-être. C'est la transformation du ressenti corporel auquel nous faisions allusion.

Prenons un second exemple illustrant plus globalement la méthode. Imaginons que vous éprouviez un sentiment de mal-être en présence de votre voisin. Face à un tel ressenti, il se peut une fois encore que vous cherchiez d'abord à le nier. Votre ressenti persistant, vous tenterez très certainement par la suite de comprendre la situation par une analyse intellectuelle, découvrant par exemple que la physionomie de votre voisin ou certaines de ses attitudes vous rappellent votre père extrêmement autoritaire qui vous a brimé durant votre jeunesse. Pourtant, rien de tout cela ne vous libérera de cette sensation de mal-être. C'est là qu'intervient la méthode du focusing qui se révèle en ce sens particulièrement efficace.

En effet, en vous mettant à l'écoute de ce ressenti, vous découvrirez peu à peu le message que votre corps cherche à vous transmettre. En ce sens, après avoir fait un certain nombre d'associations n'ayant produit aucun mouvement corporel, il se peut qu'à la pensée de vous sentir écrasé, votre ressenti se transforme, vous indiquant ainsi une première clé vous permettant de prendre conscience de votre problème. Peut-être avez-vous en effet une tendance à vous laisser écraser et brimer dans votre rapport avec autrui. Conscientisant cette dimension de votre personnalité, vous découvrirez par la même occasion que votre voisin n'est pas la cause de votre malaise, mais plutôt le reflet d'une faiblesse de votre propre caractère. Dès lors, vous serez amené à travailler de manière responsable sur cette dimension de vous-même, le voisin étant un simple élément révélateur, c'est-à-dire le reflet d'un aspect mal maîtrisé en vous. Ainsi, la méthode du focusing conduit l'individu à établir dans son rapport à l'autre une relation plus étroite avec son être intérieur. Plus encore, elle favorise une responsabilisation et, en conséquence, un affermissement du moi personnel.

LES GLANDES SEXUELLES

Au niveau du système endocrinien, le chakra sacré correspond aux glandes sexuelles. En abordant l'étude de ces glandes, nous découvrirons donc des aspects très importants liés à ce chakra. En raison du fait qu'elles diffèrent d'un sexe à l'autre, nous les traiterons séparément.

Les testicules

Les glandes sexuelles de l'homme sont les testicules. Il s'agit de glandes situées dans le scrotum (bourse) à l'extérieur du corps. Le fait qu'elles soient placées à l'extérieur du corps évoque déjà une particularité majeure de la dimension masculine sur laquelle nous avons déjà insisté, c'est-à-dire le principe d'extériorisation. Sur un plan ontologique, les testicules renferment des tubules séminifères connectés à un canal commun. Il s'agit essentiellement de tubes rectilignes, quoiqu'enroulés. Dans leur fonction exocrine que nous n'étudierons pas exhaustivement, les testicules produisent les spermatozoïdes dont la forme générale rappelle le segment de droite. En effet, les spermatozoïdes ont, plus qu'aucune autre cellule du corps humain, une forme rectiligne.[45] Or, les anciens ont toujours associé la masculinité au segment de droite. Sur un plan microscopique, les gamètes mâles sont donc représentatifs du principe masculin. De même, sur un plan macroscopique, le phallus est un axe rectiligne à l'image des autres membres du corps associés au principe de l'action (principale caractéristique mâle): les bras, les jambes, les doigts,... Il évoque une fois encore le principe masculin.

Quant à la partie endocrine des testicules qui nous intéresse plus particulièrement, elle secrète une hormone androgène: la testostérone. Cette hormone stimule principalement le développement et le maintien des caractères sexuels secondaires (la pilosité, la mue de la voix et l'accroissement de la masse musculaire notamment). Or, sur un plan symbolique, l'étude plus exhaustive de ces caractères sexuels est fort révélatrice. Ainsi, au moment où la production de ces hormones marque

45- Même les cellules nerveuses (ou neurones) prennent davantage une apparence arborescente en raison de la présence de dendrites.

l'amorce du processus de différenciation sexuelle de la puberté, on observe d'abord le développement du système pileux. Symboliquement, le poil a toujours été associé dans les traditions anciennes à la force et à la virilité. Rappelons à ce titre que les zones les plus poilues du corps corrrespondent toujours à des régions fortement rayonnantes sur le plan énergétique.

Son emplacement au niveau du corps revêt d'ailleurs une signification particulière. Au niveau des joues et du menton d'abord, il évoque le pouvoir et la puissance sur le plan matériel (en astrologie, les joues et le menton sont gouvernés par le signe du Taureau correspondant aux acquis et aux biens terrestres). A ce titre, la barbe était chez les Egyptiens un symbole de puissance et de suprématie sur le monde. C'est pourquoi les dieux portaient parfois une barbe postiche. De même, en tant qu'incarnation de la divinité, le pharaon portait aussi la barbe postiche.

Au niveau de la poitrine, les poils symbolisent plus précisément une nature stable, mature, solide et apte à lutter contre les forces adverses. En effet, la poitrine symbolise le moi et sa capacité de rayonnement. Chez Denys l'Aréopagite, la poitrine symbolise en ce sens « le rempart inexpugnable à l'abri duquel un coeur généreux répand ses dons vivifiants. ». [46] Présentant une pilosité abondante, elle se révèle alors pleinement volontaire. Au niveau des bras et jambes, la présence de poils symbolise par ailleurs une importante énergie dynamique (les bras et les jambes étant liés au principe de l'action). Ainsi, le développement du système pileux chez l'adolescent symbolise bien le développement de sa dimension masculine in-

46- Pseudo-Denys l'Aréopagite, *Oeuvres complètes*, (Trad. Maurice de Gandillac, Paris, 1943.

carnant essentiellement, nous l'avons vu, une attitude d'extériorisation.

Si le système pileux représente la force et le rayonnement, principales qualités masculines, il peut cependant sous une forme maléficiée être l'expression d'une nature trop extériorisée et insensible aux réalités intérieures. Il devient alors le signe d'une hypervirilisation se traduisant parfois par des pulsions brutales et dominatrices. Il s'apparente alors à la toison épaisse de l'animal. C'est sans doute en ce sens que les prêtres de l'Egypte antique épilaient leur corps de tout poil et de tout cheveu. Ainsi, « divers textes précisent que les prêtres devaient raser ou épiler jusqu'aux cils et aux sourcils de leur visage ! ... C'était une mesure absolument générale, et nous savons par exemple que le voyageur grec Eudoxe de Cnide, qui cherchait auprès des prêtres d'Egypte à s'initier à des sciences nouvelles, ne fut admis par eux que lorsqu'il se fut rasé les cheveux et les sourcils (Diogène Laërce VIII, 8 (87), 3). ».[47] C'est pourquoi le pharaon, n'échappant pas à cette règle, devait pour incarner la force mâle porter une barbe postiche, le poil étant, dans sa forme maléficiée, un symbole de l'*ego*.

Outre le développement du système pileux, la testostérone agit également chez l'adolescent dans la transformation de sa voix. Or la voix est étroitement reliée à l'identité. En effet, elle sert à communiquer et à exprimer aux autres les valeurs véritables que l'individu porte en lui. En ce sens, toutes les traditions initiatiques ont accordé une importance particulière à la voix comme reflet des valeurs profondes de l'individu. Aussi, chanter d'une voix juste signifiait que le chanteur avait atteint un juste équilibre entre sa dimension extérieure

47- Sauneron, Serge, *Les prêtres de l'ancienne Egypte*, Perséa, Paris, 1988.

(le moi personnel) et sa dimension intérieure. Or, sous l'effet de la testostérone, la voix devient plus grave. D'un point de vue symbolique, les voix graves sont associées à la dimension masculine (les voix aigües représentant la dimension féminine). Ainsi, le fait d'acquérir une voix plus grave illustre un processus de masculinisation de l'identité du jeune garçon.

La testostérone agit également en favorisant le développement des organes génitaux. Or, au niveau de sa structure géométrique, nous avons vu que le pénis s'apparente à un axe rectiligne. La ligne droite représentant la dimension masculine, le fait que la testostérone agisse sur le développement du pénis illustre une fois encore l'éveil de la dimension masculine et le processus de différenciation sexuelle propre au chakra sacré. Plus encore, ajoutons ici que le pénis possède essentiellement une fonction émissive. En effet, c'est le phallus qui pénètre et féconde la femme. De même, nous observons dans le phénomène de fécondation que c'est le spermatozoïde qui pénètre et féconde l'ovule. Or cette fonction émissive est un autre aspect de la dimension masculine.

Enfin, nous avons précisé antérieurement que la testostérone agit sur l'accroissement de la masse musculaire. Or le muscle est le symbole par excellence de l'action dynamique puisqu'il permet au corps d'agir, de construire et d'expérimenter dans le monde. En effet, les muscles sont les organes actifs du mouvement et tous les mouvements du corps, qu'ils soient apparents (comme la marche) ou non apparents (comme la digestion), sont assurés par le système musculaire. Dans le cas qui nous intéresse, la « masse musculaire » dont il est question est davantage associée aux mouvements apparents et nous retrouvons encore une fois un aspect de la virilisation opérée par les gonades mâles.

Les ovaires

Les glandes sexuelles de la femme sont les ovaires. Il s'agit de glandes situées à l'intérieur du corps de chaque côté de l'utérus. De la taille d'une grosse amande, ils sont reliés à l'utérus par un repli du péritoine. Or, le fait qu'ils soient placés à l'intérieur du corps, par opposition aux testicules situés à l'extérieur, évoque déjà une particularité majeure de la dimension féminine sur laquelle nous avons déjà insisté, c'est-à-dire le principe d'intériorisation. Sur un plan anatomique, les ovaires renferment des ovocytes sphériques, entourés par les cellules folliculaires. Dans leur fonction exocrine que nous n'étudierons pas de manière précise, les ovaires produisent les ovules dont la forme générale tend également vers la sphère. Nous pouvons même affirmer qu'aucune autre cellule de l'organisme ne se rapproche autant d'une sphère parfaite que l'ovule. Or, les anciens ont toujours associé la féminité à la forme sphérique. Sur un plan microscopique, les gamètes femelles sont donc représentatifs du principe féminin. De même, sur un plan macroscopique, nous pouvons également observer la forme sphérique du fond de la cavité vaginale qui, par son repli, entoure l'extrémité de l'utérus également circulaire à l'image des autres parties du corps associées à la réceptivité (principale caractéristique féminine): les yeux, les oreilles, la tête, ... Elle évoque une fois encore le principe féminin.

Quant à la partie endocrine des ovaires qui nous intéresse plus particulièrement, elle sécrète principalement les deux hormones stéroïdes: oestrogènes et progestérone. Les oestrogènes stimulent principalement le développement et le maintien des caractères sexuels secondaires et particulièrement le développement des seins. Quant à la progestérone, elle a pour principal rôle de préparer l'utérus à l'implantation de l'oeuf. Outre les oestrogènes et la progestérone, les ovaires sécrètent également en très petites quantités de la testostérone, nous y reviendrons.

Ainsi donc, les oestrogènes sont principalement responsables de l'apparition et du maintien des caractères sexuels secondaires. Or, l'étude symbolique de ces caractères sexuels est fort intéressante. En ce sens, le développement des seins est particulièrement caractéristique. Or les seins sont étroitement reliés à la fonction de nutrition, un aspect fondamental du chakra sacré associé à la maturation du moi personnel. Plus encore, les seins sont régis sur un plan astrologique par le signe du Cancer, signe lunaire par excellence. A ce titre, les énergies associées au signe du Cancer s'expriment principalement par une grande sensibilité et une importante réceptivité, prédisposant l'individu à ressentir vivement les impressions du monde environnant. Les seins sont donc un symbole de l'impressionnabilité féminine correspondant à un autre aspect du chakra sacré. Insistons bien sur le fait que cette impressionnabilité n'est nullement négative. Au contraire, elle est essentielle à l'expérience du rapport constituant évoqué précédemment.

Notons en outre, qu'au niveau de leur apparence, les seins ont une forme sphérique correspondant, nous l'avons vu, à la dimension féminine. Le fait que les oestrogènes agissent sur leur développement montre bien le rôle de différenciation que cette hormone exerce. Plus encore, ajoutons ici que les seins sont au nombre de deux ce qui met à nouveau l'accent sur le caractère de différenciation en valorisant la dualité.

Outre les hormones oestrogènes, les ovaires sécrètent également de la progestérone, une hormone dont le rôle majeur consiste à favoriser la préparation de l'utérus pour l'implantation de l'oeuf. Or l'utérus est un organe creux, ayant la forme d'une poire, situé entre la vessie et le rectum. Les fonctions de l'utérus consistent princialement à recevoir l'ovule fécondé, à le maintenir et à le nourrir ensuite pendant toute la durée de la grossesse. Sur un plan symbolique, cette préparation de la matrice sous l'effet de la progestérone illustre admirablement le travail de maturation du moi personnel que l'individu effectue au niveau du chakra sacré en vue de développer sa véritable identité.

Le rôle commun aux hormones sexuelles

Ainsi donc, les hormones sécrétées par les gonades remplissent principalement une fonction de différenciation sexuelle. A ce titre, un excès d'hormones androgènes (hormones mâles) accentue chez l'homme adulte les caractéristiques physiques masculines et provoque chez le garçon un développement sexuel précoce. Chez la femme, ce même excès d'hormones androgènes entraîne une virilisation se manifestant par un développement du système pileux, une transformation de la voix, un développement excessif du clitoris et une aménorrhée (absence de règles). Par contre, une insuffisance d'hormones androgènes se caractérise chez l'homme adulte par une diminution du système pileux facial et corporel ainsi qu'une réduction notable de l'activité sexuelle. Chez le jeune adolescent, elle entrave le développement des caractères sexuels secondaires (absence de pilosité, voix aiguë, développement moindre des organes génitaux et de la masse musculaire).

De même, un excès d'hormones oestrogènes entraîne chez l'homme une féminisation se manifestant principalement par un développement des seins ainsi que par une réduction notable de l'activité sexuelle. Chez la femme adulte, elle accentue ses caractéristiques féminines et provoque chez la jeune fille un développement sexuel précoce. Par contre, une insuffisance d'hormones oestrogènes se caractérise chez la femme adulte par l'absence de règles. Chez la jeune adolescente, elle entrave le développement des caractères sexuels secondaires (développement moindre des organes génitaux et des seins, aménorrhée, etc).

Ainsi, donc, une production déficitaire des hormones sexuelles entraîne une disparition des caractères sexuels secondaires (le processus de différenciation sexuelle étant en quelque sorte inhibé). Or, il est intéressant de constater à ce titre qu'un disfonctionnement du chakra sacré interfère également sur ce processus de différenciation. Ainsi, l'homme perd ou n'acquiert pas ses caractéristiques masculines. Ses attitudes corporelles comme psychologiques sont alors plus ou moins efféminées. De même la femme perd ou n'acquiert pas ses caractéristiques féminines et se retrouve particulièrement virilisée dans ses attitudes corporelles comme psychologiques. En outre, une production déficitaire des hormones sexuelles influe également sur la vitalité de l'individu (celle-ci s'amoindrissant de façon importante). Or, nous avons vu que le chakra sacré est directement responsable de la vitalité de l'organisme.

Enfin, il est intéressant de constater que la testostérone sécrétée par les testicules, et dans une moindre mesure par les ovaires, stimule la croissance osseuse. Ainsi, une insuffisance de testostérone chez l'adolescent peut entraîner d'importants troubles au niveau de sa croissance osseuse (une grande fragilité au niveau des os par exemple). De même, l'ostéoporose (raréfaction du tissu calcifié) est fréquente chez la femme ménopausée pour les mêmes raisons. Or la structure osseuse constitue la charpente du corps (les os en sont le support). Aussi, l'ossature représente symboliquement l'identité personnelle forgée au moment de l'adolescence et qui permet ensuite à l'individu mature d'affirmer face à l'autre ce qu'il est, révélant ainsi son identité. Sans cette identité ferme, l'individu vit alors sous le joug d'une impressionnabilité maladive et chronique (il est incapable d'exprimer ses propres opinions et de les soutenir face à la controverse). Le rôle de la testostérone est donc évident dans le processus de constitution de l'identité tant chez l'homme que chez la femme.

TROISIEME SECTION

EVEIL ET HARMONISATION DU CHAKRA SACRE

TROISIEME SECTION
EVEIL ET HARMONISATION
DU CHAKRA SACRE

I- DANS L'INITIATION ECCLESIASTIQUE: L'ORDRE DE LECTEUR

Au niveau de la tradition sacerdotale catholique, le travail sur le chakra sacré correspond au grade de lecteur (lectorat). Aussi, le Pontifical Romain rapporte qu'au cours de cette ordination, les candidats ayant revêtu le surplis et portant un cierge à la main se mettent à genoux devant l'évêque qui leur adresse la monition suivante:

« Vous êtes appelés, mes très chers fils, à être lecteurs dans la maison de notre Dieu. Sachez quels devoirs vous aurez à remplir et acquittez-vous-en dignement, car le Dieu puissant récompensera votre fidélité par une augmentation de gloire dans la vie future. Le Lecteur doit lire à celui qui prêche, chanter les Leçons, bénir le pain et les fruits nouveaux. Appliquez-vous donc à lire la parole de Dieu, c'est-à-dire les saintes Leçons, d'une manière distincte et claire pour instruire et édifier les fidèles, sans altération de la doctrine, car il faut prendre garde que la vérité des divines Leçons ne soit altérée par votre faute au détriment des auditeurs. Appliquez-vous à graver dans votre coeur et à retracer dans votre conduite les saintes maximes que vos lèvres prononcent: vous instruirez ainsi vos auditeurs par la parole et par l'exemple. Quand donc vous lirez, placez-vous en un lieu élevé de l'église, afin que tous vous entendent et vous voient, et que la position de votre corps soit le signe du haut degré de vertu auquel vous devez être parvenu: de cette façon, à tous ceux qui vous entendront et vous verront vous serez le modèle d'une vie toute céleste: ce que Dieu, nous l'espérons, vous accordera par sa grâce. ».[48]

Suite à cette première monition, l'évêque prend le livre des leçons et le présente aux ordinands qui le touchent de la main droite, alors qu'il dit: « Recevez ce livre et soyez lecteurs de la parole de Dieu. Si vous remplissez fidèlement et utilement votre charge, vous aurez part à la récompense promise aux premiers ministres de l'Evangile. ».[49]

Enfin, debout et mîtré, l'évêque se tourne vers les nouveaux lecteurs qui demeurent à genoux et adresse cette prière: « Mes très chers frères, prions Dieu le Père tout-puissant de répandre avec abondance sa bénédiction sur ses serviteurs ici présents, qu'il a daigné choisir pour être Lecteurs, afin qu'ils lisent distinctement ce qui doit être lu dans l'Eglise de Dieu et qu'ils le mettent en pratique. Par, Jésus-Christ Notre Seigneur, qui vit et règne éternellement avec Dieu le Père dans l'unité du Saint-Esprit. Amen. ». [50]

A la lecture de ce texte, il est intéressant de constater que la fonction principale du lecteur est de « lire la parole de Dieu, c'est-à-dire les saintes Leçons, d'une manière distincte et claire pour instruire et édifier les fidèles, sans altération de la doctrine, car il faut prendre garde que la vérité des divines Leçons ne soit altérée par votre faute au détriment des auditeurs. ». Au niveau symbolique, nous retrouvons ici tous les

---

48- *Cérémonial des ordinations (extrait du Pontifical Romain) à l'usage des Ordinands et des Fidèles*, Tournay, Société S. Jean l'Evangéliste, Desclée, Lefebvre et Cie.
49- *Cérémonial des ordinations (extrait du Pontifical Romain) à l'usage des Ordinands et des Fidèles*, Tournay, Société S. Jean l'Evangéliste, Desclée, Lefebvre et Cie.
50- *Cérémonial des ordinations (extrait du Pontifical Romain) à l'usage des Ordinands et des Fidèles*, Tournay, Société S. Jean l'Evangéliste, Desclée, Lefebvre et Cie.

enjeux fondamentaux du chakra sacré consistant, nous l'avons vu, à favoriser le développement et la croissance du moi (pour instruire et édifier les fidèles) en s'appuyant sur les valeurs authentiques et véritables de l'être profond (lire la parole de Dieu) sans les travestir d'aucune manière (sans altération de la doctrine).

Plus encore, on retrouve également dans cette monition une référence explicite à la nécessité de valoriser la nature profonde de l'être (la parole de Dieu): « Quand donc vous lirez, affirme l'évêque, placez-vous en un lieu élevé de l'église, afin que tous vous entendent et vous voient... ». Cette dimension fondamentale dans l'éveil et l'épanouissement du chakra sacré est donc particulièrement mise en exergue. En effet, le lecteur doit se placer à la vue de tous sur un lieu élevé afin d'être pleinement mis en lumière et de conforter ainsi dans son rapport aux autres l'affirmation de ce qu'il est.

Ajoutons enfin que le lecteur doit « bénir le pain et les fruits nouveaux. ». Or, le pain et les fruits nouveaux évoquent le règne végétal et symbolisent par conséquent les énergies vitales dont l'aspirant dispose. En ce sens, nous avons vu que le chakra sacré est étroitement associé à la vitalité (étant responsable de la captation et de la distribution du *prâna* dans l'organisme). Aussi, en invitant le clerc à bénir le pain et les fruits nouveaux, l'évêque l'invite en fait à travailler sur son corps énergétique, étroitement associé à toutes les fonctions vitales de l'organisme. En effet, bénir une chose implique de la valoriser. Notons en outre que cette dimension énergétique, le *Kâ* des anciens Egyptiens, est également responsable des fonctions nutritives, sexuelles, sensorielles et mémorielles.

En effet, le corps énergétique se compose de quatre sous-plans: l'éther chimique (régissant les fonctions d'assimiliation et d'élimination), l'éther vital (régissant la fonction reproductive), l'éther lumière (régissant les fonctions sensorielles) et l'éther réflecteur (régissant les fonctions mémorielles). Ainsi, la fonction de bénir le pain et les fruits nouveaux met en exergue la nécessité d'harmoniser ces différentes fonctions en les éveillant pleinement.

A ce titre, précisons que la bénédiction n'est pas seulement un rite de magnétisation permettant de vitaliser un objet. En effet, sur un plan métaphysique, bénir signifie également éveiller l'essence profonde comme l'étymologie hébraïque de ce mot le précise. Ainsi, en donnant au lecteur le pouvoir de bénir, l'évêque l'invite aussi à exalter l'essence profonde des choses. Plus encore, le pain devient ici un symbole de la production humaine (le pain n'existant pas sans le travail de l'homme) alors que les fruits représentent alors ce qui existe naturellement autour de lui. L'aspirant est donc invité à découvrir dans ce qui s'offre à lui (les fruits) comme dans ce qu'il produit (le pain) l'essence profonde qui s'y trouve présente, évitant ainsi de chosifier ce qui l'entoure.

II- DANS LA DEMARCHE HERMETIQUE

Du point de vue hermétique, nous avons dit que le chakra sacré est le deuxième centre de la triade inférieure responsable de la constitution du moi personnel. En ce sens, il permet à l'individu d'affermir, de développer et de valoriser toutes les dimensions de sa personnalité.

Pour favoriser cette prise de conscience, nous avons mis au point une démarche précise consistant d'abord à se sensibiliser aux énergies du chakra par une méditation alternée. Ensuite, un exercice de marche initiatique permet d'agir directement sur ce centre en contribuant à son éveil et à son harmonisation. Voici donc ces deux étapes plus clairement explicitées.

A) MEDITATION DE SENSIBILISATION ET D'HARMONISATION DU CHAKRA SACRE

Tel que précisé précédemment, nous suggérons à l'aspirant de procéder dans un premier temps à une méditation alternée en vue de se sensibiliser aux réalités associées au chakra sacré et d'amorcer ainsi un premier travail d'harmonisation de ce centre. La technique de méditation alternée a été clairement définie dans notre introduction générale. Nous avons précisé à ce moment qu'une huile essentielle était particulièrement susceptible de favoriser ce travail. Il s'agit dans le cas du chakra sacré de l'huile de Ylang-Ylang (*Canonga odorata*). Quant aux supports musicaux privilégiés, il s'agit de *La Mer* de Debussy et de la *Quatrième symphonie* de Dvoràk. Voyons donc plus précisément en quoi consistent ces supports.

L'HUILE ESSENTIELLE DE YLANG -YLANG *Canonga odorata*

Nous avons choisi parmi les huiles essentielles susceptibles d'agir au niveau du chakra sacré une huile extraite de la fleur du *Canonga odorata*, mieux connue sous le nom usuel de Ylang-Ylang. Pour mieux saisir les effets subtils de cette essence, il importe dans un premier temps de mieux connaître les particularités de la plante correspondante. Or il s'agit d'un grand arbre de la famille des anonacées pouvant atteindre jusqu'à vingt mètres de hauteur. Ce qui nous intéresse plus particulièrement concerne ses fleurs puisque c'est de celles-ci que l'huile proposée est extraite. En ce sens, les botanistes nous précisent qu'il s'agit de fleurs axillaires regroupées par deux ou trois. Ce regroupement est déjà représentatif du rapport à l'autre (un enjeu fondamental du chakra sacré). Toutefois, ce détail n'est pas suffisant et l'apparence de la fleur elle-même nous apporte une révélation étonnante à propos de ses vertus essentielles.

En effet, la fleur est hautement représentative de ses propriétés occultes. Constituée de trois sépales courts et de six pétales lancéolés très allongés et épais, les vertus du Ylang-Ylang sont associées aux mystères du nombre 3 et à ceux du nombre 6 (ce dernier étant le nombre attribué au chakra sacré). Or, le nombre 3 est un nombre de concrétisation ou de coagulation. Donateur d'une forme, il permet en effet à une réalité encore abstraite et subtile de se manifester concrètement. A ce titre, soulignons par exemple, que par trois fois Pierre réitéra son amour pour le Christ, rendant ainsi effectif et tangible le sentiment qu'il avait pour lui: « Quand ils eurent déjeuné, Jésus dit à Simon-Pierre: "Simon, fils de Jean, m'aimes-tu plus que ceux-ci ?" Il lui répondit: "Oui, Seigneur, tu sais que je t'aime." Jésus lui dit: "Pais mes agneaux". Il lui dit à nouveau, une deuxième fois: "Simon, fils de Jean, m'aimes-tu ?" - "Oui, Seigneur, lui dit-il, tu sais que je t'aime." Jésus lui dit: "Pais mes brebis". Il lui dit pour la troisième fois: "Simon, fils de Jean, m'aimes-tu ?" Pierre fut peiné de ce qu'il eût dit pour la troisième fois: "M'aimes-tu ?", et il lui dit: "Seigneur, tu sais tout, tu sais bien que je t'aime." Jésus lui dit: "Pais mes brebis". ».[51]

Or en tant que donateur de forme, le nombre 3 est tout à fait représentatif de la principale fonction du chakra sacré consistant à favoriser le développement du moi personnel. Il évoque donc la constitution du moi personnel par l'assumation de ce qu'il est. C'est ce à quoi nous avons fait allusion dans notre étude sur les enjeux du chakra sacré. La fleur du

51- Jean XXI, 15-17.

Ylang-Ylang, reposant sur son support, formée de 3 sépales, en est donc une illustration éloquente.

De même, en ce qui concerne le nombre 6, nous avons vu précédemment qu'il correspond à l'hexagramme, une figure formée de deux triangles (de deux nombres 3) placés en rapport d'opposition (l'un étant orienté vers le haut et l'autre vers le bas) tout en demeurant étroitement liés (ils partagent en effet un centre commun). A cette occasion, nous avions précisé que le nombre 6 suscite l'expérience d'une dualité constituante dans la mesure où l'individu découvre dans sa confrontation à l'autre ce qu'il est véritablement. Nous avions également ajouté que cette expérience était bien souvent de caractère sensuel. En effet, l'individu n'est jamais autant valorisé que dans l'expérience sensuelle où l'attention de l'autre est totalement focalisée sur lui.

Or le Ylang-Ylang est reconnu pour ses propriétés favorisant l'éveil d'une certaine sensibilité aux expériences sensuelles. Ainsi, l'odeur chaude et intime du Ylang-Ylang induit des sensations douces et agréables profondément ancrées dans la dimension terrestre et jamais désincarnées. Son odeur évoque pour certains celle du sable chaud des îles tropicales, pour d'autres le doux parfum des fruits sucrés et juteux qui se mêle à l'air tiède de la mer, etc. En outre, le Ylang-Ylang possède des vertus aphrodisiaques. A ce titre, il fut toujours employé comme stimulant sexuel.

Enfin, sur le plan médical, le Ylang-Ylang a une grande réputation en raison de ses puissantes vertus toniques. Or, nous avons vu que le chakra sacré est précisément responsable de la vitalité. A ce titre, nous savons en outre que cette vitalité est étroitement associée au développement du moi personnel. C'est peut-être pourquoi certains auteurs prétendent que le Ylang-Ylang rend anticonformiste dans le sens où il permet d'exprimer ses propres spécificités. Outre ses vertus toniques, il possède enfin une propriété antalgique efficace en cas de douleurs profondes. Ceci n'est pas sans rappeler l'image du vautour protégeant ses petits et les apaisant par sa présence chaleureuse et tendre.

LA MER DE CLAUDE DEBUSSY

Nous proposons à l'aspirant de se sensibiliser aux mystères du chakra sacré en s'appuyant d'abord sur une audition de *La Mer* de Claude Debussy (1862-1918). Le choix de cette oeuvre fut motivé à plusieurs égards. D'abord, elle appartient à l'époque moderne et la musique moderne du début du siècle se caractérise par son pouvoir évocateur. A ce titre, Debussy fut sans doute, avec Ravel, l'un des plus grands compositeurs impressionnistes. Or, pour plusieurs raisons, nous avons pensé que cet « impressionnisme musical » était particulièrement approprié à l'éveil du chakra sacré. Précisons en outre que *La Mer* est un poème symphonique en trois mouvements qui porte essentiellement sur l'élément eau, étroitement associé, nous l'avons vu, au chakra considéré.

Voyons donc quelques caractéristiques de cette oeuvre. Créée le 15 octobre 1905, elle fut alors reçue dans un incompréhension générale, bien qu'elle devint par la suite une partition majeure du vingtième siècle. Elle se compose plus précisément de trois poèmes symphoniques intitulés *De l'aube à midi sur la mer*, *Jeux de vagues* et *Dialogue du vent et de la mer*. Dans cette oeuvre tripartite, Debussy a voulu transposer musicalement ses propres sensations pour atteindre ce qu'il nommait lui-même « la chair nue de l'émotion ». Ici, la sensibilité est donc extrême. Aussi, il ne s'agit pas de visualiser simplement la mer. Cette oeuvre propose plutôt de saisir une ambiance, de faire surgir des sensations physiques associées aux vagues, au vent, au goût salé, etc.

Or cette ambiance sonore, lorsque l'auditeur s'y rend pleinement sensible, agit directement sur la conscience. A ce titre, Aristote affirmait: « Le rythme et la mélodie déterminent les émotions de toutes natures. Par la musique, on s'habitue à ressentir les sentiments justes; la musique a le pouvoir de former le caractère et on peut distinguer les différents genres de musique basés sur des modes différents par leurs effets sur le caractère. Tel genre détermine la mélancolie, tel autre la mollesse; celui-ci encourage l'abandon, cet autre le contrôle de soi, tel autre encore éveille l'enthousiasme et ainsi de suite. ».

Plus encore, à travers cette oeuvre, Debussy nous propose une image hédoniste de la création où le rapport au monde est essentiellement placé sous la queste du plaisir. Or cette vision correspond assez bien à l'enjeu du chakra sacré profondément teinté par une queste sensuelle à travers laquelle l'individu trouve les éléments de valorisation susceptibles de le conforter et de favoriser son développement. Plus généralement encore, il semble bien que la queste de bien-être poursuivie par Debussy soit ici étroitement liée à une intégration des vertus associées à l'eau et à un retour à la matrice chaude et humide de la mère. En effet, la mer n'est pas sans rappeler la matrice originelle et l'homophonie avec la mère n'est peut-être pas sans signification. La mer est d'ailleurs la matrice de laquelle toute vie est née. Ainsi le rapport à la mer suggère, sur un plan métaphysique, un retour aux origines intérieures, lieu de jouissance, de bien-être et de maturation.

Comme il s'agit d'une oeuvre dont le but est de reproduire l'atmosphère du monde marin, elle présente beaucoup de mouvements et d'instants fuyants à l'image de l'activité incessante des vagues. Parmi les trois poèmes formant cette oeuvre, c'est sans doute le premier qui incarne le mieux les enjeux du chakra sacré. En effet, *De l'aube à midi sur la mer* comporte, comme son nom l'indique, un ensemble d'impressions associées à la croissance de la lumière sur la surface des eaux. La musique nous permet ainsi de participer à une véritable intensification d'une luminosité qui féconde bientôt les eaux tumultueuses de la mer, amenant l'éclosion de la vie. Pendant près de huit minutes, Debussy nous invite à éveiller en nous ce processus de croissance alors que l'esprit, fécondant la chair, donne naissance au moi personnel.

Le second poème intitulé *Jeux de vagues* illustre quant à lui les turbulences de l'incarnation bien qu'il s'en dégage une certaine sérénité résultant du fait qu'aucune résistance ne semble s'opposer à la mouvance de la vie (les vagues). En ce sens, la musique incite l'auditeur à se laisser porter par cette mouvance sachant qu'elle lui révélera les différentes facettes de son identité profonde et le conduira immanquablement au centre de lui-même.

Enfin, le troisième poème est intitulé *Dialogue du vent et de la mer* et évoque l'image biblique du commencement du monde où « un vent de Dieu tournoyait sur les eaux ».[52] A ce titre, il nous rappelle que l'eau n'est féconde et vivante que si elle est fécondée par l'esprit. En d'autres termes, la personnalité (symbolisée par l'eau) ne peut s'épanouir pleinement que si elle apprend à reconnaître, valoriser et manifester de manière plénière les réalités spirituelles qui l'animent (représentées par le vent).

Nous suggérons donc à l'aspirant un exercice de méditation mettant en exergue l'un de ces éléments.

52- Genèse I, 2.

LA *QUATRIEME SYMPHONIE* D'ANTONIN DVORAK

Parmi les oeuvres symphoniques susceptibles d'éveiller et d'harmoniser le chakra sacré, nous avons choisi la *Quatrième symphonie* d'Antonin Dvoràk (1841-1904) qui représente fort bien l'enjeu de ce chakra. En effet, la sensualité qui s'en dégage favorise particulièrement la conscientisation des dimensions profondes qui animent et constituent la personnalité. Composée en ré mineur, elle est en outre directement associée à la tonalité du chakra, affermissant ainsi son effet sur les dimensions lui correspondant.

Composée en 1874, cette oeuvre fut créée pour la première fois le 6 avril 1892 sous la direction de Dvoràk lui-même. D'une influence toute wagnérienne, il semble bien que cette oeuvre permit à Dvoràk de mieux affermir son propre style. A propos de ce compositeur, Vuillermoz nous le décrit comme étant « une belle nature de musicien, amoureux de la couleur, des rythmes nerveux et du lyrisme sincère », ce qui transparaît tout particulièrement dans sa *Quatrième symphonie* empreinte de lyrisme et de sensualité. En ce sens, elle met bien en exergue les enjeux fondamentaux du chakra sacré.

Avant de présenter plus exhaustivement cette oeuvre, rappelons que chacun des mouvements d'une oeuvre symphonique (du moins sous sa forme classique) correspond aux quatre grandes phases régissant l'existence (le tétragramme sacré). Aussi, en travaillant le chakra racine, l'aspirant utilisera le premier mouvement pour favoriser une prise de conscience de l'enjeu de ce chakra. Le second sera particulièrement approprié pour mieux intégrer cet enjeu. Le troisième facilitera un rayonnement des acquis en résultant alors que le quatrième préparera la conscience à de nouvelles expériences en transformant progressivement ces acquis.

Le premier mouvement
Allegro

Le premier mouvement s'amorce avec une certaine agitation permettant de découvrir en soi l'immense vitalité de l'être mais également l'incertitude caractérisant une identité encore immature malgré ses ressources importantes. En effet, cette incertitude face à soi comme à l'autre est admirablement décrite dans le premier thème de ce mouvement. La mélodie du second thème donne, quant à elle, une certaine impression d'assurance favorisant le développement d'un sentiment de sécurité. Empreinte d'une certaine sensualité, elle évoque également les dispositions essentielles à une croissance harmonieuse de soi. Tout ce premier mouvement alterne donc entre une inquiétude suscitée par la présence de l'autre et une mélodie plus rassurante favorisant un retour à soi.

Le deuxième mouvement
Andante sostenuto e motto cantabile

Le second mouvement est sans doute le plus représentatif du chakra sacré. En effet, dans sa structure même, il est divisé en six sections formées d'un thème principal suivi de cinq variations. Or ce nombre 6 est évidemment porteur, tout au moins symboliquement, des enjeux du chakra sacré. Quant au thème principal, il est profondément marqué par l'influence wagnérienne. Certains y entendent d'ailleurs dans la mélodie comme dans l'instrumentation le choeur des pèlerins de Tannhaüser (Dvoràk a lui-même dirigé cet opéra). Sans vouloir faire une étude plus précise de cette parenté, précisons seulement que cet opéra wagnérien est particulièrement représentatif des enjeux du chakra sacré.

Quoiqu'il en soit, ce « cachet wagnérien s'estompe considérablement à mesure que se développent les ornements et les contre-chants. » affirme André Lischké. En effet, il semble bien que l'auteur, à travers Wagner, prend ici l'assurance nécessaire pour s'exprimer encore plus librement dans des variations toutes empreintes de lyrisme et de sensualité. Or ce sont précisément ces variations qui font de ce mouvement un outil d'éveil et d'harmonisation du chakra sacré. Elles permettent en ce sens de stimuler les racines profondes de la sensualité et de s'approcher ainsi plus tendrement de son propre corps.

Le troisième mouvement
Scherzo. Allegro feroce

Le troisième mouvement, d'un caractère plus personnel à Dvoràk par son aspect populaire, favorise quant à lui la valorisation du moi par l'expression de ses spécificités propres. En effet, la mélodie invite l'être à se déployer et à croître subtilement dans ce qu'il a de plus personnel. En ce sens, le compositeur a d'ailleurs valorisé dans ce mouvement ce qui le distinguait des autres, le thème exploité étant typiquement tchécoslovaque.

Ce troisième mouvement est donc davantage associé à la croissance et au développement des caractéristiques particulières du moi personnel.

Le quatrième mouvement
Allegro con brio

Le quatrième mouvement débute plus nerveusement par des répétitions d'accords. Le manque de confiance y apparaît clairement et la peur de l'autre transparaît jusqu'au thème plus lyrique qui apaise et ramène la conscience chez elle. Ainsi, une alternance entre la peur et l'apaisement caractérise ce mouvement jusqu'au thème plus lyrique qui valorise, quant à lui, l'identité profonde par une exposition des cuivres.[53] En effet, par leur tonique planétaire martienne, la présence des cuivres dynamise et colore ce mouvement d'une dimension énergique qui n'est pas sans évoquer la puissante vitalité dont dispose celui qui a su répondre aux enjeux majeurs du chakra sacré. Cette exposition des cuivres permet d'ailleurs à l'oeuvre de s'achever dans un certain mouvement d'apothéose.

B) LA MARCHE INITIATIQUE CORRESPONDANT AU CHAKRA SACRE

Nous proposons à l'aspirant qui a déjà amorcé avec les supports précédents un travail d'harmonisation du chakra sacré de poursuivre en ce sens avec une seconde étape de la marche de la constitution du moi. En ce sens, l'exercice correspondant au chakra sacré intervient au moment où les deux pieds sont bien au sol. L'aspirant se concentre alors sur ses mains, les bras étant parfaitement détendus et maintenus parallèlement au corps (sans le toucher cependant). Pendant cette période, il fait avec ses mains un léger mouvement d'ondulation lente semblable aux vagues à la surface de la mer. Ce mouvement d'ondulation souple et harmonieux doit être empreint de douceur et de tendresse comme s'il caressait tendrement son aura. Ainsi, les mains se rapprochent et

53- Pour ce rapport établi entre les instruments et les planètes, voir l'ouvrage du même auteur, *Eveil de la conscience par la musique*, Editions de l'Aigle, Sherbrooke, 1994.

s'éloignent légèrement des cuisses sans qu'il n'y ait aucune tension au niveau des bras, des poignets ou des doigts.

Au cours de ce moment, il importe en outre que l'aspirant se concentre sur une dimension de lui-même qu'il souhaite profondément développer, formulant ainsi à l'égard de cette facette de lui-même un sentiment d'appréciation et de valorisation. La méditation associée à cette posture correspond donc à une valorisation de soi, contribuant activement à la constitution du moi. Considérant que les mains jouent ici un rôle privilégié (comme les pieds dans le premier mouvement de cette première marche), il serait intéressant d'approfondir quelque peu leur symbolisme ésotérique.

A ce titre, certains auteurs établissent une analogie fort intéressante entre la forme de la main et celle du neurone (la cellule nerveuse). Formé d'un corps cellulaire (semblable à la paume de la main), le neurone comporte en effet des dendrites (évoquant les doigs) et un axone (comparable au bras). Aussi, la main est bien souvent mise en rapport d'analogie avec la cellule nerveuse, responsable à la fois de la sensibilité et de la motricité du corps. Dans cette perspective le mouvement de la main exécuté au cours de la marche évoque une tentative de mieux se connaître et de mieux s'appréhender.

En effet, le toucher est traditionnellement considéré comme un outil de connaissance. Le jeune enfant qui part à la découverte de son environnement est d'ailleurs porté instinctivement à toucher les objets qu'il cherche à connaître. D'autre part le toucher semble bien avoir été considéré comme la forme la plus efficace de communication et c'est pourquoi les civilisations primitives ont toujours privilégié le contact physique dans les processus d'échange avec l'autre. Ainsi, donner une poignée de main permet de prendre contact avec l'autre, de s'ouvrir à lui et de s'engager dans un processus de connaissance mutuelle.

En outre, la tradition hermétique considère également le toucher comme la forme la plus efficace de valorisation. En effet, toucher une chose, c'est en quelque sorte la constituer. A ce titre, le mot « manifestation » a curieusement la même racine que le mot « main », l'organe par excellence du toucher. Ainsi, ce qui est manifesté, c'est-à-dire pleinement concrétisé, est saisissable par la main. De même, ce qui est touché par la main devient plus concret, prend forme et se développe. Rappelons en ce sens l'épisode biblique célèbre où Thomas exige de toucher le Christ pour croire en sa résurrection: « Si je ne vois pas dans ses mains la marque des clous, et si je ne mets pas mon doigt dans la marque des clous, et si je ne mets pas ma main dans son côté, je ne croirai pas. ».[54]

En résumé, le toucher permet la reconnaissance d'une chose et contribue en outre à sa croissance et à son développement. C'est sans doute pourquoi l'attouchement sensuel semble demeurer l'une des formes les plus valorisantes pour le moi personnel. C'est ce qui explique également qu'ayant dévalorisé le corps, une forme déviée du judéo-christianisme a toujours cultivé une attitude méfiante et suspicieuse en rapport avec le sens du toucher perçu comme le plus inférieur des sens. Or, il s'avère au contraire que le toucher, et plus encore la caresse, est un élément essentiel à la prise de possession de son corps et à sa maîtrise. En effet, plus qu'une simple connaissance de son corps, le fait de le toucher et de le caresser favorise son appropriation. Caresser son corps (ou celui de l'autre) permet en outre d'éveiller sa dimension réceptive (sous l'effet du plaisir) et conséquemment de s'ouvrir à des réalités subtiles généralement inacessibles.

C'est donc à toutes ces dimensions particulières du toucher que ce rapporte ce second exercice.

54- Jean XX, 25.

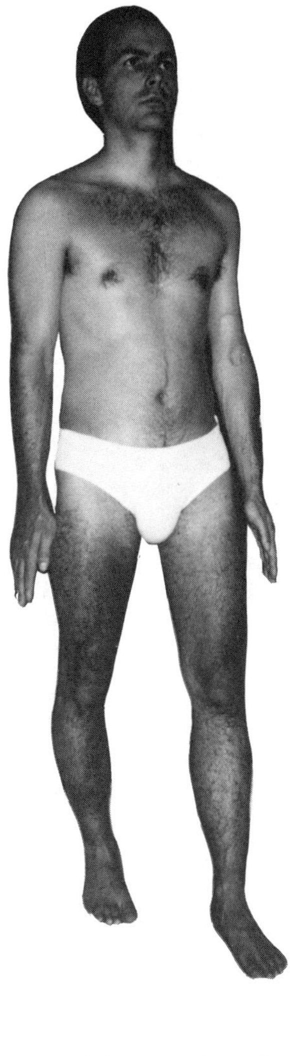

En position d'équilibre, l'aspirant éloigne légèrement les mains de son corps en un mouvement d'ondulation harmonieux, imitant en cela les vagues de la mer.

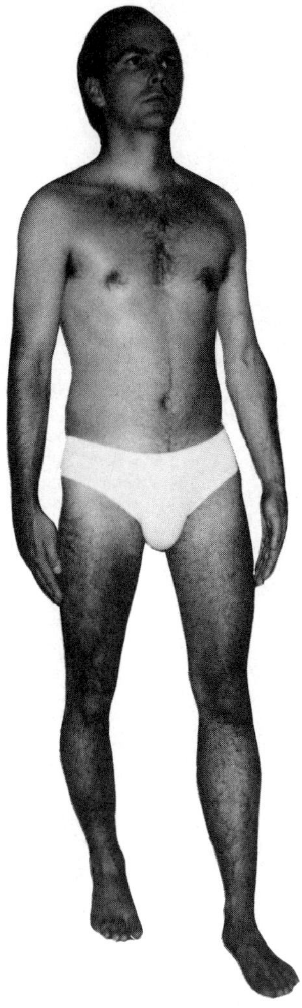

En position d'équilibre, l'aspirant rapproche ses mains du corps sans le toucher, reproduisant toujours ce même mouvement d'ondulation.

***Mandala* du chakra solaire**

CHAPITRE TROISIEME

LE CHAKRA SOLAIRE

CHAPITRE TROISIEME
LE CHAKRA SOLAIRE

Situé à la jonction des vertèbres dorsales et lombaires, le chakra solaire est le troisième centre de la triade inférieure. Il est donc directement associé au développement du moi personnel dans la mesure où il est lié au processus d'expression et de rayonnement de l'identité. C'est d'ailleurs ce qu'évoque d'une certaine manière son nom hindou *Manipûra*, signifiant « cité des joyaux ».

En effet, le concept de joyau se réfère, par analogie, à l'achèvement, à la réalisation et au rayonnement du moi comme le joyau représente la phase achevée et rayonnante d'une pierre précieuse. Ainsi donc, le chakra solaire permet au moi de s'affirmer et de s'exprimer pleinement. Toutefois, s'il n'est pas convenablement harmonisé, il peut être à l'origine d'une attitude profondément égocentrique. Une approche plus systématique de ses différentes facettes nous permettra au cours des prochaines pages de mieux en saisir les multiples dimensions.

Tous les chakras ayant des périodes d'activité plus intenses dans le cycle de l'existence, le chakra solaire est particulièrement actif entre 14 et 21 ans puis entre 63 et 70 ans. Les enjeux qu'il représente seront donc vraisemblablement plus aigus à ces moments particuliers de la vie.

PREMIERE SECTION

SYMBOLISMES DU CHAKRA SOLAIRE

PREMIERE SECTION
SYMBOLISMES DU CHAKRA SOLAIRE

LE NOMBRE 10

Représenté sous la forme d'un lotus à dix pétales, le chakra solaire est étroitement associé aux mystères du nombre 10. Pour bien comprendre cet élément symbolique du chakra, nous devons donc chercher à mieux saisir la signification profonde de ce nombre. Or, du point de vue hermétique, il évoque fondamentalement l'expression du principe spirituel (le nombre 1) pleinement incarné dans la matière (le plan des dizaines) comme nous le confirme une règle élémentaire de la numérologie. C'est sans doute pourquoi Hermès écrivit: « Le 10 est la mère de l'âme, car la vie et la lumière y sont unies. Parce que le nombre 1 est né de l'esprit et le nombre 10 de la matière; l'unité a fait le 10 et le 10 l'unité. ». De même, il n'est pas étonnant que les kabbalistes aient considéré le nombre 10 comme l'achèvement de l'incarnation. Aussi, toutes les réalités de notre univers créé furent associées par les anciens à dix essences formant l'arbre des *sephiroth.*

En effet, l'enseignement de la kabbale nous apprend que toute chose incarnée est le fruit d'une combinaison de ces dix essences premières appelées *sephiroth*, c'est-à-dire « numérations pures » ou « nombres-dieux ». Elles forment un tout parfaitement articulé et organisé que les kabbalistes nomment « l'arbre de vie ». Parmi ces dix *sephiroth* correspondant aux dix premiers nombres, la dixième *sephirah*, celle qui nous intéresse plus particulièrement, est appelée *Malkuth*, ce qui signifie en hébreu « Royaume ». Elle représente à ce titre l'incarnation plénière de *Kether*, la première *sephirah* de l'arbre de vie.

En plus de correspondre aux dix forces associées à l'incarnation, les dix *sephiroth* des kabbalistes sont également mises en relation avec les lois de l'incarnation. En effet, la tradition biblique nous apprend qu'il existe dix lois régissant le monde matériel. C'est tout au moins ce que nous précise le livre de l'Exode: « Moïse demeura là, avec Yahvé, quarante jours et quarante nuits. Il ne mangea ni ne but, et il écrivit sur les tables les paroles de l'alliance, les dix paroles. ».[1] Dans le même esprit, le Deutéronome ajoute: « Il vous révéla son alliance, qu'il vous ordonna de mettre en pratique, les dix paroles qu'il inscrivit sur deux tables de pierre. ».[2] Ainsi, ces dix commandements, étroitement associés aux dix *sephiroth*, représentent les dix principes que l'homme doit appliquer quotidiennement s'il veut pouvoir s'exprimer pleinement.

La tradition kabbalistique est donc sans équivoque et associe au nombre 10 la plénitude de l'incarnation. D'autres traditions ont aussi défini le nombre 10 dans le même esprit. Chez les pythagoriciens par exemple, ce nombre était également au coeur des mystères de la création. On le considérait même comme le plus sacré des nombres. En effet, il était le symbole privilégié de la création dans sa dimension la plus universelle. Pour expliciter le mystère profond de ce nombre, Pythagore conçut la *tétraktys* qu'il disposa comme suit:

1- Exode, XXXIV, 28.
2- Deutéronome IV, 13.

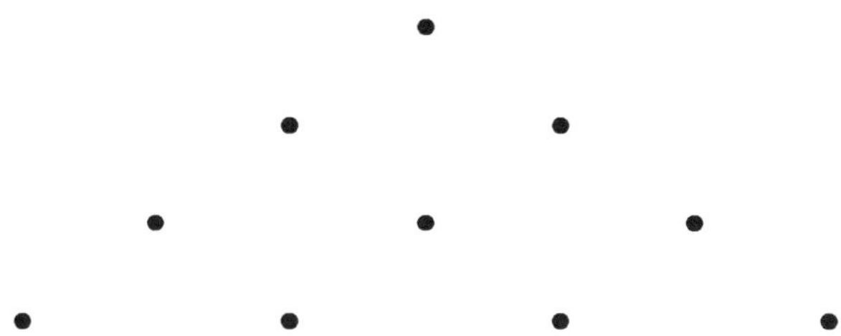

Les mystères que cette *tétraktys* évoque sont si grands et si profonds que les pythagoriciens, affirme Jamblique, adressaient une prière à cette *tétraktys* ou « Nombre du monde ». Cette prière était la suivante: « Bénis-nous, Nombre divin, toi qui as engendré les dieux et les hommes. O Sainte *tétraktys*, toi qui contiens la racine et la source du flux éternel de la Création. Car le Nombre divin débute par l'Unité pure et profonde et atteint ensuite le Quatre sacré; ensuite il engendre la Mère de Tout, qui relie Tout, le premier né, celui qui ne dévie jamais, qui ne se lasse jamais, le Dix sacré, qui détient la clé de toutes choses. ».

Or, en observant succinctement la disposition géométrique de cette *tétraktys*, nous découvrons un symbolisme puissant qui met en exergue le concept d'incarnation de l'esprit tel que le concevaient les Hébreux. En ce sens, le triangle formé par les dix points disposés en pyramide évoque déjà admirablement toutes les dimensions ésotériques de ce mystère. En ce sens, nous avons vu précédemment que le triangle est essentiellement une figure d'incarnation dans la mesure où il est la plus petite figure géométrique fermée. Associé au nombre 3, il représente en outre la manifestation de l'esprit. L'image de la pyramide est d'ailleurs elle-même fort représentative du processus d'incarnation. En effet, elle est formée de quatre niveaux (évoquant déjà le nombre 4) associé très étroitement à l'incarnation, comme nous l'avons clairement établi dans notre analyse portant sur le chakra racine.

Plus précisément encore, on observe au sommet de cette pyramide la présence d'un point unique symbolisant l'esprit à l'origine de toute chose. En effet, ce point est étroitement associé aux mystères du nombre 1, considéré dans toutes les traditions initiatiques comme la source et l'essence de toute création. La tradition kabbalistique précise d'ailleurs en ce sens que le nombre 1 correspond à la première *sephirah* de l'arbre de vie: *Kether*. Or *Kether* représente la quintessence existentielle de l'univers, l'énergie intrinsèque de la vie, encore ramassée sur elle-même. Ainsi, le nombre 1 représente le germe (la semence) qui se développera ensuite par le processus de l'incarnation sur quatre plans distincts (les quatre niveaux de la pyramide) et sous la forme de dix essences primordiales (les dix points de la *tétraktys*). C'est dans ce même esprit que le grec Syrianus déclarait déjà au cinquième siècle de notre ère: « L'Un est le Principe des Etres, la mesure des Intelligibles, il est incréé, éternel, unique, souverain et se manifeste lui-même ». Dans le même esprit, Pascal écrivit plus tard: « Tout l'univers est contenu dans le nombre 1. ».

Quant au second niveau de la pyramide, il comporte deux points symbolisant les deux dimensions primordiales à l'origine de toute création, c'est-à-dire les principes féminin et masculin parfaitement différenciés. Il s'agit donc ici de la dualité créatrice au sens où nous l'avons présentée dans notre analyse portant sur le chakra sacré. La tradition kabbalistique nous apprend en outre que le nombre 2 est directement associé à la deuxième *sephirah* de l'arbre de vie: *Hochmah*. Or *Hochmah* représente la force dynamique fécondant l'univers. Ainsi, ces deux points évoquent la tension dynamique s'établissant entre deux pôles complémentaires et la force créatrice qui en résulte.

Au troisième niveau de la *tétraktys* apparaissent trois points correspondant aux trois paliers constitutifs du monde: le plan céleste, le plan terrestre et le plan infernal des anciens Grecs. A un niveau microcosmique, ces trois plans sont aussi représentatifs des trois niveaux de la vie humaine: physique, psychique et spirituel. Dans la tradition kabbalistique, ajoutons que le nombre 3 correspond à la troisième *sephirah* de l'arbre de vie: *Binah*. Or *Binah* évoque la concrétisation des réalités abstraites puisqu'il s'agit de la *sephirah* donatrice de forme. A ce nombre correspond donc l'étape où toute réalité prend forme et reçoit conséquemment un destin (forme et destin étant deux notions intimement liées aux mystères de ce nombre).

Enfin, on retrouve sur le quatrième niveau de la *tetraktys*, quatre points constituant la base de la pyramide. Ils représentent bien évidemment les quatre éléments formant la matière (terre, eau, air, feu), les quatre subdivisions traditionnelles du temps qui conditionnent le monde créé. Dans la tradition kabbalistique, ce nombre correspond également à la quatrième *sephirah* de l'arbre de vie: *Hesed*. Or *Hesed* est la source de vivification qui, selon les kabbalistes, octroie une certaine force aux formes constituant le monde matériel, parachevant ainsi le processus d'incarnation. Ces quatre points représentent donc la plénitude même de l'incarnation.

Ainsi donc, du point de vue hermétique, le nombre 10 correspond bien à l'expression et à la manifestation concrète de l'esprit. De même, sur un plan psychologique, il évoque le moi personnel qui, enraciné dans les mystères du nombre 4, s'est progressivement développé sous l'égide du nombre 6 pour enfin s'exprimer pleinement à travers le nombre 10. En d'autres termes, ce nombre représente l'identité profonde de l'être exprimant et rayonnant pleinement ses qualités propres sur le plan corporel.

En tant que nombre d'achèvement, il incarne en outre une idée de puissance. Il ne s'agit bien évidemment pas de cette fausse puissance, illusoire et éphémère, qui prend source et s'enracine dans la pure extériorité du monde, mais d'une puissance authentique et véritable s'enracinant dans la dimension intérieure de l'être et s'exprimant naturellement dans le monde. Sans recherche d'honneurs ou de gloire, cette puissance s'affirme alors humblement et en toute simplicité. Sous l'influence du nombre 10, l'homme agit donc sans chercher à paraître et sans vouloir briller. En effet, confiant en ses propres valeurs, il n'a rien à prouver ni à lui-même ni aux autres.

Enfin, le nombre 10 est très étroitement associé à l'acceptation et à l'assumation du rôle social que l'aspirant doit remplir en rayonnant pleinement son identité profonde. Nous verrons qu'il s'agit là d'un aspect fondamental du chakra solaire. Loin de percevoir ce rôle comme une limite contraignante ou sclérosante, l'aspirant qui incarne profondément les vertus du nombre 10 considérera au contraire sa fonction sociale comme une occasion d'exprimer ses potentialités, s'adaptant ainsi aux normes de la société en sachant vivre en accord avec ses lois. En ce sens, le chakra solaire, comme le nombre 10, représente le parachèvement et l'accomplissement du chakra racine et du nombre 4.

LE NOMBRE 10 MALEFICIE

Si le nombre 10 symbolise, comme nous venons de le montrer, les multiples dimensions de l'esprit incarnées sous une forme matérielle, il peut également évoquer sous une forme maléficiée l'esprit démoniaque ou pervers (le Prince de ce monde) qui, substituant à sa source intérieure les dimensions extérieures de son être, génère la mort et entraîne la désolation sur le plan terrestre. Pour bien comprendre ce processus d'inversion, nous devons d'abord bien préciser que le moi personnel, c'est-à-dire l'expression matérielle et extérieure de l'être, doit, pour être authentique, demeurer uni à la source de son existence. Or c'est précisément là le piège du chakra solaire évoqué par le nombre 10 maléficié. En effet, ayant atteint une certaine maturité, le moi personnel profondément ancré dans le monde matériel, risque d'oublier, en raison d'une valorisation excessive de ce plan, la dimension intérieure de son être. S'éloignant alors peu à peu de sa véritable source, il se dénature et sombre dans l'illusion.

C'est ce que rapporte une très ancienne légende racontant l'histoire de Satan et des anges qui le suivirent dans sa rébellion. Pour mieux saisir cette légende, il importe de rappeler que, du point de vue de la tradition judéo-chrétienne, Dieu créa à l'origine neuf choeurs angéliques: les Séraphins, les Chérubins, les Trônes, les Dominations, les Principautés, les Vertus, les Puissances, les Archanges et les Anges proprement dit. Le premier mouvement de ces êtres fut alors de se tourner vers Celui qui leur avait donné naissance. Ils le contemplèrent, ravis par son amour infini, et comprirent qu'Il était l'unique source de toute chose.

Parmi ceux-ci, Satan était le plus grand de tous les êtres angéliques créés. Surpassant tous les autres par sa grande beauté et son zèle à servir les oeuvres divines, il jouissait dans le ciel d'une gloire incomparable. Toutefois, s'observant un jour dans sa propre image, Satan se trouva si beau qu'il pensa pouvoir exister sans Dieu. Trompé par son orgueil, ses yeux se voilèrent et il entra en conflit violent avec son Créateur. Ainsi donc, cette légende met en exergue le piège auquel succomba Satan en substituant à la dimension intérieure de son être (symbolisée par Dieu) une pure extériorité. De même, le moi personnel résultant de l'expression de l'esprit intérieur, peut s'éloigner de la source qui le vivifie. Il s'enlise alors progressivement dans une dimension étrangère à sa nature profonde et devient ainsi un *ego* (au sens péjoratif du terme) qui se cristallise de plus en plus.

Les paroles que rapporte le prophète Ezéchiel à l'adresse d'un certain roi de Tyr sont particulièrement intéressantes et illustrent bien ce mécanisme: « Tu étais un modèle de perfection, plein de sagesse, merveilleux de beauté, tu étais en Eden, au jardin de Dieu. Toutes sortes de pierres précieuses formaient ton manteau: sardoine, topaze, diamant, chrysolithe, onyx, jaspe, saphir, escarboucle, émeraude, d'or étaient travaillées tes pendeloques et tes paillettes; tout cela fut préparé au jour de ta création. Toi, j'avais fait de toi un chérubin protecteur aux ailes déployées, tu étais sur la sainte montagne de Dieu, tu marchais au milieu des charbons ardents. Ta conduite fut exemplaire depuis le jour de ta création jusqu'à ce que fut trouvée en toi l'injustice.

« Par l'activité de ton commerce, tu t'es rempli de violences et de péchés. Je t'ai précipité de la montagne de Dieu et je t'ai fait périr, chérubin protecteur, du milieu des charbons. Ton coeur s'est enorgueilli à cause de ta beauté. Tu as corrompu ta sagesse à cause de ton éclat. Je t'ai jeté à terre, je t'ai offert en spectacle aux rois. Par la multitude de tes fautes, par la malhonnêteté de ton commerce, tu as profané tes sanctuaires. J'ai fait sortir de toi un feu pour te dévorer; je t'ai réduit en cendres sur la terre, aux yeux de tous ceux qui te regardaient. Quiconque te connaît parmi les peuples est frappé de stupeur à ton sujet. Tu es devenu un objet d'effroi, c'en est fait de toi à jamais. ».[3]

Or la tradition kabbalistique nous enseigne qu'il n'existe pas seulement une forme maléficiée des êtres angéliques

---

3- Ezéchiel XXVIII, 12-18.

(Satan et les ordres démoniaques) et de l'homme (l'*ego* orgueilleux et cristallisé dans une dimension purement extérieure), mais encore un univers tout entier issu d'une chute aux dimensions cosmiques sur lequel règne le Prince de ce monde. Il s'agit en fait du monde maléficié dans lequel nous évoluons et où la mort et la décrépitude sont le lot de tous: « Parce que tu as écouté la voix de ta femme et que tu as mangé de l'arbre dont je t'avais interdit de manger, maudit soit le sol à cause de toi ! A force de peines tu en retireras subsistance tous les jours de ta vie. Il produira pour toi épines et chardons et tu mangeras l'herbe des champs. A la sueur de ton visage tu mangeras ton pain, jusqu'à ce que tu retournes au sol, puisque tu en fus tiré. Car tu es glaise et tu retourneras à la glaise. ».[4]

Nous étudierons plus précisément dans notre analyse du chakra coronal le processus qui a entraîné cette chute et le sens à donner à ce drame cosmique. Nous verrons alors qu'il ne faut pas confondre l'incarnation avec la chute ni considérer la matière maléficiée que nous connaissons actuellement avec la dimension matérielle authentique et véritable. Sur un plan kabbalistique, ce monde maléficié, appelé monde d'en bas, se situe en dehors de l'arbre des *sephiroth*. Il correspond plus précisément à une *quliphah* de l'arbre de Mort. En effet, il existe dix *sephiroth* sombres ou *quliphoth* incarnant en quelque sorte l'aspect négatif et perverti des dix essences *sephirotiques*. En ce qui concerne plus précisément la dixième *quliphah* de cet arbre de Mort, les kabbalistes la nomme *Aretz*, ce qui signifie « le Monde ». Encore une fois, il ne faut pas confondre cette réalité sombre avec la dimension matérielle de l'univers.

4- Genèse III, 17-19.

Les kabbalistes anciens, comme les hermétistes modernes, considèrent au contraire avec respect et dévotion l'ensemble du monde matériel. Ce que les kabbalistes nomment *Aretz* (et que les hermétistes appellent le Monde) est donc une dimension matérielle qui, entraînée dans la chute, est vraiment en parfait état de rupture avec la dimension intérieure. Aussi, le nombre 10 maléficié devient le symbole de cette création pervertie vouée à la mort et à la perdition puisque séparée de sa source. C'est la fausse réalité, l'illusion ultime et perverse. C'est pourquoi toute démarche initiatique comporte, dans le processus de constitution du moi personnel, des outils servant à combattre cette dimension et à maintenir l'expression égoïque en harmonie avec la dimension intérieure (plus féminine).

En ce sens, la bête aux dix cornes de l'Apocalypse représente ce moi maléficié sous l'emprise de la *quliphah Aretz*. Saint Jean la décrit ainsi: « Alors je vis surgir de la mer une Bête ayant sept têtes et dix cornes, sur ses cornes dix diadèmes, et sur ses têtes des titres blasphématoires. ».[5] Or, à propos de ces dix cornes, l'apôtre rapporte: « Et ces dix cornes-là, ce sont dix rois; ils n'ont pas encore reçu de royauté, ils recevront un pouvoir royal, pour une heure seulement, avec la Bête. Ils sont tous d'accord pour remettre à la Bête leur puissance et leur pouvoir. Ils mèneront campagne contre l'Agneau, et l'Agneau les vaincra, car il est Seigneur des seigneurs et Roi des rois, avec les siens: les appelés, les choisis, les fidèles. ».[6]

Sur un plan symbolique, les dix mauvais rois auxquels Jean fait allusion représentent ceux qui, ayant coupé tout lien avec la dimension intérieure (féminine), s'identifient aux fausses valeurs que leur propose le monde et les endossent au ris-

5- Apocalypse XIII, 1.
6- Apocalypse XVII, 12-14.

que d'annihiler leur véritable nature. C'est ainsi que ces rois, ayant oublié qu'ils exercent un pouvoir de droit divin, remettent à la Bête leur puissance et leur pouvoir. Ils se placent sous l'autorité d'un moi purement extérieur (masculin).

Ainsi donc, n'ayant pas su maintenir le lien étroit avec leur nature profonde (leur moi véritable) alors qu'ils focalisent leur conscience sur le monde extérieur, ils sont devenus les rois d'un univers illusoire et éphémère. Ajoutons que ces valeurs artificielles et profondément changeantes, sont toujours la cause de tensions et d'inquiétudes. Le roi de ce monde, conséquemment instable, doit donc pour maintenir son autorité, dominer par la force et la brutalité le monde qui l'entoure et dont il est d'autre part dépendant. Craignant que les choses ne lui échappent ou ne se retournent contre lui, il adoptera souvent une attitude despotique.

Ainsi, sur un plan psychologique, le nombre 10 maléficié correspond au moi personnel, imbu de lui-même et aveuglé au point de ne plus savoir reconnaître qu'il est un reflet de l'esprit. Trop focalisé sur la dimension extérieure pour percevoir quelque élément de son essence profonde, il se développe alors en fonction des exigences du monde extérieur, sans tenir compte de ce qu'il est véritablement. Ayant en outre perdu toute conscience de ses origines, il risque fort de survaloriser rapidement sa personnalité, développant ainsi différentes formes d'orgueil. C'est pourquoi les hermétistes ont associé le nombre 10 maléficié à l'orgueil et à toutes les attitudes psychologiques incarnant de fausses valeurs en raison d'une méconnaissance ou d'un rejet de la dimension intérieure.

A ce titre, la principale déviance incarnée par ce nombre est très certainement l'idolâtrie consistant à survaloriser la dimension extérieure au point de la considérer comme la source suprême de toute existence. Pensons, à ce titre, au récit des trois jeunes Hébreux rapporté dans le livre de Daniel. On y raconte que le roi Nabuchodonosor éleva une statue d'or à son effigie et exigea que le peuple vénéra cette statue: « A vous peuples, nations et langues, voici ce qui a été commandé: à l'instant où vous entendrez sonner trompe, pipeau, cithare, sambuque, psaltérion, cornemuse et toute espèce de musique, vous vous prosternerez et ferez adoration à la statue d'or qu'a élevée le roi Nabuchodonosor. Quant à celui qui ne se prosternera ni ne fera adoration, il sera incontinent jeté dans la fournaise de feu ardent. ».[7]

Toutefois les trois jeunes Hébreux refusèrent d'adorer la statue, préférant placer leur foi en Dieu. Le roi Nabuchodonosor les fit alors jeter dans la fournaise. Mais, ceux-ci « marchaient au milieu de la flamme, louant Dieu et bénissant le Seigneur. ».[8] Au niveau symbolique, le feu a toujours représenté le principe purificateur par excellence. Dès lors, le fait que les jeunes Hébreux ne soient pas atteints par les flammes souligne qu'ils ont su conformer leur dimension corporelle à leur dimension spirituelle et n'ont conséquemment plus aucun aspect de leur moi personnel à purifier (à brûler). Ils ont donc atteint une parfaite intégration en n'adorant pas la personnalité extérieure (représentée par la statue d'or à l'effigie du roi Nabuchodonosor).

Enfin, symbolisant l'identité (le nombre 1) pleinement incarnée sous sa forme matérielle, le nombre 10 représente également sous sa forme maléficiée l'individualisme malsain conduisant celui qui en est victime à ne concevoir l'univers qu'à travers sa propre grille d'entendement, excluant *a priori* toute conception différente de la sienne. Ne déléguant rien et se considérant comme la seule personne digne d'intérêt,

7- Daniel III, 4-6.
8- Daniel III, 24.

l'individu agira généralement en suivant exclusivement ses propres idées, évitant par-dessus tout de s'associer avec d'autres. Tout devra donc être articulé autour de sa propre compétence et de sa propre autorité. Cette attitude se traduit également sur un plan social par un refus catégorique de s'intégrer dans la société perçue comme sclérosante et dépossédante. En ce cas, l'individu peut être amené à se marginaliser et à fuir ses semblables. Dans tous les cas, il adoptera à travers son comportement une grande irresponsabilité.

LA ROUE DE FORTUNE

Au niveau du tarot, le nombre 10 est bien évidemment associé à la dixième lame, celle de la Roue de Fortune. Or cette lame est particulièrement représentative des enjeux du chakra solaire. Aussi, pour bien saisir le symbolisme profond de cet arcane majeur, il importe d'abord de mettre en exergue son symbolisme central: la roue. En effet, nous y trouverons la principale clef symbolique nous permettant de percer son mystère. A ce titre, mentionnons tout d'abord que la roue représente l'ensemble du monde créé comme nous l'avons déjà affirmé en abordant l'étude du nombre 1. En ce sens, il est intéressant de constater qu'au moment où Dieu créa l'univers, il commença par « tracer un cercle à la surface des eaux, aux confins de la lumière et des ténèbres. ».[9] Depuis lors, « les nuages sont pour lui un voile opaque et il circule au pourtour des cieux. ».[10] Dans son sens littéral, circuler au pourtour des cieux signifie que Dieu fait le tour du cercle (lequel délimite l'univers créé).

---

9 - Job XXVI, 10.
10- Job XXII, 14.

Dans un même ordre d'idées, le zodiaque des astrologues représente l'univers (le macrocosme des anciens) dans lequel l'homme puise les éléments nécessaires à son développement physique, psychologique et spirituel. Or le zodiaque est également une roue. De même, la roue devint dans la tradition hindoue le symbole même de l'existence, *Samsara*. En effet, la roue de *Samsara*, celle des renaissances, est particulièrement représentative de la vie et de l'évolution dans le monde créé, évoquant ses successions de joies et de peines, de hauts et de bas, de réussites et d'échecs.

Considérée dans le symbolisme particulier du tarot de Marseille, il convient en outre d'ajouter que cette roue possède six rayons. Or, ces six rayons unissent en quelque sorte le centre de la roue et sa périphérie. Sur un plan symbolique, les rayons évoquent donc le lien entre l'intérieur (le moyeu) et l'extérieur (la jante). Au nombre de six, ce symbole nous apprend que pour passer de la périphérie (la personnalité) au centre (l'essence), il est nécessaire d'intégrer les mystères du nombre 6 qui, nous l'avons vu lors de notre étude portant sur le chakra sacré, nous permet d'établir une dynamique créatrice entre ces deux pôles.

A un autre niveau, la roue évoque également une notion de mouvement et de cycle puisqu'elle tourne sur elle-même. A ce titre, la roue de fortune revêtait au Moyen-âge une signification précise. En effet, Fortune (ou Fortuna) était chez les Romains la déesse du Hasard ou de la Chance (elle correspondait à la déesse Tychè des Grecs). On raconte que, par son entremise, les dieux distribuaient aux mortels les biens et les maux, les joies et les peines. En fait, cette roue symbolisait la loi de causalité (mieux connue en orient sous le nom de loi du *karma*) selon laquelle nos actes sont inévitablement liés à des conséquences (c'est l'inexorable retour des choses). A ce titre du reste, Francis Lefébure écrit fort pertinemment:

« "*Karma*" à l'origine, signifiait "roue". Il faut croire que, très anciennement, les hindous remarquèrent dans la destinée humaine des retours périodiques d'événements, qui rappelaient le passage régulier des rayons d'une roue devant un observateur lorsqu'elle tourne, car le mot "*Karma*" prit très vite aux Indes le sens de notre expression "roue du destin". Mais les hindous attribuèrent à ce concept une importance infiniment supérieure à celle que nous lui accordons: c'est qu'ils croient que, pour chaque individu et au cours d'innombrables incarnations successives, la roue du destin tourne pendant un temps incommensurable. ».[11]

Il importe donc que nous approfondissions cette loi du *karma* qui semble bien être au coeur de la symbolique associée au chakra solaire comme au nombre 10. En ce sens, la tradition judéo-chrétienne fait fréquemment allusion à cette loi selon laquelle l'homme récolte le fruit de ses actes passés. Ainsi, Matthieu rapporte dans son évangile: « tout ce que vous voulez que les hommes fassent pour vous, faites-le vous-mêmes pour eux: voilà la Loi et les Prophètes ».[12] En d'autres termes, l'homme reçoit ce qu'il a semé conformément à cette autre affirmation du Christ « Te voilà guéri; ne pèche plus, de peur qu'il ne t'arrive pire encore ».[13] Ainsi donc, la roue symbolise le principe du talion, la loi des conséquences.

Revenant à la Roue de Fortune, précisons en outre qu'on y trouve trois personnages nous rappelant que l'univers créé est un monde tridimensionnel tant au niveau de l'espace (longueur, largeur et hauteur) qu'au niveau du temps (passé, présent et futur). Leur position respective sur le pour-

---

11- Lefébure, Francis, *Puissance du Christianisme*, 2e édition, Québec, 1981.
12- Matthieu VII, 12.
13- Jean V, 14.

tour de la roue forme en outre une figure triangulaire laissant suggérer que les deux personnages situés de part et d'autre de la base du triangle trouvent en quelque sorte leur achèvement plénier dans le troisième personnage situé au sommet du triangle. Ce triangle pointé vers le haut évoque d'ailleurs plus globalement une notion d'élévation et d'évolution tant sur un plan matériel (social) que spirituel (initiatique).

Ajoutons en outre que, placés à la périphérie de la roue, ces personnages contrôlent le mouvement de la roue. Ils évoquent donc la maîtrise du destin acquise par celui qui connaît les lois qui le régissent. Concernant plus précisément la nature de ces êtres étranges, mentionnons d'abord qu'ils ne sont pas des animaux réels, mais plutôt des êtres fabuleux composés d'un ensemble de particularités anatomiques issues de plusieurs espèces animales. Cette pluralité dans l'apparence pourrait certainement évoquer ici l'intégration du multiple, les diverses parties animales étant sagement ordonnées dans une forme unique (l'animal fabuleux en tant que tel). Aussi, ces animaux symbolisent les multiples désirs animant la personnalité (que la nature animale évoque) qui, placés sous la gérance de l'esprit (symbolisé par l'unité), forment un tout parfaitement cohérent. En ce sens, ces animaux sont revêtus d'habits ce qui signifie que ces multiples pulsions instinctuelles ont été canalisées et alchimisées, les animaux n'apparaissant plus sous une forme sauvage, mais apprivoisée.

De manière plus précise encore, chacun de ces trois personnages correspond en fait à une dimension de l'être. L'un d'entre eux a l'apparence d'un chien et s'élève sur la roue. Il représente ici le principe constituant à l'origine de toute chose, c'est le dieu Vishnu de la tradition orientale. Certains auteurs comme Oswald Wirth l'ont également identifié au génie du bien, Hermanubis, incarnant « toutes les énergies bienfaisantes et constructives qui favorisent la croissance de l'individu et stimulent son rayonnement vital. ».[14] Ce rayonnement est d'ailleurs représenté dans le tarot de Marseille par la couleur jaune de ce personnage, une couleur solaire étroitement associée à la notion de maturité et de réalisation. Ajoutons également que le chien fut toujours perçu dans les civilisations antiques comme un guide conduisant l'homme vers la lumière. C'est à ce titre qu'il fut universellement reconnu pour ses fonctions de psychopompe. Pensons à Anubis, le dieu chacal des anciens Egyptiens. Quoiqu'il en soit, ce personnage représente ici la voie ascendante par laquelle l'homme s'élève et accède à la richesse matérielle, à la puissance et à la reconnaissance. En d'autres termes, il incarne l'ambition et la réussite.

Un second personnage est positionné sur la partie descendante de la roue. Il représente, quant à lui, le principe de la dissolution permettant à une forme d'évoluer et de s'adapter aux nouvelles exigences de son développement. Il correspond donc au dieu Shiva de la tradition orientale. Oswald Wirth a pour sa part perçu en cette créature un monstre typhonien incarnant l'ensemble des agents de destruction. En ce sens, il l'associa « au génie de la matière chaotique, Hyle, à laquelle il tend à ramener ce qui est organisé, donc coordonné, soumis à une règle et discipliné. ».[15] Dans le tarot de Marseille, sa couleur chair rappelle ici le statut illusoire et éphémère de la forme extérieure. En fait, ce second personnage s'oppose à la cristallisation de la matière, affirmant ainsi que rien ne se perd, que rien ne se crée, mais que tout se transforme. Cet animal rappelle donc à l'aspirant qu'il devra accepter un retour cy-

14- Wirth, Oswald, *Le Tarot des imagiers du moyen âge*, Tchou, Paris, 1982.
15- Wirth, Oswald, *Le Tarot des imagiers du moyen âge*, Tchou, Paris, 1982.

clique au point de départ pour recommencer sans cesse un nouveau cycle d'expérimentation sur un plan supérieur. Ainsi, celui qui a atteint ce niveau de la Roue de Fortune n'est encore qu'au commencement d'une queste sans fin.

Un troisième personnage dont l'apparence générale ressemble à celle d'un sphinx occupe la place la plus élevée, le sommet du triangle auquel nous faisions allusion précédemment. Il représente ici le principe d'équilibre entre la tendance cohésive et la tendance dissolvante, c'est le dieu Brahma de la tradition orientale. A propos du sphinx, Jean Yoyotte écrit qu'en Egypte antique, ces lions divins portant des têtes de pharaon représentaient « une puissance souveraine, impitoyable aux rebelles, protectrice des bons. Par sa face barbue, il est roi ou dieu-solaire, il possède les attributs du lion. Etant félin, il est irrésistible au combat. ».[16] En d'autres termes, le sphynx symbolise l'état de réalisation de celui qui a pleinement accompli et réalisé ce dont il était porteur. Pour reprendre les mots de Maître Eckhart, il s'agit de celui qui a su réaliser la coïncidence de son être intérieur (le corps qu'il est) et de son être extérieur (le corps qu'il a). Or cet élément est non seulement souligné dans le tarot de Marseille par la juxtaposition de la couleur rouge (la dimension extérieure) et de la couleur bleue (la dimension intérieure), mais également par le fait que cet animal n'est pas dans le mouvement de la roue puisqu'il ne monte pas et qu'il ne descend pas. A ce titre, il représente le résultat du processus cyclique.

Incarnant l'image d'un roi exerçant son pouvoir et sa puissance sur l'ensemble de sa personnalité, le sphinx représente celui qui rayonne pleinement en raison du fait qu'il maîtrise la loi du destin. A ce titre, l'épée qu'il porte incarne la

16- Posener G. (en collaboration avec Serge Sauneron et Jean Yoyotte), *Dictionnaire de la civilisation égyptienne*, Paris, 1959.

formidable puissance d'action dont est dépositaire celui qui a su faire fructifier ses potentialités en les plaçant sous l'autorité de l'esprit. Le sphinx incarne donc de manière certaine la troisième étape dans la constitution du moi personnel (celle de la fructification). Toutefois, ayant atteint une certaine réussite matérielle et spirituelle, l'aspirant devra accepter toujours de mourir pour amorcer un nouveau défi (symbolisé par l'enjeu des trois chakras suivants).

En résumé, cette dixième lame nous apprend que tout dans l'univers créé est mouvement. L'homme ne peut donc grandir sans décliner, s'enrichir sans s'appauvrir, s'affermir sans s'affaiblir. Ainsi, rien n'est jamais acquis à l'homme et s'il accepte d'assumer pleinement son destin (en assumant ses responsabilités), il se fait alors un chevalier errant à l'image du Christ qui répondit au scribe: « Les renards ont des tanières et les oiseaux du ciel ont des nids; le Fils de l'homme, lui, n'a pas où reposer la tête. ».[17] Avec cette lame, l'homme intègre donc pleinement la loi du tétragramme sacré. Plus encore, en ne s'opposant pas à la mouvance de la vie et en l'intégrant pleinement, l'aspirant acquiert parallèlement la stabilité. En d'autres termes, il se retrouve au centre de la roue et non à sa périphérie.

Considérant ce qui précède, il n'est guère étonnant que, sur un plan divinatoire, la Roue de Fortune soit associée à l'assumation du destin et à la gestion des lois de l'existence.

17- Matthieu VIII, 20.

LA ROUE DE FORTUNE DANS SA DIMENSION MALEFICIEE

Pour comprendre la Roue de Fortune, il importe de saisir ce que la roue elle-même évoque à ce niveau. Or, si elle représente d'un point de vue positif l'ensemble du monde créé assujetti à la loi du destin, dans sa forme maléficiée, elle évoque le monde d'en bas représenté sous la forme du cercle clos du serpent. En effet, la tradition initiatique rapporte que l'antique serpent (celui qui séduisit Adam et Eve et fut à l'origine de la chute originelle) amena l'homme à croire qu'il ne pourrait être libre que lorsqu'il se dégagerait de la tutelle de Dieu. Il lui offrit donc un monde clos dans lequel il ne subirait aucune influence extérieure. Etre libre, supposait-il, consistait à être soi-même, sans ingérence extérieure. Dans la pensée du serpent, le monde suivrait toujours la volonté du Père tant que subsisterait l'ouverture dans le cercle du monde. Et le serpent prit sa queue dans sa bouche et forma ainsi un cercle clos. Il se tourna avec grande force et créa dans le monde le grand tourbillon qui happa Adam et Eve. Et les êtres auxquels Adam avait imposé les noms qu'il leur donna, les suivirent.

C'est donc du point de vue maléficié ce que représente la roue. Gautama Bouddha a d'ailleurs fort bien décrit cette roue comme étant celle des renaissances (l'homme ne pouvant plus retourner dans la maison du Père et étant condamné à se réincarner perpétuellement dans le monde d'en bas). L'illustre roi Salomon perçut de même l'image de cette roue comme étant celle de la fatalité inexorable rendant vain tout effort humain: « Vanité des vanités, tout n'est que vanité. ».

Ainsi, cette roue représente essentiellement l'éternel et l'inexorable retour des choses. La Roue de Fortune évoque alors ce que l'ancien mythe de Sysiphe mettait en exergue. En effet, parce qu'il défia à plusieurs reprises les dieux, la mythologie grecque nous rapporte qu'après sa mort, Sisyphe fut condamné par les dieux de l'enfer à pousser en haut d'une montagne un gros rocher qui, chaque fois qu'il allait atteindre le sommet, roulait jusqu'en bas. Dans ce mythe, Sisyphe incarne l'*ego* maléficié qui, usurpant les droits de l'esprit, enferme l'homme dans sa condition humaine, trop humaine aurait dit Nietzsche. Ainsi, à l'image de Sisyphe qui s'évertue à pousser le rocher jusqu'au sommet de la montagne, l'homme cherche à gravir les échelons de la société pour obtenir richesse, puissance et gloire. Cette queste de l'avoir, du pouvoir et du valoir se révélera toutefois parfaitement vaine car « rien n'est jamais acquis à l'homme ». Ainsi, après l'apogée, c'est inévitablement le déclin. Dans son aveuglement, l'homme continue d'ignorer les lois régissant le destin, assistant ainsi passivement à son anéantissement cyclique.

Aussi, la Roue de Fortune représente sur un plan plus psychologique, la répétition monotone et sans fin des épreuves et des expériences de la vie. Ignorant en effet les lois auxquelles nous venons de faire allusion, l'homme refait toujours les mêmes erreurs et se retrouve toujours confronté aux mêmes épreuves et aux mêmes scénarios. Tant qu'il n'aura pas su trouver au fond de lui-même la cause profonde qui l'amène a répéter constamment ces mêmes erreurs (c'est-à-dire tant qu'il n'aura pas trouvé l'origine de cette force qui actionne la roue), il sera condamné, à l'image de Sisyphe, à être prisonnier du cercle clos du monde. C'est d'ailleurs pourquoi les personnages sont disposés sur le pourtour de la roue. Ils sont ici impuissants à agir sur le mouvement cyclique.

Le fait que ces personnages soient composites enseigne déjà une notion de pluralité et leur nature animale nous précise qu'il s'agit d'instincts non encore maîtrisés. De manière plus précise, le premier personnage, le chien psychopompe, incarne ici une pulsion amenant l'homme à se focaliser vers une fausse lumière, celle d'un *ego* encore cristallisé dans la matière et qui se nourrit des vaines ambitions que lui propose le monde extérieur. A ce titre, dans sa dimension négative, le chien est traditionnellement considéré comme un animal impur en raison du fait qu'il se nourrit d'ordures, de cadavres et de viandes pourries. Ces aliments représentent alors symboliquement les ambitions purement égocentriques aussi illusoires qu'éphémères appartenant au monde d'en bas. Plus encore, dans le tarot de Marseille, cet animal porte un bandeau sur les oreilles, représentant ainsi celui qui, intensément absorbé par son désir de gravir les échelons de la société, n'est plus à l'écoute de lui-même et de son environnement (repliement sur soi).

Dans sa dimension maléficiée, le second personnage illustre ici l'échec et la chute. En effet, il incarne l'être dégradé et misérable qui, prisonnier de ses désirs égoïstes, est placé sous l'emprise des forces régressives l'amenant inexorablement à sa chute. Ce second personnage incarne donc aussi les sentiments négatifs que développe celui qui n'accepte pas le cycle de la vie et qui est en conséquence soumis à un sentiment d'échec, à une dépréciation de ses valeurs propres, au doute, à la perte de confiance en ses capacités, au sentiment de régresser...

Ajoutons en outre que, dans le tarot de Marseille, ce personnage revêt une tête de singe. Or, le singe a toujours été perçu (et ce, particulièrement dans l'iconographie chrétienne) comme un être qui, en raison de son pouvoir d'imitation, incarne l'illusion du monde extérieur. Il représente donc l'homme dégénéré qui assiste, impuissant et désespéré, à la disparition de ses biens, selon la loi cosmique: « Quiconque s'élèvera sera abaissé et quiconque s'abaissera sera élevé. ».[18] Notons en outre que, dans ce même tarot, ce singe revêt une couleur chair qui, dans sa dimension maléficée, représente la faiblesse et la corruptibilité.

Quant au sphinx, il représente, dans sa dimension maléficiée, l'illusion d'avoir atteint sa réalisation plénière (l'unité). En effet, si cette créature trône au sommet de la roue, il importe de rappeler qu'une roue ne possède ni haut ni bas. En conséquence, sa position élevée n'est qu'un pur artifice. Le sphinx symbolise donc l'orgueil et la vanité qui entraînent l'homme à désirer s'élever matériellement comme spirituellement, se cristallisant sur des acquis purement extérieurs. L'épée que tient le sphinx n'est donc plus un symbole du pouvoir authentique et véritable (celui que confère la vérité) mais l'emblème d'un faux pouvoir: celui d'un *ego* qui, encore cristallisé sur lui-même, détourne à son profit les richesses du moi personnel pour asseoir son autorité.

A ce titre, il est intéressant de considérer l'image du sphinx (ou plutôt de la sphinge puisqu'il est femelle) en Grèce antique. Contrairement à la pensée égyptienne, le sphinx était considéré par les Grecs comme un animal malfaisant. Gîtant sur un rocher au pied duquel passaient les voyageurs se rendant à la ville de Thèbes, le sphynx les arrêtait pour leur poser la célèbre question: Quel est l'être qui marche le matin à quatre pattes, à midi sur deux pattes et le soir sur trois pattes ? Si le voyageur ne savait pas donner la juste réponse, le sphinx se jetait sur lui et le dévorait.

Un jour pourtant un jeune homme prénommé Oedipe sut lui répondre: « L'homme ! Il marche à quatre pattes étant petit, sur deux pattes étant adulte, et sur trois pattes quand il est vieux puisqu'il s'appuie sur un bâton. » A ces mots, le

18- Matthieu XXIII, 12.

sphinx, vaincu par la sagesse d'Oedipe, se tua en se jetant du haut du rocher. Au niveau symbolique, le sphinx incarne dans cette perspective la vanité et l'orgueil qui dévore celui qui ignore son identité véritable (la réponse à la question du sphinx). Seul celui qui connaît sa vraie nature peut alors échapper à l'emprise de cette redoutable pulsion qui mène inévitablement l'homme à sa perte.

En résumé, cette dixième lame du tarot nous enseigne qu'il est dangereux de vouloir s'opposer au mouvement de l'existence en cherchant à imposer à la vie son propre rythme. En effet, refuser le changement, c'est se cristalliser et empêcher toute évolution, toute transformation, toute progression. En fait, le fait de croire qu'on atteint le haut, c'est se condamner à mourir. C'est d'ailleurs l'image d'Adam et Eve qui mangent le fruit, c'est-à-dire qui croient ainsi atteindre la réalisation. Cet arcane nous révèle enfin l'inutilité de rejeter son destin puisqu'il est fondamentalement inexorable.

Considérant ce qui précède, il n'est guère étonnant que, sur un plan divinatoire, la Roue de Fortune inversée soit associée à la non-assumation du destin et à l'impuissance (sentiment d'être bloqué par des lois extérieures) correspondant aux principales dispositions du chakra solaire maléficié.

LA COULEUR JAUNE

La tradition de l'hermétisme chrétien associe la couleur jaune au chakra solaire.[19] Pour bien saisir la signification profonde de cette couleur, nous devons d'abord mettre en exer-

19- Plus précisément, il s'agit d'un jaune tirant légèrement sur l'orangé pour la dimension inférieure du chakra et d'un jaune s'approchant du vert (jaune citron) pour sa dimension supérieure.

gue ses principales caractéristiques. En ce sens, il importe dans un premier temps de préciser qu'au niveau symbolique, le jaune représente essentiellement une notion d'achèvement, de plénitude et de maturité. A ce titre, il est une couleur de rayonnement et d'expression. C'est pourquoi le jaune est associé à la parole qui, reflétant fidèlement les valeurs de l'esprit, rayonne et devient créatrice. A un autre niveau, en tant que couleur de la maturité, le jaune illustre également une parfaite maîtrise de toutes les dimensions de l'être. Aussi, il n'est guère étonnant que le jaune soit la couleur du pouvoir et de la sagesse.

Au niveau traditionnel, le jaune était considéré dans l'art du blason comme un mélange de rouge et de blanc. En effet, en tant que couleur lumière, le jaune est en quelque sorte un rouge plus lumineux. Ceci s'accorde du reste avec l'attribution des couleurs que nous avons effectuée en rapport avec les trois chakras de la première triade, le rouge du chakra racine s'accomplissant grâce à une augmentation d'intensité dans le jaune du chakra solaire. Or, cette affirmation occulte nous permet de saisir la signification profonde de cette couleur qui intervient à la fin du cycle de la première triade consacrée à l'éveil, à la croissance et à l'expression du moi personnel.

En effet, la présence du jaune au sein de la nature évoque toujours une notion d'achèvement. Ainsi, lorsque le blé atteint sa pleine maturité, il revêt, comme toutes les autres céréales, une teinte de jaune or. Sur une échelle plus élevée, le Soleil, brillant de tout son éclat, est aussi étroitement associé à la couleur jaune. Or, le Soleil représente, dans le langage symbolique de l'astrologie, le moi personnel pleinement achevé. C'est d'ailleurs ce qui explique pourquoi, lorsqu'on dit familièrement d'une personne qu'elle est Balance, on affirme en fait qu'au moment de sa naissance, le Soleil se trouvait dans le signe de la Balance. En effet, cette identification entre la personne et la position du Soleil dans le zodiaque au moment de sa naissance montre bien le lien étroit entre ces deux réalités.

La couleur jaune est donc une couleur de rayonnement et permet de bien percevoir le corps comme un rayonnement de l'esprit. Son association avec le Soleil le confirme d'ailleurs éloquemment. Il symbolise alors la lumière que l'homme rayonne et la sagesse dont il est investi. A ce titre, cette sagesse fut directement associée à l'or, le métal jaune par excellence. Ainsi, le premier livre des Rois nous rapporte: « Le poids de l'or qui arriva à Salomon en une année fut de six cent soixante-dix talents d'or, sans compter ce qui venait des redevances des marchands, du gain des commerçants et de tous les rois des Arabes et des gouverneurs du pays. ».[20] Sur un plan symbolique, l'or représente ici la sagesse de Salomon mais chacun de nous possède en lui-même ce poids d'or qu'il peut travestir en plomb ou rayonner à la manière du Roi. En effet, cet or correspond à la pure lumière de l'esprit présent au plus profond de chaque être et qui, au moment de la maturité, rayonne alors pleinement vers l'extérieur.

C'est d'ailleurs pourquoi le jaune est traditionnellement associé, dans un sens mystique et occulte, à la parole. En effet, la parole (ou le verbe divin) est considérée du point de vue hermétique comme une incarnation de l'esprit. Or, cette association constitue un aspect très important de la couleur jaune. En effet, elle évoque alors l'esprit fait chair et s'exprimant pleinement. Ce concept est d'ailleurs admirablement bien exprimé dans les premiers mots du Prologue de l'évangile de Jean:

« Au commencement était le Verbe, et le Verbe était avec Dieu, et le Verbe était Dieu. Il était au commencement

20- I Rois X, 14.

avec Dieu. Tout fut par lui, et sans lui rien ne fut. Ce qui fut en lui était la vie, et la vie était la lumière des hommes, et la lumière luit dans les ténèbres et les ténèbres ne l'ont point saisie. Il y eut un homme envoyé de Dieu. Son nom était Jean. Il vint pour témoigner, pour rendre témoignage à la lumière, afin que tous crussent par lui. Celui-là n'était pas la lumière, mais il avait à rendre témoignage à la lumière. ».[21]

Sans vouloir interpréter de manière exhaustive l'une des plus belles pages de la littérature néo-testamentaire, l'apôtre Jean nous enseigne ici que la dimension intérieure de l'Etre (symbolisée par le Père), en s'extériorisant, engendre la dimension extérieure de l'Etre (représentée par le Fils). En ce sens, la couleur jaune est directement associée au Fils en tant qu'incarnation du Père. Le livre d'Hermès (le *Pimandre*) reprend cette idée: « le verbe éclatant de la pensée est le fils de Dieu et la pensée est Dieu le Père; ils ne sont point séparés, car leur union est la vie. ». Ainsi, le Fils en tant que Verbe de Dieu lui demeure étroitement lié: « Père faites que tous soient un avec vous comme moi je suis un avec vous. ». Ceci n'est donc pas sans évoquer que la mission de témoignage repose essentiellement sur le rapport étroit existant entre la dimension extérieure de l'homme (sa nature corporelle) et sa dimension intérieure (sa nature spirituelle).

Toujours à propos de la parole, on disait en Grèce antique que les bons orateurs avaient une bouche d'or. On rapporte même à propos de Platon qu'une abeille (associée au jaune par la couleur du miel qu'elle produit) se serait posée sur sa bouche alors qu'il était enfant, prophétisant ainsi la grande sagesse philosophique et les dons d'orateur dont il serait investi. Dans la même perspective, le jaune servait également à désigner une parole de grande valeur. En ce sens,

21- Jean I, 1-8.

pensons aux *Vers dorés* de Pythagore ou à *La Légende dorée* de Jacques de Voragine.

Représentant aussi l'accomplissement parfait et la plénitude, la couleur jaune est à nouveau associée à l'or. En effet, considéré comme le métal le plus parfait, l'or était pour les anciens alchimistes le symbole de la réalisation. En Inde, il était même considéré comme de la lumière minérale. De même, la chair des pharaons était, d'après la tradition antique, composée d'or fin. Or le pharaon, le roi d'Egypte, régnait sur deux royaumes: l'Egypte d'en haut, symbolisée par la couronne blanche, et l'Egypte d'en bas, représentée par la couronne rouge.[22] Sur un plan symbolique, la couronne rouge évoque évidemment la dimension extérieure (le plan corporel) alors que la couronne blanche représente la dimension intérieure (l'esprit). En d'autres termes, le roi est celui qui, pleinement réalisé, a fait de son moi personnel l'expression rayonnante de l'esprit. En ce sens, le jaune était également, dans l'occident chrétien, l'attribut par excellence des rois, soulignant ainsi qu'ils représentaient Dieu et en rayonnaient les vertus (détenant le pouvoir de droit divin et non de droit humain).

Ajoutons à ce titre que le lion, dont le pelage, semblable à la savane africaine, rappelle précisément la couleur jaune, est aussi un roi, celui des animaux. Or ce symbole est également d'une extrême importance car il met bien en exergue la maîtrise de soi associée à la couleur jaune. En effet, le lion est l'archétype du roi devenu maître de lui-même en intégrant pleinement toutes les facettes de la personnalité (représentées par les animaux soumis à son autorité). A l'image du lion, l'aspirant est un véritable roi lorsque son pouvoir s'exerce sur l'ensemble de ses dimensions corporelles. En ce sens, Jung

---

22- Le mot « pharaon » d'origine grecque signifie « celui qui habite la grande maison » et ne fut employé que tardivement par les Grecs.

écrivit dans *L'Homme et ses Symboles:* « L'animal, qui est dans l'homme sa psyché instinctuelle, peut devenir dangereux, lorsqu'il n'est pas reconnu et intégré à la vie de l'individu. L'acceptation de l'âme animale est la condition de l'unification de l'individu et de la plénitude de son épanouissement. ».[23] Ainsi, fort de cette expérience d'intégration, l'homme dispose alors d'une importante puissance créatrice qui lui permet de réaliser des projets à la hauteur de ses ambitions.

Ainsi donc, la couleur jaune symbolise l'état de maturité et de maîtrise parfaite de toutes les dimensions constituant la personnalité. A ce propos, il est intéressant de noter qu'une chevelure blonde était souvent l'apanage des héros. En ce sens, elle était chez les Celtes, le signe d'une beauté royale. De même, les artistes chrétiens ont parfois représenté le Christ avec des cheveux blonds pour souligner la perfection de sa nature humaine. Les cheveux ont donc toujours symbolisé le rayonnement et l'expression du moi personnel. Ainsi, le rite de la tonsure, pratiquée lors de la cérémonie de la cléricature, indique que le clerc consacre désormais à Dieu toutes les richesses dont il dispose.

Enfin, ajoutons que les aliments de couleur jaune comme le beurre, le miel ou l'huile ont toujours symbolisé la maturité et la sagesse. Ainsi, la tradition grecque prétend que Pythagore (l'auteur des Vers dorés) se nourrissait exclusivement de miel, cet aliment de couleur jaune que Virgile considérait comme un don céleste de la rosée (la rosée étant le symbole de l'initiation). De même, dans la tradition judéo-chrétienne, Yahvé déclare à l'adresse du peuple d'Israël: « Je t'aurai nourri de la fleur du froment, je t'aurai rassasié avec le

23- Jung, Carl-Gustav, *L'homme et ses symboles*, Paris, 1964.

miel du rocher ».[24] Et le prophète Ezéchiel rapporte en décrivant la beauté de Jérusalem: « La fleur de farine, le miel et l'huile étaient ta nourriture. Tu devins de plus en plus belle et tu parvins à la royauté. Tu fus renommée parmi les nations pour ta beauté, car elle était parfaite, grâce à la splendeur dont je t'avais revêtue, oracle du Seigneur Yahvé. ».[25] Or la beauté authentique et véritable résulte précisément du rayonnement des vertus intérieures.

Au sujet de ces aliments aux propriétés universellement reconnues, ajoutons également que l'huile comme le beurre ou le miel sont des aliments ayant une haute teneur énergétique. Il sont donc d'importantes sources d'énergie capables de fournir à l'organisme la force nécessaire pour agir et s'exprimer pleinement. En outre, nous savons que cette énergie est originellement issue du processus de la photosynthèse. Ainsi, ces aliments jaunes, de la couleur du Soleil, renferment vraiment des vertus solaires susceptibles de stimuler le rayonnement et l'action. En effet, l'apport d'énergie dynamique qu'ils représentent ne peut que favoriser l'expression du moi personnel. C'est du reste à ce titre que ces aliments furent associés au verbe tel que nous l'avons affirmé précédemment.

LA COULEUR JAUNE MALEFICIEE

Dans sa dimension négative, la couleur jaune représente l'inversion des dimensions symboliques auxquelles nous venons de faire allusion. Ainsi, le jaune maléficié représente la couleur du faux rayonnement correspondant à celui qui n'exprime pas les dimensions essentielles de son être. En

---

24- Psaume LXXXI, 17.
25- Ezéchiel XVI, 13-14.

tant que couleur du faux éclat, il est également associé à la parole mensongère qui, ne reflétant pas fidèlement la vérité, devient une parole de trahison. En outre, le jaune est également la couleur de l'orgueil. Il évoque alors une tendance à se centrer irrésistiblement sur soi-même et sur ses propres besoins. Aussi, il n'est guère étonnant que le jaune soit la couleur de la fausse puissance reposant seulement sur les forces de l'*ego*.

Sur un plan purement biologique, soulignons déjà que la couleur jaune apparaît au niveau même de l'urine. Cette couleur jaune est alors due à la présence de pigments biliaires. En effet, la bile est constituée de quatre éléments principaux dont les pigments biliaires. Parmi ceux-ci, la bilirubine, produit de la dégradation de l'hémoglobine, est le plus important. Cette constatation est intéressante car, dans le langage des couleurs, le jaune maléficié (la bilirubine) serait issu d'une dégradation du rouge (l'hémoglobine), la dégradation de l'hémoglobine illustrant que le principe de l'incarnation (le rouge) a été maléficié par un faux rayonnement. Ainsi, en tant que couleur issue de la dégradation du rouge, le jaune en représente l'ultime dénaturation.

Or, en étudiant le rouge, nous avions déjà souligné les dangers d'une individualisation excessive du moi personnel et d'un trop grand enracinement dans la dimension extérieure. Aussi, sous sa forme négative, le jaune représente le piège consistant à s'identifier totalement à sa dimension extérieure. Ainsi, il devient le symbole d'une fausse identité qui ne rayonne pas les dimensions essentielles de l'être, mais les valeurs illusoires et superficielles qu'elle a endossées. C'est ce qu'évoque l'expression familière « tout ce qui brille n'est pas d'or ». En ce sens, cette fausse brillance du jaune maléficié devient le symbole de l'illusion comme dans l'épisode du veau d'or rapporté dans le livre de l'Exode. En effet, après lui avoir remis les tables de la loi, Dieu dit à Moïse: « Allons ! descends, car ton peuple que tu as fait monter du pays d'Egypte s'est perverti. Ils n'ont pas tardé à s'écarter de la voie que je leur avais prescrite. Ils se sont fabriqué un veau en métal fondu et se sont prosternés devant lui. Ils lui ont offert des sacrifices et ils ont dit: "Voici ton Dieu, Israël, qui t'a fait monter du pays d'Egypte." Yahvé dit à Moïse: "J'ai vu ce peuple: c'est un peuple à la nuque raide. Maintenant laisse-moi, ma colère va s'enflammer contre eux et je les exterminerai; mais de toi je ferai une grande nation." ».[26]

Cet épisode illustre bien l'attrait pour les choses matérielles symbolisées par le veau qu'on a travesti en le recouvrant d'or. Certains y ont vu une simple allusion aux grandes ères zodiacales, cet épisode se déroulant à la fin de l'ère du Taureau. Toutefois, il importe aussi de considérer que le veau est le petit du taureau. Or le Taureau est en astrologie le signe de la possession matérielle et de la tendance matérialiste. Ainsi donc, le taureau recouvert d'or évoque une survalorisation de la matière. Moïse, au contraire, est porteur, quant à lui, des dix lois cosmiques permettant à l'esprit de rayonner dans le monde. Le peuple (symbolisant les tendances multiples qui s'exercent en l'homme) est donc obnubilé par une attitude matérialiste et une tendance exacerbée à la possessivité (l'homme se cristallisant sur ses acquis). En ce sens, cet épisode évoque le moment où, piégé par l'avoir, l'homme oublie d'être.

Citons également parmi les réalités étroitement associées à la couleur jaune, le soufre qui revêt dans la tradition une signification symbolique bien précise. En effet, dans la tradition biblique, il est associé au rouge pour représenter les couleurs de l'enfer et de la damnation. Ainsi déclare le psal-

---

26- Exode XXXII, 7-10.

miste: « Il [Yahvé] fera pleuvoir sur les impies charbons de feu et soufre ».[27] De même, l'apôtre Jean rapporte dans son Apocalypse que « le diable, leur séducteur, fut jeté dans l'étang de feu et de soufre, y rejoignant la Bête et le faux prophète, et leur supplice durera jour et nuit pour les siècles des siècles. ».[28] En tant que châtiments des impies et du diable, c'est-à-dire de ceux qui ont renié la dimension intérieure de leur être, le soufre devient donc le symbole d'un moi personnel qui n'est plus en adéquation avec la dimension intérieure qui lui a donné naissance.

A ce titre, ajoutons que le soufre noircit l'argent. Or ceci est particulièrement éloquent lorsqu'on sait que l'argent est un métal lunaire représentant la personnalité. C'est d'ailleurs pourquoi les ciboires de la tradition catholique sont faits d'argent à l'extérieur et d'or à l'intérieur. Ils représentent en effet la personnalité (le récipient en argent) qui contient sa dimension spirituelle (les hosties consacrées). Ainsi, le soufre qui noircit l'argent illustre l'influence déformante d'un moi personnel qui, encore replié sur lui-même, ne rayonne plus dans le monde les valeurs de l'esprit (l'argent se ternit). Plus encore, non seulement l'argent se ternit, mais il devient noir. Or, le noir symbolise l'obscurantisme et l'aveuglement. Ainsi, non seulement la personnalité n'exprime plus dans le monde les valeurs de l'esprit, mais elle devient peu à peu aveugle et incapable de percevoir les dimensions véritables et authentiques du monde qui l'entoure.

En tant que couleur du faux éclat, le jaune maléficié devint également la couleur du mensonge et de la trahison. En effet, si dans sa dimension positive, le jaune représente la parole de vérité (celle qui rend témoignage des valeurs spirituel-

27- Psaume XI, 6.
28- Apocalypse XX, 10.

les animant l'homme), dans sa dimension négative, il représente la fausse parole qui déforme et travestit la réalité. Ainsi, Frédéric Portal rapporte que dans plusieurs pays, « la loi ordonnait aux Juifs de se vêtir de jaune, car ils avaient trahi le Seigneur; en France, on barbouillait de jaune la porte des traîtres; sous François 1er, Charles de Bourbon encourut cette flétrissure pour crime de félonie. Sur les vitraux de l'Eglise de Ceffonds, en Champagne, vitraux qui remontent au seizième siècle, Judas est vêtu de jaune; en Espagne, les vêtements du bourreau devaient être rouges ou jaunes; le jaune indiquait la trahison du coupable et le rouge sa punition. ».[29]

A un autre niveau, le jaune devient la couleur de l'orgueil incitant l'homme à se centrer irrésistiblement sur lui-même et sur ses propres besoins. Ainsi, il évoque à nouveau la couleur du lion, mais sous sa forme maléficiée. Or le lion incarne l'orgueil dans sa dimension négative. A ce titre, il fut souvent associé dans la tradition occidentale à Satan. Or, déguisé en « Ange de lumière »,[30] Satan représente bien cette tendance de l'*ego* à substituer la lumière véritable (le jaune témoin des profondeurs) à une apparence de lumière. Ainsi, le jaune maléficié illustre le comportement de celui qui, s'illusionnant sur son sort et ne percevant plus les êtres et les choses qu'à travers ce qu'il veut bien voir et entendre, en arrive à se concevoir comme un être d'exception.

Finalement, considérant ce qui précède, il n'est guère étonnant que le jaune maléficié soit devenu la couleur de la fausse puissance. A ce titre, de nombreux auteurs associent le jaune aux maris trompés. Or, une tradition populaire consis-

---

29- Portal Frédéric, *Des couleurs symboliques dans l'antiquité, le moyen âge et les temps modernes*, Editions de la Maisnie, 1984.
30- « Et rien d'étonnant: Satan lui-même se déguise bien en ange de lumière ». (2 Corinthiens XI, 14).

tant à représenter les maris trompés avec des cornes est particulièrement révélatrice des aspects profonds et occultes de l'adultère. En effet, le symbolisme de la corne est ici très important. Attribut exclusif de la puissance mâle (les femelles n'ont pas de cornes), elles représentent l'extériorisation de l'être et elles impliquent une notion de rayonnement et d'autorité. Nous développerons exhaustivement ce symbolisme dans les pages suivantes consacrées à l'étude symbolique du bélier. Toutefois, mis en rapport avec le mari cocu, le symbolisme des cornes est maléficé et évoque alors la fausse puissance (le mari croyant être maître chez lui alors qu'il ne l'est pas). A ce titre, les cornes de ce mari trompé rappellent celles que porte la bête de l'Apocalypse: « Alors je vis surgir de la mer une Bête ayant sept têtes et dix cornes, sur ses cornes dix diadèmes, et sur ses têtes des titres blasphématoires. ».[31]

LE *MANDALA* HINDOU DU CHAKRA SOLAIRE

Afin de mettre à nouveau certains aspects du chakra solaire en exergue, nous allons maintenant aborder succinctement l'analyse du *mandala* traditionnel associé au *Manipûra chakra*.

Nombre de pétales et *yantra*

Précisons d'abord que ce *mandala* comporte dix pétales de couleur bleue. Nous ne reviendrons pas sur le symbolisme du nombre 10 étudié précédemment, mais rappelons

31- Apocalypse XIII, 1.

seulement qu'il évoque l'expression et la manifestation concrète de l'esprit. En d'autres termes, ce nombre représente sur le plan humain l'identité profonde de l'être rayonnant ses qualités propres dans le monde terrestre.

Outre ces pétales, nous constatons également que le *yantra* correspondant au chakra solaire est un grand triangle pointé vers le bas. Nous avons déjà précisé à propos de cette figure géométrique qu'elle représente, en tant que premier polygone fermé issu du cercle, la première expression de l'esprit à l'origine de toute chose. Plus encore, d'un point de vue purement numérologique, le triangle est associé au nombre 3, symbole de la réalisation en tant que coagulation ou manifestation concrète d'une force ou d'une réalité subtile. Ainsi, le triangle rend effectif un principe existant jusqu'alors sous une forme exclusivement abstraite ou subtile.

En ce qui concerne plus précisément le triangle qui nous intéresse, notons qu'il est rouge et qu'il est pointé vers le bas. Cette orientation évoque bien évidemment la notion d'incarnation entraînant l'attention de celui qui le regarde vers le bas, emblème du monde terrestre plus dense. Quant au rouge, il ne fait que renforcer davantage cette symbolique. Ainsi, le triangle du *Manipûra chakra* évoque l'expression extérieure et matérielle des dimensions intérieures de l'être.

L'animal héraldique

Ayant décrit le symbolisme du triangle, il nous faut encore insister sur la présence d'un animal héraldique à l'intérieur de cette figure. Il s'agit du bélier et nous lui consacrerons une analyse plus exhaustive dans une prochaine section. Toutefois, représenté dans le triangle, il revêt dans la tradition hindoue une signification toute particulière. En effet, du point de vue oriental, il est le véhicule d'Agni. Or, dans la mythologie brahmanique, Agni est le dieu du feu et nous savons que le feu est directement associé au moi personnel comme nous l'avons précisé dans notre étude portant sur la couleur rouge. En ce sens, le bélier évoque ici une notion de rayonnement du moi.

Précisons en outre qu'Agni est souvent représenté sous la forme d'un homme ayant trois têtes barbues.[32] On prétend en outre qu'il possède sept langues. Les trois têtes barbues évoquent bien évidemment la notion de plénitude associée à ce nombre et que nous avons déjà explicité à plusieurs reprises. Comme il s'agit toutefois d'une triple tête, le symbolisme du nombre s'associe également à celui de la tête. Siège de la conscience, la tête qui gouverne le corps représente le principe directeur. En ce sens, l'expression familière « perdre la tête » exprime l'idée d'une attitude ou d'un acte échappant au contrôle de la raison. Ainsi, le fait qu'Agni possède trois têtes évoque l'idée d'une pleine maîtrise de soi, sur le plan mental, sur le plan émotionnel et sur le plan physique.

Quant aux sept langues, elles représentent les sept modes d'expression issus d'un profond équilibre entre la dimension extérieure et la dimension intérieure. En effet, au niveau symbolique, le nombre 7 représente la beauté glorieuse de celui qui a su devenir maître de lui-même en ayant atteint un juste équilibre entre sa dimension corporelle et sa dimension spirituelle. En ce sens, le nombre 7 résulte de l'addition du nombre 3 (l'esprit) et du nombre 4 (la matière). Le bélier, considéré dans la tradition des *Vedas* comme le véhicule consacré d'Agni, rappelle donc l'enjeu majeur du chakra solaire: manifester et exprimer extérieurement les valeurs profondes de l'esprit.

32- Il donna en outre naissance à trois fils: Pâvaka, Pâvamâna et Shuci.

Plus encore, la tradition hindoue ajoute que les trois têtes d'Agni correspondent aussi à ses trois formes privilégiées. En effet, au ciel Agni est le Soleil, dans l'air il est l'éclair et sur la terre il est le feu. Qu'il nous soit permis d'établir ici une analogie avec les trois formes primordiales du feu mises en exergue dans l'astrologie occidentale. En effet, on retrouve au niveau du zodiaque trois signes de feu: le Bélier, le Lion et le Sagittaire. En ce qui concerne le Bélier, l'élément feu incite principalement à investir tous ses efforts pour s'engager au niveau des multiples expériences que propose la vie. Au niveau du Lion, il invite à rayonner et à cultiver pleinement ses valeurs propres. Enfin, le feu du Sagittaire amène à consacrer tous ses efforts en vue de transcender ses valeurs personnelles et d'élever sa conscience vers des principes universels et des horizons nouveaux.

De même, il existe trois formes de feu. La première correspond sur un plan organique au feu de l'oxydoréduction essentielle aux fonctions métaboliques du corps. Il entretient alors l'énergie vitale et les principales fonctions de l'organisme. Une seconde forme s'exprime sur le plan émotionnel. C'est le feu astral des occultistes correspondant à la force du désir à l'origine de toute activité émotionnelle et permettant à l'homme de poser une action, de se mouvoir et d'avancer en dépit des forces naturelles de l'inertie. Enfin, la troisième forme du feu est de nature spirituelle, c'est le feu intérieur. Il s'agit du feu dévorant dont parle le psalmiste, fournissant l'énergie nécessaire pour soutenir la vie intérieure, comme il soutient sur d'autres plans la vitalité organique ou l'action héroïque.[33] « Je suis venu apporter un feu et comme j'aimerais qu'il soit déjà allumé » déclare le Christ à ce propos.[34]

33- Psaumes 50 (49), 3.
34- Luc XII, 49.

La divinité et ses attributs

Le *mandala* associé au *Manipûra chakra* comporte également une divinité: il s'agit de Braddha Rudra (le Vieux Shiva). Pour bien comprendre ce *mandala*, il importe donc d'étudier brièvement ce que Braddha Rudra représente dans la théologie hindoue. En ce sens, il revêt l'apparence d'un vieillard, le corps blanchi par les cendres et orné de colliers de crânes et de serpents. Déjà son vieil âge reflète l'état de maturité correspondant à une parfaite maîtrise de toutes les dimensions de l'être, et plus spécialement des dimensions instinctuelles de la personnalité. C'est d'ailleurs pourquoi Braddha Rudra est paré avec des os et des serpents. En effet, ces os et ces serpents symbolisent toutes les forces qui, issues du monde d'en bas, sont porteuses de mort si elles sont dissociées de l'esprit. Pleinement maîtrisée, l'énergie qui les anime est cependant mise au service de l'esprit et c'est pourquoi ces objets habituellement sujets de répulsion sont devenus des objets d'ornement.

Toujours à propos de Braddha Rudra, ajoutons que son corps est blanchi par la cendre. Sur un plan symbolique, la cendre représente tant en orient qu'en occident la nature fondamentale de l'être. En effet, elle représente l'essence première de l'être et la fécondité dont il est porteur puisqu'elle demeure après la purification du feu. Elle est donc promesse de renaissance et de résurrection. En ce sens, il est éloquent de souligner qu'en hébreu, le mot « cendre » (*epher*) est formé de trois lettres: *Aleph*, *Phe* et *Resh*. Or la lettre *Aleph*, première lettre de l'alphabet, est traditionnellement associée à l'esprit, à la force primordiale. Quant à la lettre *Phe*, dix-septième lettre de l'alphabet, elle représente la parole libératrice en tant que vectrice ou médiatrice des forces de l'esprit. Enfin, la lettre

Resh, vingtième lettre de l'alphabet, correspond à la matière en tant qu'élément matriciel.

Ainsi, le mot « *Aleph-Phe-Resh* », c'est-à-dire « cendre », évoque, dans la tradition kabbalistique, l'esprit (*Aleph)* communiquant (*Phe*) sa puissance à la matière (*Resh)*, la libérant ainsi de son asservissement et lui faisant réintégrer sa condition première. Qu'il nous soit permis ici de nous référer succinctement à la tradition occidentale pour illustrer ce point. Nous pensons à l'épisode biblique des Ninivites où Jonas pénétrant dans la ville de Ninive « prêcha en ces termes: "Encore quarante jours, et Ninive sera détruite." Les gens de Ninive crurent en Dieu; ils publièrent un jeûne et se revêtirent de sacs, depuis le plus grand jusqu'au plus petit. La nouvelle parvint au roi de Ninive; il se leva du trône, quitta son manteau, se couvrit d'un sac et s'assit sur la cendre. ».[35] Le fait de s'asseoir sur la cendre fut souvent interprété comme un acte de pénitence. Ceci n'est pas contraire à l'idée du texte, mais cette pénitence est moins un acte de mortification qu'un acte de dépouillement des fausses valeurs du monde (le roi quitte son manteau) pour se relier aux valeurs essentielles de la dimension intérieure (son essence première). Ainsi, le fait que Braddha Rudra soit recouvert de cendres symbolise qu'il a su retrouver son essence première (sa fécondité primordiale) et qu'il la rayonne maintenant dans le monde (c'est une fois encore l'enjeu principal du chakra solaire).

La mythologie hindoue le reconnaît en outre comme étant le plus formidable des archers. A ce titre, on le considère comme le « maître des animaux ». C'est là une allusion qui met en exergue ce que nous avons déjà souligné à propos de la couleur jaune associée au chakra solaire. En effet, nous avions vu qu'elle évoque le pelage du lion, un autre roi des animaux.

35- Jonas III, 4-6.

Cet épithète de « maître des animaux » évoque donc une notion de royauté et de maîtrise des dimensions instinctuelles de la personnalité (les animaux maîtrisés). C'est à ce même concept que se réfère également la peau de tigre dont Braddha Rudra est revêtu. En effet, la mythologie nous rapporte qu'à l'origine Shiva errait dans la nature sous la forme d'un jeune mendiant nu. Devant la beauté incomparable de ce jeune homme, les femmes des sages furent subjuguées. Au niveau symbolique, la beauté de ce jeune homme est une autre figure de la brillance évoquée précédemment. Elle résulte donc de l'union harmonieuse entre le corps et l'esprit (l'un des principaux enjeux du chakra solaire).

Quant à sa nudité, elle souligne le caractère authentique de cette beauté (celle-ci n'usant d'aucun voile et d'aucun artifice). Plus encore, dans les traditions initiatiques, la nudité souligne le retour à l'état originel en tant que rejet de tout masque (Adam et Eve étaient nus dans le jardin d'Eden).[36] Ajoutons que cette nudité séduisit les femmes des sages. Ceci nous apprend que lorsque la dimension extérieure (le corps de l'homme) est épurée de tout artifice, elle attire à elle la dimension intérieure (les femmes des sages).

Aussi, poursuit le mythe, les sages voulurent se défaire de lui et creusèrent une fosse et par des formules magiques en firent sortir un tigre. Mais, tombé dans la fosse, Shiva tua le tigre et prit sa peau pour s'en faire un vêtement. Sur un plan symbolique, ce récit est très intéressant. En effet, ce jeune homme ayant su réconcilier en lui le corps et l'esprit n'avait plus de zones obscures correspondant à la férocité du tigre.[37]

36- Ainsi, dans la tradition chevaleresque, Lancelot approchant le saint Graal se dépouille de tous ses vêtements pour souligner un renoncement catégorique à toutes les apparences illusoires.

37- Ceci n'est d'ailleurs pas sans rappeler l'épisode biblique de la tradition occidentale où le jeune Daniel fut jeté dans la fosse aux lions

En effet, le tigre symbolise en orient la nature instinctuelle sauvage et cruelle. Il put donc maîtriser l'animal et même s'en revêtir, c'est-à-dire utiliser ces pulsions primaires en les intégrant harmonieusement. Ainsi, le fait que Shiva tua le tigre et s'en revêtit signifie que, confronté à sa nature bestiale et instinctuelle, il réussit à la maîtriser et à en tirer les forces lui permettant de s'exprimer pleinement dans le monde. Il s'agit à nouveau d'un enjeu fondamental du chakra solaire consistant à intégrer pleinement ses pulsions instinctuelles. En ce sens, les rejeter serait une grave erreur car la férocité du tigre n'en serait que plus grande.

Précisons à ce titre que la psychanalyse moderne utilise un même référent symbolique, affirmant que le tigre représente dans les rêves « un foyer de tendances devenues complètement autonomes et sans cesse prêtes à nous assaillir à l'improviste et à nous déchiqueter. Sa puissante nature féline incarne un ensemble de poussées instinctives dont la rencontre est aussi inévitable que dangereuse; cette nature est plus rusée, moins aveugle que celle du taureau, plus féroce que celle du chien sauvage, quoique également inadaptée. Ces instincts se montrent sous leur aspect le plus agressif parce que, refoulés dans la jungle, ils sont devenus complètement inhumains. Pourtant le tigre fascine; il est grand et puissant, même s'il n'a pas la dignité du lion. C'est un despote perfide qui ne connaît pas le pardon. Voir déambuler un tigre dans ses rêves signifie être dangereusement exposé à la bestialité de ses élans instinctifs. ».[38]

---

mais en ressortit indemne en déclarant: « Mon Dieu a envoyé un ange, il a fermé la gueule des lions et ils ne m'ont pas fait de mal, parce que j'ai été trouvé innocent devant lui. » (Daniel VI, 23).

38- Aepli, Ernest, *Les Rêves et leur interprétation*, Paris, 1951.

A ce sujet, la tradition orientale va plus loin encore en considérant que le caractère sauvage du tigre résulte du fait que certaines dimensions de l'être ont été niées ou rejetées loin de la conscience. Ce rejet serait donc la cause de la férocité du tigre, un animal traqué étant toujours plus dangereux qu'un animal évoluant librement. Or ceci est très important car il confirme la thèse que nous avons souvent évoquée: tout en l'homme est fondamentalement bon. C'est le rejet ou la négation d'un aspect de lui-même qui dénature cette dimension et la rend mauvaise. Nous invitons le lecteur à méditer sérieusement sur ce principe d'autant plus que le tigre, issu de ce processus, profitera tôt ou tard d'un moment d'inattention pour attaquer et dévorer la personnalité au même titre qu'une pulsion instinctuelle réprimée resurgira toujours à l'occasion d'un moment de faiblesse pour dominer celui qui l'a ainsi bestialisée.

Ajoutons enfin à propos du symbolisme du tigre que cet animal incarne dans le bouddhisme traditionnel l'effort spirituel nécessaire pour traverser la forêt de bambous, c'est-à-dire pour assumer son incarnation, tout en demeurant conforme à soi-même. En ce sens, le tigre s'oppose au dragon dans l'alchimie orientale comme dans l'astrologie chinoise. Or le dragon est en Chine une représentation de l'empereur. Ainsi, la face du dragon évoque la face de l'empereur et la démarche du dragon empreinte de majesté et de dignité, celle de l'empereur. De même, la perle du dragon (selon la tradition chinoise, tout dragon possède une perle logée au fond de sa gorge) représente la parole de l'empereur (« on ne discute pas la perle du dragon » disait Mao). Or l'empereur (au même titre que le roi) symbolise dans cette perspective celui qui a su devenir maître de lui-même (enjeu du chakra solaire). Opposé au dragon, le tigre représente la force permettant à l'empereur d'exercer sa puissance.

Le dragon est donc le symbole de celui qui a atteint une pleine maîtrise de lui-même. A ce titre, les dragons volants sont la monture de ceux qui ont su vaincre leurs tendances mauvaises et qui s'élèvent désormais vers le ciel. Toutefois, le symbolisme de cet animal peut être inversé. Il représente alors le moi personnel sous sa forme maléficiée, c'est-à-dire l'*ego*. Dès lors, il devient le grand dévorateur qui cherche à tout ramener à lui (instinct de convoitise) et qui conserve jalousement son bien (l'instinct de possessivité qui en fit le gardien des temples). Tigre et dragon deviennent alors complémentaires par leur opposition. D'ailleurs, en raison du fait qu'il crache des flammes, le dragon a été universellement associé à l'élément feu. Dans la doctrine hindoue (celle qui nous intéresse plus particulièrement ici), le dragon s'identifie même à Agni ou plus précisément à l'un de ses fils.

Enfin, ajoutons que Braddha Rudra personnifie également le feu dévorant du Soleil et nous avons à nouveau une référence au symbolisme du feu. En outre, son épouse se nomme Suvarcalâ, c'est-à-dire « la Brillante », et son fils s'appelle Shani. Or, le qualificatif de « brillante » évoque sur un plan symbolique, une notion de rayonnement. C'est à ce titre que les joyaux étaient considérés en orient comme des objets éminemment sacrés puisqu'on pensait qu'ils étaient aptes à rayonner la lumière de l'esprit. Ainsi, Suvarcalâ, « la Brillante », représente la matière pleinement unie à l'esprit et rayonnant sa lumière.

En ce qui concerne Shani, il était dans l'Inde traditionnelle une divinité associée à Saturne et il évoque donc une idée d'incarnation. En effet, sur un plan astrologique, Saturne correspond fondamentalement aux forces de coagulation permettant à une réalité subtile de se manifester concrètement dans le monde d'en bas (c'est pourquoi les hermétistes chrétiens associent cette planète au processus même de l'incarnation par lequel l'esprit, se concentrant sur lui-même, passe des mondes subtils infinis au monde fini de l'espace et du temps). D'ailleurs, la planète Saturne est associée en kabbale traditionnelle à la *sephirah Binah* incarnant les vertus du nombre 3 auxquelles nous avons fait allusion précédemment.

Les instruments de la divinité

Ces précisions apportées à propos de Braddha Rudra, nous allons maintenant étudier brièvement le symbolisme des instruments dont cette divinité est porteuse. Il s'agit essentiellement d'un chapelet. Braddha Rudra fait en outre de sa main droite la *mudrâ* de l'absence de crainte (*Abhaya mudrâ*).

Le chapelet

Dans sa main gauche, Braddha Rudra tient un chapelet. Ce chapelet appelé « *mala* » est principalement utilisé pour les prières ou les *japa* (litanies). Généralement, il comprend 108 grains mais le nombre varie selon les sectes (9, 21, 42 ou 54 par exemple). Dans tous les cas, il est employé comme support de concentration et permet à des forces subtiles de rayonner et d'agir au niveau de la conscience.

En ce sens, il est utilisé pour la répétition d'un nom divin ou d'un *mantra*. Il permet alors à celui qui l'utilise d'aller au centre de lui-même et de pouvoir ainsi être plus attentif à ses perceptions intérieures. Ces perceptions, ressenties au plus profond de soi, ressemblent alors davantage à une expérience physique qu'à une réflexion mentale.

La *mudrâ* de l'absence de crainte

Braddha Rudra fait également de sa main droite la *mudrâ* de l'absence de crainte (*Abhaya mudrâ*). Le terme « *abhaya* » signifie littéralement « sans peur ». Aussi la *mudrâ* de l'absence de crainte implique un état de sérénité et de maîtrise libérant la conscience de toute peur et de toute angoisse associée à l'incarnation. En ce sens, il s'agit également d'une *mudrâ* de protection. Elle est réalisée avec la main droite levée à la hauteur de l'épaule, paume en avant, doigts verticaux.

Cette *mûdra* symbolise donc l'attitude de celui qui, ayant parfaitement conscience de sa nature profonde, l'exprime avec aplomb, confiance et détermination (nulle influence extérieure ne pouvant le faire dévier). Ainsi, l'absence de crainte résulte d'un rayonnement du soi profond et véritable.

La *shakti* et ses instruments

Aux côtés de Braddha Rudra se tient également sa *shakti* Lakini. Précisons d'abord que Lakini possède trois têtes. Ces trois têtes correspondent bien évidemment au symbolisme du nombre 3 que nous avons largement explicité. Elles évoquent également les trois têtes et les trois fils d'Agni auxquels nous avons fait allusion précédemment. Elles représentent donc les trois plans que l'aspirant a appris à maîtriser (les plans physique, psychique et spirituel). Ajoutons que Lakini a la peau bleue sombre et porte un *dhoti* jaune. Ce *dhoti* qui entoure les reins évoque la maîtrise des pulsions instinctuelles et fait écho à la peau de tigre dont est vêtu Braddha Rudra.

Les sources traditionnelles ont peu de choses à nous préciser sur cette *shakti* outre le fait qu'elle est en quelque sorte l'incarnation féminine de certains attributs de Braddha

Rudra. Pour mieux saisir la signification profonde de Lakini, il importe donc de chercher à mieux définir les instruments dont elle est porteuse. En ce sens, elle tient trois objets hautement symboliques. Il s'agit de la foudre, du feu et de la flèche. De sa main droite, elle fait en outre la *mudrâ* de l'absence de crainte (*Abhaya mudrâ*).

La foudre

Sur un plan symbolique, la foudre (*vajra*) représente à la fois le pouvoir créateur et le pouvoir destructeur. Placée entre les mains de Lakini, elle engendre et détruit donc à la fois (ce que symbolisent les deux extrémités du *vajra*). A ce titre, la foudre symbolise la force qui détruit les cristallisations dans lesquelles le moi s'est enfermé (pouvoir destructeur du *vajra*) pour favoriser l'expression des dimensions authentiques de l'être (pouvoir créateur du *vajra*).

En ce sens, il est éloquent de constater que le *vajra* provenait dans la tradition hindoue d'un diamant ou d'une gemme. Or nous savons que le diamant ou la gemme symbolisent la maturité et le rayonnement qui en découle. Le *vajra* évoque donc la force qui résulte de cette maturité.

Enfin, en tant qu'instrument divin, le *vajra* correspond également au Verbe. En ce sens, la tradition hindoue précise qu'il « est confié au prêtre ou au magicien pour combattre les démons et les vices ».[39] Cette précison est éloquente car elle évoque la maîtrise des pulsions inférieures (les démons et les vices) et leur assujettissement à l'esprit (le magicien).

39- Tondriau, Julien, *Objets tibétains de culte et de magie*, Bruxelles, 1964.

Le feu

Dans une autre main, Lakini tient le feu. Nous ne reviendrons pas ici sur la dimension symbolique du feu que nous avons largement explicitée. Rappelons seulement qu'il représente les forces dynamiques s'exprimant tout autant sur le plan spirituel (le feu intérieur), sur le plan émotionnel (le feu astral des occultistes) que sur le plan physique (le feu entretenant la vitalité organique).

A un autre niveau, en tant qu'élément destructeur (il consume) et régénérateur (il purifie), il rappelle le symbolisme de la foudre (*vajra*) évoqué précédemment. Enfin, rappelons que le feu est le seul élément à ne pas se corrompre. A ce titre, il représente universellement l'intégrité et la fidélité aux valeurs de l'esprit.

La flèche

Lakini tient également dans une de ses mains une flèche. Par la sûreté de la trajectoire dont elle ne dévie jamais et par la puissance de son impact, la flèche rappelle ici le pouvoir de la parole de celui qui a su se conformer aux valeurs véritables qu'il porte en lui et qui les exprime maintenant avec aplomb et détermination sans égard aux préjugés et aux *a priori*.

Par la vérité dont elle est vectrice, cette parole sait en outre atteindre celui à qui elle s'adresse et peut le blesser profondément (à l'image de la flèche décochée d'une main sûre). Ainsi, le *Rig-Veda* rapporte à propos de la flèche: « Elle revêt le plumage de l'aigle, sa dent est de fauve, retenue par les tendons, elle vole sitôt lâchée, c'est la Flèche... O Flèche toute droite, épargne-nous, que notre corps devienne de pierre...

Vole au loin sitôt lancée, Dard aiguisé par la prière; va, fonce sur les ennemis, ne tiens quitte aucun d'entre eux. ».[40]

Sur un plan symbolique, comparée à l'aigle (le seul oiseau apte à regarder directement le Soleil), la flèche évoque la vérité dans toute son authenticité. Comparée au fauve (représentant la force et la puissance de cette vérité), la flèche détruit toutes les fausses apparences (les ennemis) et ramène l'individu aux dimensions authentiques et véritables de son être. Or cette expérience peut parfois être vécue difficilement.

La *mudrâ* de l'absence de crainte

D'une autre main, Lakini comme Braddha Rudra fait la mûdra de l'absence de crainte (*Abhaya mudrâ*). Accomplie par la *shakti*, cette *mûdra* signifie que celui qui a su intégrer les dimensions essentielles de son être en découvrant ainsi sa véritable identité, peut maintenant s'engager, s'investir et rayonner sans crainte ce qu'il porte au plus profond de lui-même.

LE BELIER

Au niveau de l'animal héraldique, la tradition de l'hermétisme chrétien associe le bélier au chakra solaire. Or, pour mieux saisir ce que cet animal représente d'un point de vue symbolique, il importe d'abord d'étudier son apparence et son comportement. En ce sens, précisons d'abord que le bélier possède des cornes alors que sa femelle en est dépourvue. Or le terme hébreu utilisé dans la bible pour désigner les cornes est le mot *queren* signifiant également « puissance » ou

40- *Rig Veda*, 6.75.

« force ». Les cornes représentent donc la force et la puissance du mâle en possession de tous ses moyens. C'est pourquoi, en exposant comme trophée les cornes de l'animal qu'il vient de tuer, le chasseur croit affirmer sa force et sa puissance aux yeux de tous.

En ce sens, le fait de se coiffer des cornes d'un animal était chez de nombreuses civilisations primitives (les Amérindiens et les Celtes notamment), une marque de puissance. Par cet acte, le chasseur confirmait alors qu'il avait su maîtriser l'animal et qu'il avait en conséquence accès à la force correspondante. Dans ce même ordre d'idées, Gilbert Durand écrit: « Dans cette conjonction des cornes animales et du chef politique ou religieux (chef iroquois, Alexandre, chamans sibériens, etc.) nous découvrons un procédé d'annexion de la puissance par appropriation magique des objets symboliques... La corne, le trophée,... est exaltation et appropriation de la force. Le soldat romain victorieux ajoute un corniculum à son casque... ».[41]

En outre, les cornes évoquent différentes formes de combativité, correspondant aux principaux attributs astrologiques de la planète Mars dont le symbole est également utilisé pour désigner le sexe mâle. En effet, Mars représente fondamentalement l'énergie dynamique qui incite l'homme à s'investir dans l'action et à percevoir l'obstacle comme une occasion de se dépasser, de vaincre ses propres peurs et de développer ses ressources intérieures. Ici, cette combativité permet au moi personnel d'exprimer et surtout de défendre ses opinions, ses valeurs et ses idées contre toute influence extérieure (un enjeu majeur du chakra solaire).

41- Durand, Gilbert, *Les structures anthropologiques de l'imaginaire*, Paris, 1963.

Enfin, soulignons à propos des cornes qu'elles sont toujours placées au sommet de la tête. Or nous avons vu que sur un plan symbolique, la tête représente l'élément gouvernant le corps tout entier. Dès lors, le fait que la tête porte des cornes souligne la capacité du bélier à allier puissance et autorité. A ce titre, le Moïse de Michel-Ange est représenté avec des cornes. Cette particularité anatomique propre au bélier est du reste confirmée par son comportement. En effet, le bélier est toujours le seul maître du troupeau dont il a la charge. Il le guide ainsi à travers les champs selon sa propre initiative. Sur un plan symbolique, cette attitude caractéristique illustre donc la position de meneur, une notion une fois encore étroitement associée au chakra solaire.

Aussi, cette puissance et cette combativité alliées au caractère fonceur du bélier lui valurent de prêter son nom à une machine de guerre composée d'une poutre et d'une tête (souvent à l'effigie de celle du bélier), autrefois utilisée pour défoncer les portes des forteresses, abattre les murs ou ouvrir une brèche dans les murailles. Ici, le symbolisme du bélier évoque pleinement l'ardeur et la puissance dans l'action permettant d'exprimer et de rayonner ses spécificités propres envers et contre tout obstacle.

Outre ces différents éléments associés au bélier, il importe également de souligner qu'il fut considéré par la tradition hébraïque comme l'animal sacrificiel par excellence. En ce sens, le livre de la Genèse rapporte qu'Abraham offrit un bélier en holocauste à la place de son propre fils: « Abraham leva les yeux et vit un bélier, qui s'était pris les cornes dans un buisson, et Abraham alla prendre le bélier et l'offrit en holocauste à la place de son fils. ».[42] Cette association particulière entre le bélier et le sacrifice mérite qu'on s'y attarde car deux

42- Genèse XXII, 13.

notions parfaitement distinctes se chevauchent lorsqu'il est question de sacrifice. En effet, à un premier niveau, le sacrifice de l'animal représente, dans la tradition biblique, la mise à mort des aspects encore non maîtrisés de la personnalité. En effet, nous avons vu que l'animal symbolise en l'homme toutes les facettes de son être qui ne sont pas encore en harmonie avec l'esprit. Ici, le sacrifice permet en quelque sorte leur sublimation.

En ce sens, de nombreux exemples bibliques nous apprennent qu'il faut savoir transmuter ces dimensions. La mise à mort n'est donc pas une simple destruction des dimensions infidèles du corps mais au contraire leur transmutation. Ainsi, devant l'ancien tabernacle du désert, une table des holocaustes était dressée. Notons que cette table était construite en airain symbolisant la nature humaine. En effet, en tant qu'alliage n'existant pas dans la nature, l'airain représentait la nature humaine. En outre, cette table était placée sur le parvis du temple. Ceci signifiait qu'elle représentait une étape préalable à la consécration totale à Dieu, symbolisée par le temple. Là, le peuple tout entier pouvait assister aux rites de sacrifice. Pour ce faire, l'animal était d'abord salé comme toutes les victimes sacrificielles. Pour comprendre la portée de ce rite, il faut savoir qu'en tant que principe conservateur contre la corruption, le sel fut considéré chez les Hébreux comme un symbole vivant de la durée et de la fidélité, une fidélité que rien ne saurait corrompre.

Ainsi ce « sel de l'alliance » (*melah berit*) était employé dans les sacrifices selon les prescriptions du Seigneur: « Sur toute offrande que tu présenteras, tu mettras du sel; tu n'omettras jamais le sel de l'alliance de Dieu sur ton offrande; avec chacun de tes présents, tu présenteras le sel. ».[43] Les

43- Lévitique II, 13.

prescriptions de la loi mosaïque sur l'emploi du sel était si connues que les rois de Perse, Darous et Artaxerxès ordonnèrent de fournir à Esdras tout le sel nécessaire pour le service du Temple.[44] Ainsi donc, saler une victime sacrificielle évoquait le souhait que se concrétise une union durable et authentique entre Dieu (l'esprit) et son peuple (le corps).

Ensuite le feu descendait du ciel et consumait la victime. Ce feu céleste représente alors le feu de l'esprit qui consume les cristallisations de la chair rendue bestiale et infidèle en raison de son éloignement de l'essence divine. Le feu représentait donc la première étape dans l'accomplissement du moi: la purification. Aussi, sur un plan symbolique, le bélier offert en sacrifice symbolisait les énergies instinctuelles qui, domptées et canalisées, permettaient dorénavant à l'esprit de rayonner pleinement sa lumière sur le plan terrestre. A ce titre, le bélier évoquerait l'homme mature et adulte exprimant sans détour ce qu'il est véritablement.

Mais l'holocauste dont le mot signifie « brûlé tout entier » (du grec *holos* signifiant « entier » et *kautos* signifiant « brûlé ») n'était pas seulement un rite de purification. Il était également un rite de passage dans les mondes intérieurs. En effet, la mort de l'animal auquel le prêtre s'identifiait précédemment permettait en quelque sorte un passage dans l'autre monde. Le sacrifice était alors un moyen de rejoindre Dieu. A ce titre, on sacrifiait parfois dans certaines civilisations primitives d'Amérique centrale, une jeune fille vierge (il ne s'agissait donc pas d'un rite de purification) qui devait en mourant porter un message aux dieux. Le sacrifice était donc célébré pour permettre l'établissement d'un dialogue avec l'autre monde.

Or c'est dans cet esprit que la tradition hébraïque prévoyait un sacrifice d'investiture pour les prêtres. En effet, le

44- Esdras VI, 9; VII, 22.

Lévitique mentionne à cette occasion le sacrifice d'un bélier: « Il fit alors approcher le second bélier, bélier du sacrifice d'investiture. Aaron et ses fils posèrent leur main sur la tête de ce bélier et Moïse l'immola. Il en prit du sang qu'il déposa sur le lobe de l'oreille droite d'Aaron, sur le pouce de la main droite et sur le gros orteil de son pied droit. Puis il fit approcher les fils d'Aaron et déposa de ce sang sur le lobe de leur oreille droite, sur le pouce de leur main droite et sur le gros orteil de leur pied droit. Moïse fit ensuite couler le sang sur le pourtour de l'autel; il prit aussi la graisse: la queue, toute la graisse qui adhère aux entrailles, la masse de graisse qui part du foie, les deux rognons et leur graisse, la cuisse droite. De la corbeille des azymes placée devant Yahvé il prit un gâteau d'azyme, un gâteau de pain à l'huile, et une galette qu'il joignit aux graisses et à la cuisse droite. Il mit le tout dans les mains d'Aaron et dans celles de ses fils et fit le geste de sa présentation devant Yahvé. Moïse les reprit alors de leurs mains et les fit fumer à l'autel en plus de l'holocauste. C'était le sacrifice d'investiture en parfum d'apaisement, un mets consumé pour Yahvé. ».[45]

Il est intéressant de relever ici que Moïse dépose du sang tiré du bélier sacrifié sur le lobe de l'oreille droite, le pouce droit et le gros orteil droit d'Aaron. Or, sur un plan symbolique, le côté droit est associé à la dimension spirituelle (alors que le côté gauche représente la dimension corporelle ou matérielle). Plus encore, l'oreille droite a toujours été considérée comme un outil de captation par lequel les messages spirituels peuvent atteindre l'homme. A ce titre, au cours de la cérémonie du baptême, le prêtre humecte de sa salive le lobe de l'oreille droite de l'enfant en prononçant la formule *Eph-*

45- Lévitique VIII, 22-28.

phata. Il rend ainsi l'enfant plus sensible aux impulsions de l'esprit.

Quant au pouce droit d'Aaron, il représente le principe directeur de l'action puisque c'est le pouce qui confère aux autres doigts de la main leur puissance de prise. En outre, nous savons que le pouce est le doigt le plus émetteur de la main. C'est pourquoi on l'utilise par exemple pour les onctions. Le pouce droit fait donc ici allusion au caractère émissif et masculin alors que l'oreille droite symbolise, comme nous l'avons vu, davantage la dimension féminine et réceptive.

Enfin, le gros orteil symbolise le principe directeur de l'action exprimée dans une perspective d'incarnation et de prise de contact avec les réalités terrestres puisque c'est lui qui permet au pied d'avoir toute son assise sur le sol. Dès lors le fait que Moïse humecte du sang d'un bélier sacrifié le lobe de l'oreille droite, le pouce droit et le gros orteil droit d'Aaron signifie qu'il conduit ce dernier à se rendre plus réceptif aux impulsions de l'esprit (lobe droit) pour ensuite pouvoir mieux les rayonner dans le monde (pouce droit) tout en étant bien ancré dans les réalités terrestres (gros orteil droit).

LE BELIER DANS SA DIMENSION MALEFICIEE

Ceci étant précisé, mentionnons également que le bélier incarne aussi des éléments symboliques négatifs. Ainsi, si les cornes du bélier peuvent évoquer la puissance et la force dont fait preuve celui qui exprime ses valeurs véritables, elles représentent également, sous leur forme maléficiée, la fausse puissance résultant du rayonnement de l'*ego*. Plus encore, prenant conscience que cette puissance dont il est détenteur est aussi instable que le monde est mouvant, l'individu tend alors à développer une attitude autoritaire par laquelle il cherche à tout dominer par la force (de peur que les choses ne se retournent contre lui). Le bélier incarne alors l'abus de pouvoir, la tyrannie et le despotisme (autorité exacerbée).

En outre, nous avons dit à propos des cornes qu'elles évoquent également la combativité, le bélier ne supportant guère ses congénères avec lesquels il engage parfois des combats violents pour défendre ses femelles. Ainsi, sous leur forme maléficiée, les cornes sont alors le symbole de la brutalité violente et destructrice où aucune tentative de conciliation n'est possible (vindicativité). Leur symbolisme rejoint à cet égard le caractère irascible du bélier (à la vue d'un mâle, il engage spontanément un combat). A ce titre, le bélier est également l'emblème d'une attitude susceptible, peu encline à la conciliation, et prompte à réagir violemment sans en mesurer les conséquences (colère impétueuse et mal canalisée), le bélier incarnant en ce sens un caractère irruptif, indomptable, convulsif et instable.

Plus encore, mentionnons également que le bélier, menant son troupeau, le fait toujours selon son propre instinct et sans s'assurer que les brebis et leurs agneaux réussiront à le suivre. En ce sens, il représente le désir impétueux d'exprimer ce que l'individu porte en lui, même si cela est inopportun ou peut nuire gravement aux autres. A ce titre, par le fait qu'il est également le seul mâle au sein du troupeau, le bélier évoque l'individualisme malsain (l'égocentrisme exacerbé) qui conduit la personne à ne pas se préoccuper des autres (étant essentiellement repliée sur elle-même et centrée sur ses propres besoins). Ceci peut du reste la conduire à se rebeller violemment contre toute autorité établie (refus de marcher à la suite des autres).

Associé à la machine de guerre qui porte son nom, le bélier évoque en outre le pouvoir destructeur placé entre les mains de celui dont la personnalité est dominée par les forces aveugles de l'*ego*. Dès lors, il représente l'*ego* cristallisé qui, imbu de sa propre puissance, déclare la guerre au monde entier pour tenter de l'asservir à sa propre volonté.

Outre ces différents éléments associés au bélier, il importe également de souligner que le sacrifice du bélier possède une contrepartie négative. Aussi, à un premier niveau, si le sacrifice représente la mise à mort des aspects encore non maîtrisés de la personnalité, il peut aussi représenter, dans sa forme pervertie, l'anéantissement total de ces dimensions dans une perspective erronée du réel ou seules les réalités intérieures ont une valeur. Le corps, en tant qu'expression de l'esprit, étant ainsi mis à mort, plus aucune expression de l'esprit n'est dès lors possible.

A un second niveau, si le sacrifice de l'animal était un moyen de rejoindre Dieu, sous sa forme maléficiée, il représentera alors un moyen de se mettre en contact avec les forces régressives qui animent le monde d'en bas. A ce titre, dans les rites de magie noire, le sacrifice animal tient toujours une place prépondérante. Il permet au sorcier d'accroître sa puissance maléfique en accédant aux forces purement instinctuelles (bestiales et mortifères) dont l'animal est porteur.

DEUXIEME SECTION

LES FONCTIONS DU CHAKRA SOLAIRE ET LE PANCREAS

DEUXIEME SECTION
LES FONCTIONS DU CHAKRA SOLAIRE
ET LE PANCREAS

LES ENJEUX INITIATIQUES ET PSYCHOLOGIQUES DU CHAKRA SOLAIRE

A la lumière de ce qui précède, nous pouvons maintenant mieux cerner les principaux enjeux initiatiques et psychologiques associés au chakra solaire. En ce sens, il s'agit principalement du rayonnement et de l'expression du moi personnel impliquant une maîtrise du plan corporel et un témoignage de ses valeurs profondes.

La maîtrise du plan corporel

Le principal enjeu du chakra solaire semble bien être la maîtrise du plan corporel. En effet, en tant que dernier chakra de la première triade, il représente en quelque sorte l'achèvement et la plénitude du moi personnel. En ce sens, il correspond, nous l'avons vu, à l'image du roi ayant atteint une maîtrise de toutes les facettes de son être. Cette image est donc susceptible de mieux nous éclairer sur ce que représente cet enjeu.

En ce sens, soulignons d'abord que le roi « est l'image du Christ sur terre, de même que son lieutenant, comme tous les rois de l'Antiquité; il représente Dieu ici-bas. Mais l'onction rend la chose plus réelle, car, par elle, il s'intègre toute la communauté (il dit "nous") sur laquelle il règne. Le roi, fils aîné de l'Eglise, "récapitule" son peuple par le sacre, de même que le Christ, premier-né de toute création, doit un jour "récapituler" tout le monde moral, les hommes et les anges. ».[46] Cette notion de récapitulation mise en exergue par Pinoteau illustre bien l'intégration et la maîtrise de toutes les facettes du moi personnel, représentées ici par tous les membres du peuple. En outre, Gérard de Sorval affirme dans le même esprit que la royauté est « une des trois perfections de l'homme dans l'état primordial: elle traduit la maîtrise d'Adam sur le cosmos. ».[47] Une fois encore, le roi incarne une parfaite maîtrise de toutes ses dimensions corporelles symbolisées par le cosmos.

Ces dimensions corporelles correspondent évidemment aux plans physique, énergétique, émotionnel et mental. Dans cette perspective, la maîtrise du plan physique se traduit par un corps sain et équilibré. Pleinement harmonieux, le corps physique résiste alors étonnamment à l'assaut du temps, conservant une vigueur et une jeunesse exceptionnelles. La maîtrise du plan énergétique entraîne, pour sa part, une endurance remarquable face à l'effort. En effet, le corps ne semble alors jamais fatigué et il lui suffit de quelques heures de sommeil seulement pour se régénérer totalement. En outre, il jouit toujours d'une très bonne santé et s'il lui arrive d'être malade, son rétablissement est extrêmement rapide.

La maîtrise du plan émotionnel confère, quant à lui, une vive sensibilité face au monde des émotions (les expériences émotionnelles sont toujours vécues intensément). Plus encore, elle confère également une nature extraordinairement charismatique permettant de toucher les coeurs et de se faire aimer. Généralement, l'individu dispose en outre d'un bon sens de la beauté et de l'esthétisme. Enfin, la maîtrise du plan mental se

---

46- Pinoteau, H., *Quelques réflexions sur l'oeuvre de Jean du Tillet et la symbolique royale française* (Archives héraldiques suisses, 1956).
47- Sorval, Gérard de, *Initiation chevaleresque et initiation royale dans la spiritualité chrétienne*, Dervy-Livres, Paris, 1985.

traduit par une grande capacité de compréhension et de conceptualisation conférant une facilité à faire prévaloir son opinion et à convaincre ses interlocuteurs. En outre, elle entraîne un sens profond de l'objectivité et de la vérité.

Dès lors, disposant de toutes ces qualités, l'aspirant rayonne une véritable beauté. C'est l'éclat résultant de l'expression authentique de soi, ce « trésor caché », ce « joyau éclatant » qu'il sait maintenant mettre en évidence. Plus encore, confiant en ses propres forces, l'aspirant est maintenant totalement convaincu qu'il peut réaliser toutes ses ambitions, disposant pour ce faire d'un sens du stratège et sachant en outre toujours tirer un heureux parti des circonstances et des possibilités qui se présentent à lui. Il en résulte évidemment un bel épanouissement sur les plans matériel, psychologique et spirituel.

Rendre témoignage

Après avoir atteint une certaine maîtrise des différentes dimensions de son corps, l'aspirant est ensuite confronté au second enjeu du chakra solaire consistant à rayonner pleinement cette identité. En ce sens, il lui importe alors d'exprimer avec force et sans mensonge toutes les dimensions de sa personnalité découvertes en éveillant le chakra racine, et valorisées ensuite en travaillant sur le chakra sacré. A ce titre, le témoignage a toujours revêtu une dimension très importante dans la tradition judéo-chrétienne. Ainsi, le Christ déclare: « Vous êtes la lumière du monde. Une ville ne peut se cacher, qui est sise au sommet d'un mont. Et l'on n'allume pas une lampe pour la mettre sous le boisseau, mais bien sur le lampadaire, où elle brille pour tous ceux qui sont dans la maison. Ainsi votre lumière doit-elle briller devant les hommes afin qu'ils voient vos bonnes oeuvres et glorifient votre Père qui est dans les cieux. ».[48] Dans cette perspective, il importe que l'aspirant n'étouffe pas en lui l'expression de ce qu'il est, mais qu'il se consacre, au contraire, à rendre témoignagne des forces qui l'animent. En plaçant ainsi la lumière sur le lampadaire, non seulement il exprime alors son état d'être, mais il suscite en outre chez tous ceux qui l'entourent le désir de rayonner également leur véritable nature. En d'autres termes, témoigner c'est aussi inviter les autres à faire de même par la vertu, ô combien essentielle, de l'exemple.

En outre, c'est en s'exprimant que l'aspirant développe une aptitude à s'exprimer encore plus et affermit sa confiance en lui. En effet, plus une capacité est exploitée plus elle se développe. Ainsi, plus les valeurs profondes du moi personnel sont exprimées, plus elles s'affermissent et confère de l'assurance à celui qui les exprime. Ajoutons que cette affirmation de soi se fera forcément dans le respect des autres (le chakra solaire préparant l'individu à aller vers l'autre). En ce sens, si les valeurs dont l'aspirant témoigne ne sont pas en adéquation avec celles de la société, il tentera de les harmoniser (tout en demeurant fidèle à lui-même) pour mieux s'intégrer dans le cadre qu'on lui propose.

A ce titre, un ami me racontait qu'un jour, interrogeant le Padre Pio sur sa principale source de souffrance en cette vie, ce dernier lui avait répondu sans hésitation: « l'Eglise ! ». Toutefois, il avait ajouté immédiatement: « Si le Bon Dieu m'a mis là, c'est que je dois y être. ». Or ces propos sont ceux d'un initié dont le chakra solaire est parfaitement harmonisé. En effet, l'harmonisation de ce centre entraîne toujours une assumation pleine et entière de soi mais aussi une acceptation totale de son rôle social.

48- Matthieu V, 14-16.

En ce sens, l'aspirant en parfaite adéquation avec ce qu'il ressent intérieurement et pleinement intégré dans son milieu, acquiert alors une remarquable puissance de communication et de rayonnement, lui conférant une solide autorité. Fidèle à lui-même (à l'essence intérieure qui l'anime), il est alors fidèle, loyal et sincère dans son rapport avec les autres.

Sans une affirmation entière, franche, directe et sans détour, l'aspirant s'expose toutefois à perdre cette capacité d'expression et l'assurance qui en découle de la même manière qu'un organe inutilisé s'atrophie. En effet, en ne rayonnant pas ce qu'il est, il affaiblit sérieusement son identité et perd progressivement la possibilité de s'exprimer. Pour illustrer ce principe, prenons l'exemple d'une personne qui se brise un os du bras. On lui fait alors un plâtre imposant à ses muscles une longue immobilisation. N'étant pas sollicités, on constate au terme de cette immobilisation que les muscles ont singulièrement diminué de volume (ils se sont atrophiés en quelque sorte) et ne possèdent plus la capacité de mouvement qu'ils avaient. Or, sur un plan symbolique, les muscles sont les organes du mouvement, conférant à l'organisme sa capacité d'expression. Notre exemple est donc doublement pertinent. En effet, le bras immobilisé, ne s'étant pas exprimé pendant une longue période, a perdu sa faculté de le faire. Il en est de même au niveau de toutes les dimensions de la personnalité.

Par ailleurs, en n'exprimant pas les valeurs qu'il porte en lui, l'aspirant développe forcément un manque de confiance en lui-même. Il peut alors être amené à se déprécier gravement (phénomène d'auto-destruction) en développant l'impression de ne jamais être à la hauteur de la situation ou d'être toujours impuissant. Aussi, il risque de s'enfermer dans la peur et de reculer devant les défis. Cette attitude négative fait d'ailleurs en sorte que tout ce qu'il entreprend s'achève dans l'échec. Ainsi, il est en quelque sorte soumis au supplice de Tantale, désirant une chose qui n'arrive jamais. Dans certains cas, il peut alors sombrer dans une forme de paranoïa, voyant partout des obstacles insurmontables.

Plus encore, en ne rayonnant pas ses valeurs véritables, il sera bien souvent réduit à n'exprimer que les valeurs factices issues du monde extérieur. En ce sens, il sera amené à rechercher à l'extérieur (et notamment dans sa fonction sociale) une valorisation résultant de l'estime des autres. Toutefois, tous ses efforts se révéleront vains dans la mesure où, n'étant pas lui-même, l'estime des autres ne portera jamais sur ce qu'il est véritablement. Aussi, il éprouvera bien souvent un besoin intense d'activités dissimulant ainsi un sentiment d'insuffisance et un manque de valorisation véritable.

Enfin, faux avec lui-même, l'individu sera également enclin à être faux avec les autres (forte tendance au mensonge). Manquant en outre de loyauté et de sincérité envers lui-même, il sera porté à être hypocrite avec les autres. En ce sens, son témoignage ne sera plus authentique mais au contraire empreint des valeurs artificielles, profondément changeantes et illusoires, auxquelles il aura accordé prééminence.

Fonctionnement harmonieux du chakra solaire

Outre les deux enjeux fondamentaux que nous venons de mettre en exergue, l'éveil et le fonctionnement harmonieux du chakra solaire entraîne également le développement de dispositions particulières. Ainsi, ce chakra amène l'aspirant à acquérir un certain contrôle des événements de son existence. Dans le quotidien, cette capacité se traduit par le fait qu'il n'est jamais pris au dépourvu et se retrouve parfaitement à l'aise quels que soient la situation, les circonstances ou le milieu. Par ailleurs, la confiance qu'il a développée envers ses propres facultés, lui permet d'avoir une nature fière, noble et bienveillante, fuyant toute mesquinerie, toute médiocrité et toute bassesse. En outre, il est souvent empreint d'un sens de la loyauté, de l'honneur et du devoir.

L'éveil et l'harmonisation du chakra sacré conduit également l'aspirant à occuper naturellement une position de meneur tout en conservant le sens de la simplicité, de l'humilité et de la modestie. A ce titre, l'harmonisation du chakra solaire permet d'allier volonté et action. Il en résulte un certain nombre de qualités comme le sens de l'autorité, de l'effort et de la combativité ainsi qu'un esprit d'initiative et une forte vitalité psychique permettant de parvenir au but assigné. En outre, le chakra solaire confère à l'individu un sens de l'ordre et de l'organisation, une détermination inébranlable (puissante volonté) ainsi qu'une assurance absolue en ses propres valeurs lui permettant d'agir héroïquement et de relever d'importants défis. En ce sens, l'aspirant prépare son avenir et met en place un certain nombre de projets en ayant le sentiment que rien ne lui résistera.

Enfin, le chakra solaire pleinement harmonisé amène l'individu à développer un caractère enjoué, conciliant, généreux, paisible et toujours de bonne humeur. Tout ceci forme d'ailleurs une aura protectrice lui conférant une certaine invulnérabilité face aux sentiments négatifs de son entourage et une insensibilité face à la critique. Plus encore, non seulement ce rayonnement remplit le rôle d'un écran protecteur, mais il attire également à lui ce qu'il désire. Ainsi, il apparaît aux yeux des autres comme étant né sous une bonne étoile, tous ses souhaits se réalisant toujours promptement.

Fonctionnement disharmonieux du chakra solaire

Toutefois, si le chakra solaire est en état de disfonctionnement, l'aspirant a du mal à maîtriser les différentes dimensions de son être. Ne possédant aucune maîtrise sur lui-même, il donne alors libre cours à ses pulsions instinctuelles ne sachant ni les canaliser ni les dompter. Il en résulte toujours un comportement indiscipliné, brutal et violent. Au niveau des émotions (dont le chakra solaire est le siège), l'individu souffre généralement d'une hypersensiblité qu'il ne réussit pas à gérer ou, au contraire, d'une attitude froide et indifférente à toute manifestation émotive. Dans les deux cas, il éprouve de grandes frustrations, étant incapable de manifester de manière juste et authentique les sentiments et les émotions qui l'animent. Ajoutons en outre que l'humeur est instable et déséquilibrée, l'individu étouffant ses émotions jusqu'au moment où, sous le poids de la pression, elles explosent (vive irritabilité, colères, pleurs).

Dans un autre ordre d'idées, le fonctionnement disharmonieux du chakra solaire conduit également l'individu à refuser d'assumer son existence. Dans le quotidien, il s'agit bien souvent d'un refus de s'intégrer dans la société (perçue comme sclérosante et dépossédante). Ainsi, il développe généralement un caractère amer, insatisfait et revendiquant constamment. En outre, il peut être amené dans les cas les plus graves à se marginaliser, à fuir la société et à devenir un anarchiste violent luttant contre les lois qu'il juge comme autant d'atteintes à son libre-arbitre. Dans tous les cas, son comportement est marqué par une grande irresponsabilité sociale. Plus encore, protestant contre toute ingérence dans sa vie privée, il adoptera progressivement la même attitude contre les lois cosmiques et divines. Finalement, il finira par rejeter l'existence même au sein de laquelle il se sentira sclérosé (net clivage entre sa volonté d'une part et son pouvoir d'action d'autre part). A ce titre, le chakra solaire maléficié parachève et accomplit les déviances du chakra racine.

Par ailleurs, cultivant un sentiment d'impuissance (sentiment d'être bloqué par des lois extérieures), l'individu peut être enclin à perdre confiance en lui-même et, par réaction, à développer un autoritarisme exacerbé cherchant à tout dominer par la force. Il en résulte alors différentes formes de tyrannie et de despotisme, l'individu recherchant le pouvoir pour le pouvoir et éliminant sans remords tous les rivaux susceptibles de contrecarrer son action. Il peut alors sombrer dans un individualisme malsain, se centrant exclusivement sur ses propres besoins (égocentrisme) et cherchant à les combler de manière insatiable. Pire encore, s'il constate chez autrui un bien susceptible de lui apporter un mieux-être et qu'il ne possède pas, il sera porté à le convoiter en usant de ruse et de mensonges (manquant de loyauté et de sincérité). Il peut alors cultiver un matérialisme outré, s'enfermant dans les limites des choses extérieures sans les transcender.

S'illusionnant ainsi sur son sort et ne percevant plus les êtres et les choses qu'à travers ce qu'il veut bien voir et entendre, l'individu sombre dans l'orgueil, la vanité et la présomption, se concevant comme un être d'exception. Ne déléguant rien, ne sachant pas faire confiance aux autres (qu'il méprise et rejette) et refusant conséquemment de marcher à leur suite, il agira généralement seul en affirmant que tout lui est possible à condition qu'il suive ses propres idées sans s'impliquer ou s'associer avec d'autres. Toutefois, cette position sera une cause constante de tension et d'inquiétude. Il en résultera bien souvent un sentiment d'insécurité amenant l'individu à éprouver une grande difficulté à se détendre et à trouver le repos. Refusant de lâcher prise, il est possible qu'il atteigne un épuisement extrême (*burn-out*).

Attitudes à développer

Au niveau du chakra solaire, la principale attitude à développer consiste à se rendre non seulement maître de soi-même, mais aussi de son existence toute entière. Or ceci est rendu possible en appliquant consciemment la loi de cause à effet (ou loi du *karma*) selon laquelle l'homme récolte ce qu'il a semé. En ce sens, celui qui souhaite éveiller et harmoniser son chakra solaire devra travailler sur son *karma* en réglant d'abord les dettes qu'il a contractées antérieurement. C'est d'ailleurs un point sur lequel la tradition judéo-chrétienne a particulièrement insisté tout au cours de son histoire. Ainsi, le prophète Habaquq déclarait déjà: « Malheur à qui amasse le bien d'autrui (jusques à quand ?) et qui se charge d'un fardeau de gages ! Ne surgiront-ils pas soudain, tes créanciers, ne se réveilleront-ils pas, tes exacteurs ? Tu vas être leur proie ! ».[49] De même, saint Paul écrivit dans son épître aux Romains: « N'ayez de dettes envers personne, sinon celle de l'amour mutuel ».[50] Enfin, dans la prière du Notre Père qu'il enseigne à ces disciples, Jésus demande: « Remets-nous nos dettes comme nous-mêmes avons remis à nos débiteurs ».[51]

C'est ce que la tradition orientale appelle le *Prarabdha karma*, c'est-à-dire le fruit des actions passées que l'aspirant récolte aujourd'hui et qu'il doit accepter sans chercher à s'y soustraire. Or s'il ne doit pas chercher à s'y soustraire, ce qui ne ferait qu'en retarder l'exécution, cela ne signifie pas pour autant qu'il doive adopter une attitude passive comme s'il s'agissait d'une fatalité. Au contraire, il doit participer activement à l'élimination de son *karma* en se rendant d'abord

49- Habaquq II, 6-7.
50- Romains XIII, 8.
51- Matthieu VI, 12.

attentif aux leçons associées aux expériences qu'il traverse. En effet, le *karma* n'est pas une simple punition vengeresse imposée à la suite d'un acte répréhensible. Au contraire, il est une occasion de comprendre une leçon et de rectifier en soi une attitude ou un comportement erronés.

Observons à titre d'exemple le geste d'un enfant qui s'approche d'une source intense de chaleur et y pose malencontreusement la main. Une vive douleur l'oblige alors rapidement à retirer sa main. Cette douleur est-elle une punition ? Nous pourrions aisément le croire *a priori,* mais une analyse *a posteriori* nous révèle au contraire l'utilité pédagogique de cette douleur. En effet, sans celle-ci, l'enfant aurait sans doute maintenu le contact physique avec la source de chaleur qui aurait ainsi détruit une partie de son corps. De même, sans cette douleur persistante occasionnée par la brûlure, il n'aurait sans doute pas retenu la leçon qui consiste à ne pas entrer en contact direct avec une source intense de chaleur.

Nous découvrons dès lors, dans une simple et banale douleur physique apparemment triviale et sans signification, toute une dimension trop souvent ignorée de la loi de cause à effet, celle d'être incontestablement une alliée utile au développement humain. Ainsi, pour mieux saisir les leçons associées aux épreuves, l'aspirant devra chercher à découvrir la chaîne causale à l'origine de l'épreuve qu'il traverse. Or cela n'est pas toujours facile et il pourra en ce sens faire appel aux Trônes, une hiérarchie céleste qui transmet à l'homme les lumières nécessaires afin qu'il puisse percevoir dans les multiples épreuves jalonnant son incarnation terrestre, autant d'opportunités pour entreprendre un processus de rectification. [52]

52- Payeur, Charles-Rafaël, *Les Guides de Lumière (comment les contacter),* Editions Trajectoire, Paris, 1995.

A cette première catégorie de *karma* s'ajoute également un autre type d'expériences karmiques que la tradition orientale appelle le *Agami karma*. Il s'agit cette fois d'un *karma* que l'aspirant crée volontairement en posant un acte positif dont il récoltera plus tard les fruits. Ainsi, il est possible d'intervenir de manière directe sur l'avenir en appliquant simplement la loi de cause à effet. C'est d'ailleurs un précepte enseigné dans toutes les traditions que nous retrouvons du reste clairement exposé dans la tradition judéo-chrétienne: « Ainsi, tout ce que vous voulez que les hommes fassent pour vous, faites-le vous-mêmes pour eux: voilà la Loi et les Prophètes ».[53] Cette phrase a généralement été interprétée comme l'exposé d'une règle morale affirmant que la charité exige de la part du chrétien qu'il fasse du bien à son prochain.

Bien que cette interprétation soit noble, elle ne tient toutefois aucunement compte de l'énoncé de la loi. En effet, il ne s'agit pas ici de se préoccuper du bien de l'autre mais de son propre bien. A ce titre, l'injonction est claire: « ce que vous voulez que les hommes fassent pour vous, faites-le vous-mêmes pour eux. ». Il s'agit donc en fait de l'exposé de la loi de causalité qui, correctement appliquée, devient même un principe de manipulation permettant d'obtenir ce que l'on souhaite et d'acquérir ainsi un certain contrôle sur son existence. Certes, cette manipulation ne devra pas chercher l'appauvrissement de l'autre (ce qui aurait pour conséquence d'appauvrir celui qui en est à l'origine) mais elle sera faite dans le but avoué d'accentuer son propre bien-être. Ainsi, si l'aspirant souhaite qu'une chose lui arrive, il fera de même pour l'autre.

Francis Lefébure donne à ce propos un exemple fort éloquent tiré de son propre vécu: « Désirons-nous acquérir

---

53- Matthieu VII, 12.

davantage d'instruction ? Malgré les apparences, le moyen le plus sûr n'est pas de nous précipiter sur des livres ou dans les écoles pour nous remplir la mémoire mais, d'abord, de chercher à transmettre, à nos enfants et à nos amis, ce que nous avons déjà reçu. Il y a une sorte de *karma* instantané: on ne peut mieux s'assimiler une question qu'en l'enseignant aux autres. De plus on crée les conditions karmiques qui, dès cette vie, favoriseront l'acquisition d'une plus grande instruction dans le domaine choisi et, en tout cas, prépareront une renaissance dans une famille, un milieu où la coutume est de donner aux enfants une instruction approfondie. ».[54]

En agissant de la sorte, le docteur Lefébure prétend que l'aspirant se constitue alors un véritable capital karmique, fournissant à plus ou moins long terme des conditions favorables pour son propre développement. Mais, il s'agit en fait de bien plus encore. En effet, l'application de cette loi est une condition essentielle à la réalisation de soi et au rayonnement de ce dont on est porteur conformément aux paroles du Christ: « Car celui qui a, on lui donnera et il aura du surplus, mais celui qui n'a pas, même ce qu'il a lui sera enlevé. ».[55]

LE PANCREAS

Au niveau du système endocrinien, le chakra solaire correspond au pancréas et de manière plus spécifique aux îlots de Langerhans. En abordant l'étude de cette glande nous découvrirons donc des aspects importants associés au chakra solaire. Avant toute chose cependant, précisons que le

54- Lefébure, Francis, *Puissance du Christianisme*, 2e édition, Québec, 1981.
55- Matthieu XIII, 10-12.

pancréas est une glande mixte de forme allongée, située à gauche sous l'estomac. Sa structure histologique comprend des acinis pancréatiques regroupés sous forme de vésicules rattachées à un canal excréteur et les îlots de Langerhans.

Concernant la fonction exocrine du pancréas, elle consiste essentiellement à sécréter un suc digestif particulièrement riche en enzymes. Mentionnons à ce titre une amylase qui transforme l'amidon en maltose, une lipase qui transforme les graisses en acide gras et en glycérol et une trypsine qui transforme les peptones en amino-acides. Ainsi, sous l'action du suc pancréatique, l'amidon, les graisses et les peptones sont digérés pour en faciliter l'assimilation. Quant à la fonction endocrine de la glande, les îlots de Langerhans fabriquent deux hormones dont les fonctions sont particulièrement révélatrices sur un plan symbolique. Il s'agit de l'insuline et du glucagon.

En ce qui concerne l'insuline, cette hormone favorise une baisse du taux de sucre dans le sang (du taux de glycémie) en favorisant la glycogénèse hépatique et musculaire, c'est-à-dire le stockage du glucose dans le foie (et dans une plus faible mesure dans les muscles) sous la forme de glycogène. De même, elle intervient en facilitant la synthèse des lipides à partir du glucose, ce qui constitue une autre manière d'emmagasiner les ressources énergétiques de l'organisme. En outre, elle stimule l'assimilation du glucose par les cellules, assurant ainsi à différents tissus, en particulier aux muscles, un apport suffisant en glucose. Lorsque le pancréas ne produit pas suffisamment d'insuline, nous sommes en présence d'une hyperglycémie qu'on appelle le diabète *mellitus*.[56]

56- En effet, le diabète *mellitus* (sucré) est généralement causé par une incapacité pancréatique à sécréter de l'insuline. Cependant, certains diabétiques ont une insulinémie normale. Il s'agit alors d'une hypersécrétion de glucagon ou une incapacité des récepteurs des cellules cibles à lier l'hormone (celle-ci n'ayant en conséquence aucun effet).

Quant au glucagon, il stimule la gluconéogénèse, c'est-à-dire la dégradation des protéines et des lipides pour en faire du glucose (un sucre assimilable par les cellules de l'organisme). En outre, il favorise la conversion du glycogène (stocké dans les muscles et dans le foie) sous forme de glucose. L'action du glucagon s'oppose donc à celle de l'insuline. Ainsi, ces deux hormones interviennent directement sur le glucose et son assimilation par les cellules. Or le glucose est la principale source d'énergie permettant à l'organisme d'assurer le maintien de sa température, d'avoir une activité physique, émotionnelle et mentale. En d'autres termes, le glucose fournit au corps l'énergie nécessaire pour qu'il puisse s'exprimer pleinement (l'enjeu principal du chakra solaire). La fonction endocrinienne du pancréas agit donc sur le pouvoir d'expression et de rayonnement.

Pour mieux comprendre ce mécanisme et les attitudes psychologiques correspondantes, prenons l'exemple du diabète. En effet, cette pathologie est fort révélatrice quant à la fonction du pancréas en rapport avec le chakra solaire. En ce sens, on observe généralement chez un diabétique les symptômes suivants: une faiblesse musculaire, une soif et une faim intenses ainsi qu'un accroissement de poids. Sur un plan symbolique, ces symptômes sont particulièrement éclairants et, pour bien les mettre en exergue, nous prendrons l'exemple du cousin Charles. En effet, le cousin Charles, particulièrement fort de caractère, avait cependant hérité de sa famille une prédisposition à développer des problèmes pancréatiques. A l'âge de vingt-cinq ans, Charles fit un choix déterminant qui eut des conséquences importantes sur la suite de sa vie. Toutefois, il choisit de garder ce choix secret et de ne le révéler à personne. Très rapidement, des symptômes reliés au diabète firent alors leur apparition.

D'abord, une grande faiblesse musculaire s'installa progressivement, affectant évidemment sa capacité d'agir et de rayonner. Or nous savons que Charles disposait jusqu'alors d'une force de caractère qui lui avait toujours permis d'exprimer ses valeurs. Toutefois, en prenant la décision de ne pas exprimer son choix, Charles cessa d'affirmer avec force ses motivations profondes. Aussi, sa capacité à s'exprimer dégénéra rapidement, une fonction non utilisée s'atrophiant, comme nous l'avons déjà souligné. En ce sens, les muscles incarnant sur le plan physique cette capacité d'expression, une faiblesse musculaire fit forcément son apparition. De même, sur un plan psychologique, en n'exprimant pas ce qu'il vivait, il devint ainsi de moins en moins capable de s'affirmer et il fragilisa notablement son identité. De cette manière, il commença à perdre progressivement sa confiance en lui-même et à supporter plus difficilement les tensions et les difficultés de l'existence. Pour toutes ces raisons, il ressentit alors un besoin croissant de valorisation, cherchant, sans y parvenir, à affirmer ce qu'il était.

En outre, d'un caractère paisible à l'origine, il développa rapidement un tempérament colérique. Plus encore, à certains moments, une colère aux proportions incontrôlables montait en lui. Ces moments correspondaient toujours à des périodes de faim et de soif intenses. En effet, ressentant un important manque d'énergie lié à ses problèmes pancréatiques, il pressentait alors inconsciemment un danger d'anéantissement. Les crises soudaines de rage étaient en ce sens son seul moyen de réagir à cette déperdition tragique d'énergie et à l'impression inconsciente qu'il allait disparaître. Cette impression, liée à un problème de glycémie, était évidemment une fois encore une conséquence de la non affirmation de lui-même.

Enfin, il prit brusquement du poids et il est intéressant de constater que cette prise de poids (plus de trente kilos en six ans) illustre sur un plan psychologique une insécurité existentielle, le corps emmagasinant excessivement des réserves en vue de combler un manque éventuel. C'est là un problème lié au chakra solaire, Charles ressentant en lui une grande vacuité intérieure résultant de son incapacité à s'exprimer de manière authentique et véritable. Aussi, il résolut finalement d'afficher son choix constituant. Cet exemple nous illustre donc le rapport très étroit entre une attitude, son effet sur le chakra correspondant et ses incidences physiologiques à travers les glandes endocrines.

Ajoutons enfin, en rapport avec le diabète insulinodépendant, qu'une dimension auto-immunitaire semble être considérée comme certaine dans l'apparition de cette maladie. En d'autres termes, cette pathologie serait liée à une destruction progressive des cellules endocrines du pancréas par un processus auto-immunitaire. Or les maladies auto-immunes traduisent toujours un désir d'auto-destruction. Aussi, elles correspondent généralement à un sentiment d'insécurité et de culpabilité (impression de n'être jamais à la hauteur de la situation) amenant non seulement l'individu à être incapable de rayonner quoi que ce soit, mais également à se déprécier gravement (en entraînant ainsi une auto-destruction de la personnalité). C'est là encore une conséquence évidente d'un disfonctionnement du chakra solaire.

TROISIEME SECTION

EVEIL ET HARMONISATION DU CHAKRA SOLAIRE

EVEIL ET HARMONISATION DU CHAKRA SOLAIRE

I- DANS L'INITIATION ECCLESIASTIQUE: L'ORDRE D'EXORCISTE

Au niveau de la tradition sacerdotale catholique, le travail sur le chakra solaire se divise en deux degrés distincts. Le premier porte sur la dimension inférieure du chakra solaire et correspond au grade d'exorciste (l'exorcistat). Le second, associé à la dimension supérieure du chakra correspond au grade d'acolyte (l'acolytat). Etudions d'abord l'exorcistat.

Au cours de l'ordination des exorcistes, le Pontifical Romain rapporte que les candidats ayant revêtu le surplis et portant un cierge à la main se mettent à genoux devant l'évêque qui leur adresse la monition suivante:

« Mes très chers fils, appelés à devenir exorcistes, vous devez connaître ce que vous allez recevoir. L'exorciste doit chasser les démons, dire aux fidèles qui ne communient pas de se retirer pour laisser s'approcher ceux qui doivent le faire, et préparer l'eau pour le saint ministère. Vous recevrez donc le pouvoir d'imposer les mains aux énergumènes et par cette imposition de vos mains, avec la grâce du Saint-Esprit jointe aux paroles de l'exorcisme, vous chasserez les esprits immondes des corps possédés. Mais, de même que vous chasserez le démon du corps de vos frères, étudiez-vous à rejeter de votre esprit et de votre chair toute souillure et toute iniquité, pour n'être pas vous-mêmes esclaves de celui dont vous délivrerez les autres. Apprenez par votre charge même à commander à vos passions pour que l'ennemi ne trouve rien à revendiquer dans votre conduite. Et alors vous commanderez avec d'autant plus de succès au démon que vous aurez en vous-mêmes déjoué tous les artifices de sa malice. Ce que je prie Dieu de vous accorder par son Saint-Esprit. ».[57]

Suite à cette première monition, l'évêque prend le livre des exorcismes et le présente aux ordinands qui le touchent de la main droite, alors qu'il dit: « Recevez ce livre et gravez-en la formule dans votre mémoire et ayez le pouvoir d'imposer les mains sur les énergumènes, soit baptisés, soit catéchumènes. ».[58]

Enfin, debout et mîtré, l'évêque se tourne vers les nouveaux exorcistes qui demeurent à genoux et fait cette prière: « Mes très chers frères, supplions Dieu le Père tout-puissant de bénir ses serviteurs ici présents dans l'office des Exorcistes, afin qu'ils soient dans leurs fonctions comme des Souverains à qui rien ne résiste et qu'ils soient tout-puissants pour chasser du corps des possédés les démons avec leur malice sous toutes ses formes. Par Jésus-Christ, son Fils unique, Notre Seigneur, qui vit et règne éternellement avec Dieu le Père dans l'unité du Saint-Esprit. ».[59]

A la lecture de cette monition, il est intéressant de constater que la fonction principale de l'exorciste est de chasser les démons (qu'ils soient tout-puissants pour chasser du corps des possédés les démons avec leur malice sous toutes ses formes). Or il ne faut pas confondre ici cet ordre mineur avec les pouvoirs spéciaux dont dispose l'évêque ou un prêtre délé-

---

57- *Cérémonial des ordinations (extrait du Pontifical Romain) à l'usage des Ordinands et des Fidèles,* Tournay, Société S. Jean l'Evangéliste, Desclée, Lefebvre et Cie.
58- *Cérémonial des ordinations (extrait du Pontifical Romain) à l'usage des Ordinands et des Fidèles,* Tournay, Société S. Jean l'Evangéliste, Desclée, Lefebvre et Cie.
59- *Cérémonial des ordinations (extrait du Pontifical Romain) à l'usage des Ordinands et des Fidèles,* Tournay, Société S. Jean l'Evangéliste, Desclée, Lefebvre et Cie.

gué par lui pour officier les grands exorcismes solennels contre les puissances du mal. En effet, dans l'ordre d'exorciste, l'Eglise fait plutôt allusion aux démons intérieurs. Dès lors, exorciser un démon consiste à transmuter en soi les éléments pervertis de la personnalité en raison de leur éloignement de leur source profonde. La tâche de l'exorciste consiste donc de manière générale à se délivrer d'une vision exclusivement extérieure à lui-même pour redécouvrir en lui son essence profonde.

Ainsi, les démons sont considérés du point de vue de la tradition hermétique comme la représentation symbolique de certaines tendances négatives propres à la nature humaine. Ils sont donc en ce sens la personnification de certaines déviations de la personnalité. Aussi, lutter contre un démon consiste dans cette perspective à faire triompher la vérité afin que toute dimension mensongère de l'être soit transmutée. Pleinement harmonisée et intégrée, cette facette de l'être, convenablement canalisée et maîtrisée, devient alors une force amenant l'individu vers une plus grande réalisation. En ce sens, cette particularité de l'ordre d'exorciste s'accorde parfaitement avec l'enjeu du chakra solaire qui, nous l'avons vu, amène l'homme à entreprendre un véritable travail d'intégration au niveau de ses pulsions instinctuelles apparemment considérées comme viles et sans valeur: « apprenez par votre charge même à commander à vos passions pour que l'ennemi ne trouve rien à revendiquer dans votre conduite » exprime l'évêque dans sa monition.

Notons également que l'évêque exprime le souhait que les nouveaux exorcistes « soient dans leurs fonctions comme des Souverains à qui rien ne résiste ». Cette expression correspond aux notions de puissance et de maturité partagées par celui qui a su atteindre une parfaite maîtrise des multiples dimensions de son être et qui les exprime et les rayonne pleinement (une fois encore un enjeu du chakra solaire). Confiant en ses propres valeurs, le nouvel exorciste dont le chakra solaire est éveillé ne craint plus dès lors les influences de son milieu ou l'agression de ses semblables, possédant une nature hardie, indépendante, brillante et ne se laissant rien imposer.

Notons en outre que la tradition judéo-chrétienne associe les démons aux puissances de l'air. Ainsi, l'apôtre Paul déclare dans sa lettre aux Ephésiens: « Et vous qui étiez mort par suite des fautes et des péchés dans lesquels vous avez vécu jadis, selon le cours de ce monde, selon le Prince de l'empire de l'air, cet Esprit qui poursuit son oeuvre en ceux qui résistent... ».[60] En effet, si l'air est l'élément utilisé par Dieu pour transmettre ses messages comme le souligne le psalmiste: « Il étage ses demeures au-dessus des eaux; des nuages il fait son char, il marche sur les ailes du vent. Des vents il fait ses messagers... ».[61] Sous une forme maléficiée, il devient alors l'instigateur par excellence du mensonge et trahit la dimension intérieure, en la travestissant et en la déformant. Or cette rupture ou ce divorce entre l'extérieur et l'intérieur n'est-il pas précisément l'oeuvre du démon ?

L'ORDRE D'ACOLYTE

Au niveau de la tradition sacerdotale catholique, le travail sur la dimension supérieure du chakra solaire correspond au grade d'acolyte (l'acolytat). Aussi, le Pontifical Romain rapporte qu'au cours de cette ordination, les candidats ayant revêtu le surplis et portant un cierge à la main se mettent à genoux devant l'évêque qui leur adresse la monition suivante:

60- Ephésiens II, 2.
61- Psaumes CIV, 3-4.

« Au moment de recevoir l'Ordre d'Acolyte, réfléchissez, mes très chers fils, à l'office qui va vous être confié. L'acolyte doit porter le chandelier, entretenir le luminaire de l'église et préparer le vin et l'eau pour la Messe. Etudiez-vous donc à remplir dignement cet office. En effet, vous ne pourriez plaire à Dieu si, portant sa lumière en vos mains, vous accomplissiez des oeuvres de ténèbres et donniez ainsi un funeste exemple. La Vérité dit: Que votre lumière brille aux yeux des hommes, afin qu'ils voient vos bonnes oeuvres et qu'ils en rendent gloire à votre Père qui est aux cieux. L'apôtre St Paul dit aussi: « Brillez au milieu d'une nation dépravée et perverse comme des astres dans le firmament, portant en vous-même la parole de vie. Que vos reins soient ceints et tenez des lampes ardentes en vos mains pour être des enfants de lumière. Renoncez aux oeuvres des ténèbres et prenez la lumière pour armure.

« Vous étiez ténèbres autrefois, soyez maintenant la lumière dans le Seigneur. Conduisez-vous donc comme des enfants de lumière. Et quelle est donc cette vraie lumière que l'apôtre recommande avec tant d'instance ? Il le dit lui-même en ajoutant: Le fruit de la lumière consiste en toute sorte de bonté, de justice et de vérité. Soyez donc, mes enfants, avides de ces vertus, que tout soit dans votre vie bonté, justice et vérité, afin d'illuminer avec vous le prochain et l'Eglise de Dieu. Vous présenterez dignement le vin et l'eau du saint Sacrifice si vous vous offrez vous-mêmes en sacrifice à Dieu par une vie chaste et pleine de bonnes oeuvres. Ce que je prie Dieu de vous accorder dans sa miséricorde. ».[62]

62- *Cérémonial des ordinations (extrait du Pontifical Romain) à l'usage des Ordinands et des Fidèles,* Tournay, Société S. Jean l'Evangéliste, Desclée, Lefebvre et Cie.

Suite à cette première monition, l'évêque présente ensuite aux nouveaux acolytes un chandelier qu'ils touchent alors de la main droite, tout en disant: « Recevez le chandelier avec le cierge et sachez que vous avez la charge d'entretenir le luminaire de l'église au nom du Seigneur ». [63] Puis l'évêque prend une burette vide qu'il leur fait toucher en disant: « Recevez la burette afin de préparer le vin et l'eau pour le sacrifice du Sang de Notre Seigneur Jésus-Christ, au nom du Seigneur. ». [64]

Enfin, debout et mîtré, l'évêque se tourne vers les nouveaux acolytes qui demeurent à genoux et fait cette prière: « Mes très chers frères, prions humblement Dieu le Père toutpuissant, qu'il daigne bénir dans l'Ordre des acolytes ses serviteurs ici présents; afin que, portant la lumière visible dans leurs mains, ils fassent briller en leurs moeurs la lumière spirituelle, avec la grâce de Notre Seigneur Jésus-Christ qui vit et règne éternellement avec Dieu le Père dans l'unité du Saint-Esprit. ». [65]

A la lecture de ce texte, il est intéressant de constater que la fonction principale de l'acolyte consiste « à porter le chandelier » et à « entretenir le luminaire de l'église ». Or ceci n'est pas sans rappeler l'élément feu, un élément en étroite corrélation avec la partie supérieure du chakra solaire. En effet, nous avons vu précédemment que ce chakra est directe-

---

63- *Cérémonial des ordinations (extrait du Pontifical Romain) à l'usage des Ordinands et des Fidèles,* Tournay, Société S. Jean l'Evangéliste, Desclée, Lefebvre et Cie.

64- *Cérémonial des ordinations (extrait du Pontifical Romain) à l'usage des Ordinands et des Fidèles,* Tournay, Société S. Jean l'Evangéliste, Desclée, Lefebvre et Cie.

65- *Cérémonial des ordinations (extrait du Pontifical Romain) à l'usage des Ordinands et des Fidèles,* Tournay, Société S. Jean l'Evangéliste, Desclée, Lefebvre et Cie.

ment associé à cet élément. En outre, nous avons précisé en ce sens que ce feu adopte trois formes (les trois têtes du dieu Agni). Toutefois, dans le cadre de l'acolytat, le feu est davantage considéré comme un support de mise en contact avec les plans supérieurs. Ainsi, comme le grade d'exorciste favorise une certaine purification au niveau du rapport entre l'esprit et le corps (ce grade étant en rapport étroit avec l'élément air), l'acolytat permet, quant à lui, d'exalter et de parfaire ce lien étroit.

A titre d'exemple, mentionnons la coutume bien connue consistant à placer des bougies sur un gâteau d'anniversaire afin d'indiquer l'âge du jubilaire. Apparemment banale, cette pratique est cependant associée à un rite bien précis au cours duquel on ferme les yeux, on se concentre et on formule un voeu avant de souffler les bougies. En réalité, il s'agit là d'une adaptation des anciens rites druidiques qui consistaient à allumer un grand feu lors des cérémonies du solstice d'été, une fête correspondant aujourd'hui à la fête de saint Jean-Baptiste (où l'on conserve d'ailleurs cette coutume d'allumer un feu). Or les druides cherchaient ainsi à transmettre aux êtres supérieurs les prières et les voeux de leur communauté.

Mentionnons également que l'Eglise catholique propose toujours à ses fidèles des bougies votives qu'ils sont invités à allumer, tout en formant intérieurement un voeu précis. Demeurant ensuite quelques instants devant la flamme, les croyants prient alors avec intensité pour que soit exaucée leur requête. De même encore, sur un plan plus rituélique, les sept cierges allumés lors d'une messe pontificale n'ont pas seulement un rôle symbolique. En effet, ils représentent comme le candélabre à sept branches de la tradition hébraïque, les « sept esprits devant le trône », c'est-à-dire les sept planètes de l'astrologie traditionnelle qui réfléchissent la lumière solaire à travers sept qualités particulières. Ils permettent donc aux forces spirituelles de la hiérarchie d'être véritablement présentes au cours de la cérémonie. Or il est du devoir de l'acolyte d'entretenir et d'allumer ces cierges.

Cette étroite relation entre l'acolytat et l'élément feu accorde en outre une importance toute particulière à la lumière. Ainsi, la monition de l'évêque précise: « Que votre lumière brille aux yeux des hommes, afin qu'ils voient vos bonnes oeuvres et qu'ils en rendent gloire à votre Père qui est aux cieux ». A ce titre, notons que le mot hébraïque Lumière se dit *Aor* et est formé de trois lettres *Aleph-Vav-Resh.* Or la lettre *Aleph*, première de l'alphabet, est traditionnellement associée à l'esprit, à la force primordiale; la lettre *Vav*, sixième de l'alphabet, est une lettre de réconciliation, d'union, de conjonction; quant à la lettre *Resh*, vingtième de l'alphabet, elle correspond à la matière comme élément matriciel. Ainsi, le mot « *Aleph-Vav-Resh* » c'est-à-dire « lumière » signifie dans la tradition kabbalistique « union amoureuse de l'esprit avec la matière ». La lumière évoque également une notion de rayonnement et la nécessité de rendre témoignage. En ce sens, elle évoque à nouveau le travail d'harmonisation du chakra solaire amenant l'individu à s'exprimer et à rayonner pleinement ce dont il est porteur.

Ajoutons à ce propos que la tradition chrétienne accorde une très grande importance à ce dernier ordre mineur. En effet, il correspond à la dernière étape de constitution du moi personnel et prépare le candidat à faire un pas décisif qui le consacrera aux services des autres (les ordres majeurs correspondant à la seconde triade des chakras: cardiaque, laryngé et frontal). En ce sens, nous savons que la tradition chrétienne a pour principale exigence celle du témoignage. Ainsi le Christ déclare aux apôtres: « Et l'on n'allume pas une lampe pour la mettre sous le boisseau, mais bien sur le lampadaire, où elle brille pour tous ceux qui sont dans la maison. Ainsi votre lumière doit-elle briller devant les hommes afin qu'ils voient vos bonnes oeuvres et glorifient votre Père qui est dans les cieux. ».[66] Or le témoignage sera donc particulièrement important dans la vie de l'acolyte. C'est ce qu'évoque « la vie chaste et pleine de bonnes oeuvres. ». En effet, il faut entendre par l'expression « vie chaste » le fait que l'aspirant n'endossera pas les valeurs factices et illusoires d'un plan matériel exclusivement perçu sous sa dimension extérieure. Quant aux « bonnes oeuvres », elles évoquent plus précisément la valeur du témoignage désormais prépondérant chez celui qui a accédé à l'acolytat.

Enfin, notons que l'acolyte doit servir au prêtre le vin et l'eau au cours de la messe. Toutefois, comme le souligne explicitement l'évêque dans sa monition: « Vous présenterez dignement le vin et l'eau du saint Sacrifice si vous vous offrez vous-mêmes en sacrifice à Dieu par une vie chaste et pleine de bonnes oeuvres. ». Ainsi donc, l'acolyte participe pour la première fois au sacrifice de la messe. Cette participation demeure toutefois limitée car seuls les ordinands ayant reçu les ordres majeurs (sous-diaconat, diaconat et prêtrise) y participent vraiment, la notion de sacrifice impliquant un don de soi qui correspond aux grades supérieurs. Toutefois, comme l'évoque l'image du bélier, un certain aspect de ce don de soi commence à transparaître.

En ce sens, le sacrifice dont il est question est un engagement à servir les oeuvres de l'esprit et non celles du monde (dont l'anagramme est le mot démon). En maîtrisant ses pulsions instinctuelles (oeuvre de l'exorciste), l'acolyte canalise maintenant ses énergies au service de l'esprit, le clerc se pré-

66- Matthieu V, 15-16.

parant progressivement à s'ouvrir de manière plus précise à l'expérience de l'amour (enjeu du chakra cardiaque).

II- DANS LA DEMARCHE HERMETIQUE

Du point de vue hermétique, nous avons dit que le chakra solaire est le troisième centre de la triade inférieure responsable de la constitution du moi personnel. En ce sens, il permet à l'individu d'exprimer et de rayonner toutes les dimensions de sa personnalité

Pour favoriser cette prise de conscience, nous avons mis au point une démarche précise consistant d'abord à se sensibiliser aux énergies du chakra par une méditation alternée. Ensuite, un exercice de marche initiatique permet d'agir directement sur ce centre en contribuant à son éveil et à son harmonisation. Voici donc ces deux étapes plus clairement explicitées.

A) MEDITATION DE SENSIBILISATION ET D'HARMONISATION DU CHAKRA SOLAIRE

Tel que précisé précédemment, nous suggérons à l'aspirant de procéder dans un premier temps à une méditation alternée en vue de se sensibiliser aux réalités associées au chakra solaire et d'amorcer ainsi un premier travail d'harmonisation de ce centre. La technique de méditation alternée a été clairement définie dans notre introduction générale. Nous avons précisé à ce moment qu'une huile essentielle était particulièrement susceptible de favoriser ce travail. Il s'agit dans le cas du chakra solaire de l'huile de romarin (*Rosmarinus officinali*). Quant aux supports musicaux privilégiés, il s'agit de *La Chevauchée des Walkyries* de Wagner et de la *Quatrième symphonie* de Brahms. Voyons donc plus précisément en quoi consistent ces supports.

L'HUILE ESSENTIELLE DE ROMARIN
Rosmarinus officinalis

Nous avons choisi parmi les huiles essentielles susceptibles d'agir au niveau du chakra solaire une huile extraite de la fleur du romarin (*Rosmarinus officinalis*). Pour bien saisir les effets subtils de cette essence, il importe dans un premier temps de mieux connaître les particularités de la plante correspondante. Il s'agit d'un arbrisseau de la famille des lamiacées, vénéré depuis la plus haute Antiquité. D'un point de vue purement botanique, c'est une plante persistante possédant des feuilles en forme d'aiguilles épaisses ressemblant à celle des conifères. Cette persistance du feuillage est d'ailleurs intéressante d'un point de vue symbolique puisqu'elle implique une notion de durée. Or, sur le plan psychologique, le concept de durée évoque par analogie les vertus d'endurance, de persévérance, de fidélité, de constance et de permanence effectivement stimulées par le romarin. C'est d'ailleurs en ce sens que l'huile de romarin favorise le développement des forces intérieures nécessaires à l'expression de soi.

Par ailleurs, sur un plan médical, Jean de Rupescissa écrivit en 1581 dans son ouvrage *Quintessence de toutes choses* que le romarin combat « la colère noire des mélancholiques ». Or cette « colère noire des mélancholiques » fait référence au phénomène de la dépression résultant d'une non adéquation entre la dimension intérieure et la dimension extérieure soit, en d'autres termes, entre les valeurs que l'individu ressent au plus profond de lui-même et celles qu'il exprime (souvent calquées sur celles de la société). Faux avec lui-même et conséquemment avec les autres, l'individu sombre alors progressivement dans une solitude mortifère.

Philippe Mailhebiau prétend en outre que l'essence de romarin peut être avantageusement utilisée pour les dépressions *post-partum*. Or, cette pathologie implique symboliquement une difficulté à donner naissance à quelque chose. Ainsi, après avoir développé et valorisé cette chose à l'image de la mère qui assume la croissance en elle du foetus (un enjeu du chakra sacré), l'individu a maintenant du mal à l'exprimer (l'enjeu du chakra solaire). L'huile de romarin lui permet alors de témoigner de ce qu'il est véritablement en ne laissant pas la lumière sous le boisseau, pour reprendre une expression citée précédemment dans notre étude sur l'acolytat.

Dans un autre ordre d'idées, nous avons dit que le romarin était vénéré depuis la plus haute Antiquité. En effet, on a retrouvé des rameaux de cette plante dans les tombeaux égyptiens de la première dynastie. Ces tombeaux remontent donc à une période se situant à près de trois mille ans avant Jésus-Christ. Or, déjà à cette époque, les prêtres égyptiens considéraient cette plante comme un symbole de la pérénnité du moi. De même, les Grecs et les Latins la portèrent sous forme de couronne dans le but d'aviver la mémoire et de tonifier l'esprit. C'est de là que vint le surnom d'« herbe aux couronnes » attribué au romarin. Dans ces deux traditions, l'expression et la pérennité du moi personnel sont donc directement associées à la plante.

Dans l'Egypte pharaonique, il s'agit davantage d'une permanence de l'identité au-delà de la mort alors qu'en Grèce et chez les Latins, le romarin confère, en cette vie, plus de force et de puissance au moi. L'expression « herbe aux couronnes » est à ce titre particulièrement significative. En effet, la couronne est l'attribut privilégié du roi qui incarne le moi personnel pleinement réalisé, ayant su se gouverner et pouvant désormais gouverner les autres. Un poète grec archaïque écrivit à ce propos que « les dieux se détournent de ceux qui se présentent à eux sans couronne. ». Or nous retrouvons bien à nouveau cette notion d'achèvement plénier du moi personnel (l'enjeu majeur du chakra solaire) qui, ayant amorcé un retour à l'unité intérieure, reçoit désormais l'attention des dieux, c'est-à-dire de l'esprit.

Toujours à ce propos, le fondateur du mouvement anthroposophique, Rudolf Steiner, affirmait que « l'huile éthérique de romarin permet l'incorporation du moi dans l'être » et préconisait à ce titre son utilisation pour tous les problèmes d'identité. Ceci confirme une fois de plus son rôle déterminant au niveau du chakra solaire (l'expression et le rayonnement sur le plan terrestre des valeurs du moi personnel) et sur les problématiques qui l'accompagnent (manque de confiance en ses propres valeurs, sentiment d'insécurité et de culpabilité, ...).

Notons enfin que les anciens brûlaient du romarin pour chasser les influences négatives et assurer ainsi une véritable purification de l'atmosphère psychique. A ce titre, ils remplaçaient souvent l'encens (l'oliban) par le romarin d'où son nom usuel d'encensier. Cette capacité à chasser les énergies négatives s'apparente ici à ce que nous avons développé à propos de l'ordre d'exorciste. Cette essence incarne également en celui qui l'incorpore une capacité à combattre l'opposition et la critique tout en éliminant les artifices et les illusions de la personnalité qui, placée sous l'influence d'un *ego* maléficié, a du mal à percevoir l'empreinte de l'esprit sur les réalités du monde.

LA CHEVAUCHEE DES WALKYRIES DE RICHARD WAGNER

Pour favoriser l'éveil et l'harmonisation du chakra solaire, nous avons d'abord choisi une oeuvre de Richard Wagner (1813-1883). A ce titre, il est sans doute le compositeur le plus représentatif du chakra solaire. En effet, l'ampleur et le gigantisme de son oeuvre illustre bien le rayonnement viril et puissant du moi personnel devenu maître de lui-même et en conséquence maître du monde. Afin de mettre en exergue les spécificités du chakra solaire, nous avons plus précisément choisi un extrait de son opéra *La Walkyrie*. Il s'agit de *La Chevauchée des Walkyries* (1855-1856).

Cet extrait ouvre le troisième acte de l'opéra et met en scène les Walkyries parcourant les champs de bataille en queste des guerriers ayant combattu héroïquement. Cette oeuvre est jouée alors que le rideau de la scène est encore fermé. En effet, « à rideau fermé, le célèbre prélude dit de la chevauchée des Walkyries fait éclater ses fusées orchestrales, sur le rythme ternaire obsédant. ». C'est « un déploiement somptueux de couleurs, d'associations instrumentales lumineuses, de fanfares... ».[67] Sur un plan symbolique, ce « déploiement somptueux » évoque bien évidemment le moi personnel qui, pleinement accompli et réalisé, exprime et rayonne désormais ses multiples dimensions.

Les Walkyries en grande armure entonnent alors leur chant: « Les voix orientées audacieusement vers l'aigu commencent à former des ensembles, de véritables choeurs. Chromatisme, trilles et contrepoints rythmiques font évoluer la trame vocale et orchestrale, jusqu'à la suspension harmonique sur l'accord de septième diminuée, qui préfigure l'arrivée de

---

67- La Walkyrie, Wagner, L'avant-scène Opéra.

Brünnhilde si longuement attendue. Là se dissout enfin la Chevauchée, ce formidable geste d'opéra. ». [68] Sur un plan symbolique, nous avons vu que le son aigu est associé à la dimension féminine et conséquemment aux facettes intérieures de l'homme. Dès lors « ces voix orientées audacieusement vers l'aigu » représentent une fois encore l'expression de cette dimension intérieure qui s'exprime maintenant de manière explicite. Quant aux Walkyries elles-mêmes, elles représentent également la dimension intérieure qui, pleinement en adéquation avec sa contrepartie extérieure, dispose de tous les attributs nécessaires pour s'exprimer dans le monde. Dès lors, le moi profond n'est plus un spectateur passif qui subit les assauts d'un *ego* replié sur lui-même mais s'exprime désormais de manière dynamique.

A ce titre, les Walkyries étaient dans les mythologies anciennes les filles de Wotan. Sous la conduite de leur soeur Brünnhilde (l'esprit de vérité), la fille préférée de Wotan, elles parcouraient sur leurs coursiers « rapides comme les nuages et comme les vagues poussés par la tempête » les champs de bataille. Elles y excitaient alors les combattants par le désir que leurs charmes éveillaient en leur coeur. Elles y ramassaient également parmi les morts ceux qui s'étaient battus héroïquement pour défendre la vérité (comme ils la concevaient). Elles les conduisaient alors au Paradis en récompense pour leurs actions héroïques.

Sur un plan symbolique, ces précisions se révèlent particulièrement intéressantes. En effet, les champs de bataille représentent le plan terrestre où les forces régressives du monde d'en bas cherchent à cristalliser la conscience et à lui faire adopter les valeurs factices et illusoires qu'elles proposent à leur vue. Les Walkyries représentent, quant à elles, les

68- La Walkyrie, Wagner, L'avant-scène Opéra.

impulsions de l'esprit (symbolisé par Wotan) qui incitent l'homme à résister aux assauts des forces de ce monde et à demeurer fidèle à la vérité (symbolisée par Brünnhilde) qu'il porte en lui-même. Le guerrier, stimulé par les Walkyries, qui combat alors héroïquement, représente l'homme qui, incarné en ce monde, défend et exprime les valeurs profondes et véritables à l'origine de son existence. C'est là bien évidemment tout l'enjeu du chakra solaire consistant pour l'individu à s'exprimer et à ne pas se laisser distraire ou détruire par les aspects cristallisés de la création.

Ajoutons enfin à propos du symbolisme de cette chevauchée des Walkyries que la mort glorieuse sur le champ de bataille représente l'étape où l'individu, ayant su exprimer et rayonner pleinement ce qu'il porte au plus profond de lui-même s'affranchit définitivement de l'influence mortifère des forces régressives de ce monde (il est conduit au paradis). Quant à l'adaptation de cette antique légende par Wagner, Régis Boyer écrit: « En s'attachant à trois personnages du Ring, Brünnhilde, Wotan et Siegfried, et en les comparant à leurs ancêtres mythiques, on perçoit, à l'évidence, que c'est en fait à partir de ses "sources ", de ses rêveries et de ses tropismes propres que Wagner a refait, selon son génie, une histoire mythique et légendaire qui tient premièrement à lui seul. ».[69]

Wagner atteint toutefois une fusion parfaite entre la musique et le drame et c'est pourquoi l'extrait choisi permet de ressentir au plus profond de soi la puissance génésique de l'esprit qui, chevauchant le véhicule du désir, rayonne et s'exprime librement dans le monde. La force et la fureur de l'oeuvre nous y préparent d'ailleurs merveilleusement. Plus

69- Boyer, Régis, *Sur Trois Thèmes Wagnériens, in* La Walkyrie, Wagner, L'avant-scène Opéra.

encore, Wagner reprend ici l'idée que la femme participe à la rédemption de l'homme. « Ainsi, il y a chez les anciens Germains, notamment septentrionaux, et pas aussi obscurément qu'on le dit parfois, un sentiment patent, à travers une superbe symbolique des grands éléments et des rôles sexuels, de l'indispensable transcendance de la condition humaine, de l'abolition de toutes nos paralysantes dichotomies où la Femme assume une mission majeure dont l'homme (le héros, le dieu) est à la fois l'instrument et le vecteur. ».[70]

Précisons, quant à nous, que la femme et l'homme dont il s'agit sont davantage une représentation archétypale de la dimension intérieure et de la dimension extérieure constituant la nature humaine. Ainsi, si la Walkyrie désobéit à son père Wotan (le souverain maître des destinées humaines), « elle est (alors) condamnée à perdre ses prérogatives et devient, révérence parler, femme ordinaire, épouse et mère ».[71] En d'autres termes, lorsque la dimension intérieure rompt ses liens avec l'esprit (symbolisé par Wotan), elle se place dès lors sous le joug de la condition terrestre.

L'audition de cette oeuvre nous fait donc participer à une véritable queste héroïque. Il importe donc de se laisser emporter par cette chevauchée, en s'exprimant librement sans se laisser distraire, comme Siegfried le héros digne et noble qui marche sans faille (c'est-à-dire sans trahir la foi jurée) vers sa destinée, sachant pourtant qu'il mourra de la main de l'un de ses beaux-frères. Nous invitant à une rencontre avec Brünnhilde (la vérité), cette musique s'élance et s'affirme par la toute puissance des cuivres, incarnant l'énergie dynamique

---

70- Boyer, Régis, *Sur Trois Thèmes Wagnériens*, *in* La Walkyrie, Wagner, L'avant-scène Opéra.
71- Boyer, Régis, *Sur Trois Thèmes Wagnériens*, *in* La Walkyrie, Wagner, L'avant-scène Opéra.

de Mars. Certes, il y a des moments d'accalmie mais c'est pour mieux accentuer un élan toujours renouvelé jusqu'à atteindre l'ultime but, l'expression plénière de la personnalité.

LA QUATRIEME SYMPHONIE DE JOHANNES BRAHMS

Parmi les oeuvres symphoniques susceptibles d'éveiller et d'harmoniser le chakra solaire, nous avons choisi la *Quatrième symphonie* de Johannes Brahms (1833-1897) qui, à notre avis, représente fort bien l'enjeu de ce chakra. En effet, l'ampleur que prend ses mélodies, l'affirmation qui s'en dégage ainsi que la puissance soutenue de son orchestration nous invite à nous extérioriser et à nous affirmer pleinement. Composée en mi mineur, elle est en outre directement associée à la tonalité du chakra, affermissant ainsi son effet sur les dimensions lui correspondant.

Ecrite de 1884 à 1885 et créé le 25 octobre 1885, elle fut la dernière oeuvre symphonique de Brahms. Dans sa forme du moins, elle est considérée comme la plus classique de ses symphonies. Et si Johannes Brahms est considéré par certains auteurs tel Denis Arnold « comme l'un des plus grands symphonistes du dix-neuvième siècle après Beethoven », il utilisa ici tout son art orchestral pour faire de cette symphonie une oeuvre brillante et magnifique. A la fois fougueuse, tourmentée, déconcertante, mais aussi pleine d'assurance, cette oeuvre incarne admirablement les enjeux du chakra solaire.

Avant de présenter plus exhaustivement cette oeuvre, rappelons que chacun des mouvements d'une oeuvre symphonique (du moins sous sa forme classique) correspond aux quatre grandes phases régissant l'existence (le tétragramme sacré). Aussi, en travaillant le chakra solaire, l'aspirant utilisera le premier mouvement pour favoriser une prise de conscience de l'enjeu de ce chakra. Le second sera particulièrement approprié pour mieux intégrer cet enjeu. Le troisième facilitera un rayonnement des acquis en résultant alors que le quatrième préparera la conscience à de nouvelles expériences en transformant progressivement ces acquis.

Le premier mouvement
Allegro non troppo

Le premier mouvement de cette symphonie surprend par un début quelque peu inquiet et plaintif qui se transforme toutefois rapidement en un thème héroïque plein d'affirmation. « Dès lors, la carrure rythmique s'affirme, l'orchestration se colore jusqu'à ce qu'un contraste soit apporté par une belle mélodie aux violons suivie d'une réponse aux bois. C'est le second thème du mouvement » écrit André Lischké. Puis, un long développement aboutit sur une partie plus douce, presque diaphane, amenant la réexposition du thème qui « sera prolongée par un coda très important qui conclut le mouvement dans une affirmation de sombre puissance » ajoute André Lischké.

Nous retrouvons donc dans ce premier mouvement les principaux enjeux du chakra solaire et les premières affirmations quelque peu inquiètes du moi personnel en processus de parachèvement.

Le deuxième mouvement
Andante moderato

Le second mouvement débute par une affirmation du thème par les cors et les bois. Sur un plan symbolique, les cors et les bois ont une tonique planétaire mercurienne et teintent en conséquence ce second mouvement d'une volonté d'exprimer et de communiquer ses valeurs propres (Mercure étant la planète de la communication). Puis vient un moment d'intériorisation propice pour affermir en soi cette volonté d'expression. Elle culmine sur un second thème plus lyrique pour ensuite s'affirmer à nouveau en se complexifiant de plus en plus. Elle se conclut enfin dans une alternance entre des moments d'affirmation et des moments d'intégration.

Nous retrouvons donc à travers ce second mouvement une étape de maturation correspondant bien au second moment illustré par le *He* du tétragramme sacré. Elle permet ici de bien enraciner la force et la volonté d'expression.

Le troisième mouvement
Allegro giocoso

« Il s'agit là d'une musique extrêmement énergique, allégée par une veine comique manifeste » déclare Philipp Huscher à propos de ce troisième mouvement. André Lischké précise quant à lui que « la joie n'est pas le seul sentiment dominant: s'y ajoutent, par moments, des touches de ballade fantastique ». L'ensemble du mouvement est donc porteur d'une énergie et d'une joie manifeste qui favorisent l'expression et l'affirmation de soi. En rapport avec la troisième étape illustrée par le *Vav* du tétragramme sacré, ce troisième mouvement incarne donc plus que tous les autres l'enjeu du chakra solaire: rayonner une personnalité forte et parfaitement accomplie.

Plus encore, cette affirmation, entrecoupée de « ballade fantastique », est une invitation à rayonner avec une fermeté toute empreinte de douceur et étrangère à toute intention de prétendre quoique ce soit.

Le quatrième mouvement
Allegro energico pasionoto

Le quatrième mouvement débute par l'introduction d'un thème emprunté à une cantate de Bach. Or, sur un plan symbolique, les trombones possèdent en tant que cuivre une tonique planétaire martienne associée à l'énergie dynamique. Toutefois, par leur son donnant lieu à des mouvements amples et fastueux, ils possèdent également une tonique mineure jupitérienne associée à la gestion des ressources. Dès lors, les trombones évoquent ici l'expression dynamique de l'esprit qui génère un rapport fécond avec la matière.

Cette introduction est suivie de huit mesures plus une coda de quatre nouvelles variations. « Il s'agit là, selon Philipp Huscher, d'un des mouvements les plus magnifiques et attrayants du répertoire symphonique ». Sur un plan plus opératoire, les variations permettent une exploration de plusieurs variétés d'émotions empreintes à la fois de passion, d'énergie et de drame.

En fait ce quatrième mouvement est porteur d'un parachèvement des enjeux du chakra solaire alors que l'individu, pleinement réalisé, rayonne désormais de manière dynamique les multiples facettes de sa personnalité, vivifiées sous le souffle de l'esprit.

B) LA MARCHE INITIATIQUE CORRESPONDANT AU CHAKRA SOLAIRE

Nous proposons à l'aspirant qui a déjà amorcé avec les supports précédents un travail d'harmonisation du chakra solaire de poursuivre en ce sens avec la troisième étape de la marche de la constitution du moi. A ce titre, l'exercice correspondant au chakra solaire intervient au moment où, après avoir valorisé le moi par un léger mouvement des mains (chakra sacré), l'aspirant prend un moment d'arrêt complet pour porter cette fois-ci une attention particulière à son regard. Observant droit devant lui la ligne de l'horizon, il focalise alors son regard vers l'infini. Il associe également à ce regard l'intention ferme de ne pas se laisser détourner par aucune sollicitation adverse et extérieure, cherchant au contraire à imprégner son regard de noblesse et de puissance.

En ce sens, l'aspirant devra donc incarner l'attitude de celui qui, véritablement épanoui, connaît et apprécie ce qu'il est, l'affirmant avec autorité. A ce titre, observons le regard majestueux et noble de Ramsès II. Empreint d'une extraordinaire puissance (ce qui lui confère son indicible sérénité), ce regard semble tendre vers l'horizon où se rencontrent le ciel et la terre. Il évoque par là l'union sacrée de la dimension intérieure (le ciel) et de la dimension extérieure (la terre), permettant d'accéder à la vérité. Aussi, il prendra soin de se tenir droit, la tête haute, adoptant ainsi une posture favorisant une meilleure affirmation de son identité. Considérant que le regard joue ici un rôle privilégié (comme les pieds dans le premier mouvement de cette marche et les mains dans le second), il serait intéressant d'approfondir quelque peu son symbolisme ésotérique.

A ce titre, le regard a toujours été considéré comme particulièrement révélateur des qualités véritables du moi. C'est pourquoi on affirme familièrement que l'oeil est le « miroir de l'âme ». Ainsi, regarder quelqu'un dans les yeux permet de pénétrer son intimité, le regard exprimant sans mensonge toutes les dimensions profondes de la personnalité. Plus encore, libéré des cristallisations de la personnalité, il permet de percevoir la vérité. On dit alors que les yeux de chair ont cédé la place aux yeux de l'âme. La tradition judéo-chrétienne y fait d'ailleurs abondamment allusion: « Ouvre mes yeux: je regarderai les merveilles de ta loi » déclare le psalmiste.[72] « Leurs yeux s'ouvrirent et ils le reconnurent... »[73] rapporte également l'évangéliste Luc.

En outre, l'oeil est également un symbole d'éveil et de vigilance. A ce propos, de nombreuses religions ont pris l'oeil pour représenter la conscience divine. Citons par exemple l'oeil unique et sans paupière, inscrit dans un triangle, symbolisant l'omniscience divine. On le retrouve souvent dans l'ornementation des églises catholiques. Pensons également à l'oeil d'Horus qui, dans l'ancienne Egypte, symbolisait l'impitoyable acuité du regard justicier auquel rien ne pouvait échapper de la vie intime ou de la vie mondaine.

Dans une toute autre perspective, l'oeil possède également le pouvoir de transmettre une force. A ce titre, Emerson écrivit: « L'oeil peut menacer comme un fusil chargé et qui vous met en joue, il peut insulter comme un sifflement ou un coup de pied, et sous une autre impression, par des regards de tendresse, il peut faire bondir le coeur de joie... Quel flot de vie et de pensée se décharge par les yeux d'une âme dans une autre ! Le regard est un pouvoir magique naturel... » et encore « Les yeux des hommes parlent autrement que leur langue, et le dialecte oculaire a cet avantage de n'avoir pas besoin de dictionnaire, et d'être compris partout de par le monde. Quand les yeux disent une chose et la bouche une autre, un homme expérimenté se fie au langage des premiers. ».

En ce sens, certaines écoles initiatiques enseignent la manière d'utiliser le regard comme outil de transmission d'une force. Ainsi, il est éloquent de constater qu'en fixant une personne avec intensité, elle ne tarde pas à se retourner, éprouvant la sensation qu'un regard s'est posé sur elle et la trans-

72- Psaume 119 (118), 18.
73- Luc XXIV, 31.

perce. Le regard permet donc de rayonner et d'affirmer quelque chose. Henri Durville écrivit à ce titre dans son *Cours de Magnétisme personnel*: « Le regard est une grande source de force et d'action et c'est un des points sur lesquels doit insister celui qui étudie les sciences psychiques et s'y prépare par un entraînement raisonné ». Et il ajouta: « l'oeil extériorise notre véritable personnalité; le regard amène au jour toute notre vie intime... La parole peut mentir; elle peut narguer le sentiment intime de celui qui veut le cacher par pudeur ou par duplicité; le regard est contraint à la franchise: il parle quand les lèvres se ferment. ».

Enfin, « ce qu'il faut, c'est obtenir un doux éclat; un feu voilé qui brille sans éblouir; une douce fixité, à égale distance de l'arrogance et de la timidité. Le regard, ainsi compris, extériorise la maîtrise de soi, le calme, la confiance, l'optimisme, non pas un contentement béat et sans cause, mais un optimisme pondéré, basé sur la raison. Il faut fuir, conclut-il, ce regard fascinateur qui subjugue ou veut subjuguer. Celui-là ne se révèle pas une vraie force. Une vraie force est libre et ne veut pas soumettre les autres. ». Or c'est là, en quelques mots, le regard que l'aspirant devra développer tout au cours de la marche de constitution du moi.

Ainsi, dirigeant son regard vers l'infini, l'aspirant adoptera en outre une attitude fière et libre comme s'il marchait à travers la foule. Cette dernière affirmation est d'ailleurs tout à fait éloquente. Etant enfant, un épisode biblique avait en ce sens particulièrement attiré mon attention. Il s'agissait de ce passage étrange où l'on tentait de saisir Jésus alors qu'il disparaissait dans la foule. Plusieurs années plus tard, au cours de la consécration d'un évêque à New-York, le consécrateur fit de cet épisode le centre de son homélie. Son intervention portait en effet sur la nécessité de marcher à travers la foule et d'être témoin du message évangélique sans se laisser détourner ou inquiéter par quoi que ce soit. C'était là le sens profond de ce passage biblique qui avait tant marqué mon imagination d'enfant. Si Jésus arrivait à échapper à ses agresseurs, c'est qu'il affirmait et rayonnait suffisamment son identité propre pour ne pas être prisonnier des valeurs de la société (symbolisées par la foule).

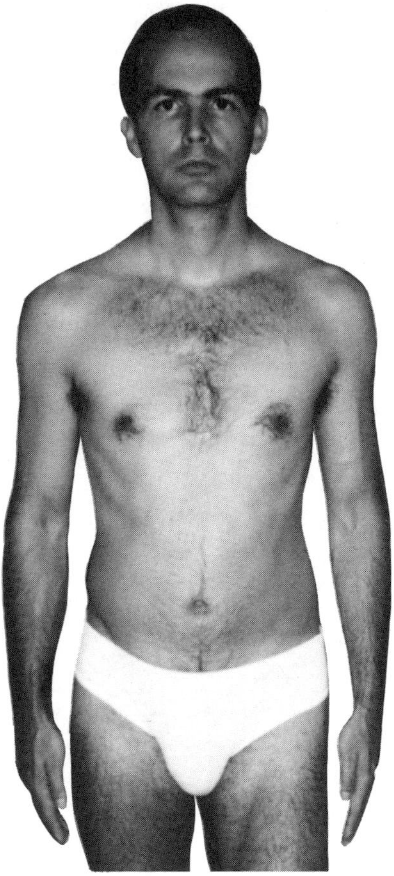

En position d'équilibre, l'aspirant concentre maintenant toute son attention sur son regard.

TABLE DES MATIERES

INTRODUCTION	**11**
LE CHAKRA RACINE	**61**
Le Nombre 4	**67**
La Lame de l'Empereur	**82**
La Couleur rouge	**94**
Le *Mûlâdhara chakra*	**105**
L'Eléphant	**119**
Les Enjeux initiatiques et psychologiques	**129**
Les Glandes surrénales	**144**
L'Ordre de portier	**151**
L'Huile essentielle de Clou de girofle	**151**
***Le Sacre du Printemps* de Stravinsky**	**155**
La *Première symphonie* de Brahms	**162**
La Marche initiatique	**167**

TABLE DES MATIERES

LE CHAKRA SACRE 183

Le Nombre 6 189
La Lame de l'Amoureux 196
La Couleur orangée 204
La Couleur rose 210
Le *Svâdhisthana chakra* 212
Le Crocodile 230
Les Enjeux initiatiques et psychologiques 241
Les Glandes sexuelles 252
L'Ordre de lecteur 265
L'Huile essentielle de Ylang-Ylang 269
***La Mer* de Debussy** 272
La *Quatrième symphonie* de Dvoràk 275
La Marche initiatique 278

TABLE DES MATIERES

LE CHAKRA SOLAIRE 285

Le Nombre 10 291
La Lame de la Roue de Fortune 303
La Couleur jaune 314
Le *Manipûra chakra* 325
Le Bélier 339
Les Enjeux initiatiques et psychologiques 351
Le Pancréas 363
L'Ordre d'exorciste 371
L'Ordre d'acolyte 374
L'Huile essentielle de Romarin 381
***La Chevauchée des Walkyries* de Wagner** 384
La *Quatrième symphonie* de Brahms 388
La Marche initiatique 391

TABLE DES MATIERES 397

Imprimé au Canada

Métrolitho
Sherbrooke (Québec)